Das Seh-Glas meines Bruders

Für Sefi u.
Theo

Weihnachten, 1998

Jacquelin Gorman

Das Seh-Glas meines Bruders

Aus dem Englischen
von Andrea C. Busch
und Adele Marx

Scherz

Die Originalausgabe erschien 1997 unter dem Titel
«The Seeing Glass» bei Riverhead Books,
a division of Penguin Putnam Inc., New York

Erste Auflage 1998

Dieses Buch ist in Liebe meinem Vater,
Aubrey Gorman, gewidmet, der mich zu einer
Träumerin und Schriftstellerin machte.

Wenn die Zeiten sich ineinanderschlingen –
nicht jedem geschieht das –,
wird Verborgenes enthüllt,
und Gespenster zeigen sich.

aus: *T.S. Eliot: «Der Familientag»*

Der Eiszug

~ 1 ~

17. Januar 1994

Es ist 4.31 Uhr, und wir sind hellwach. Mein Mann und ich sitzen im Bett, nur wenige Zentimeter voneinander entfernt, und schreien, um das Dröhnen der sich bewegenden Erde und das Geräusch zersplitternden Glases zu übertönen. Wir hätten darauf vorbereitet sein sollen. Alle Menschen in Kalifornien sollten eigentlich auf Erdbeben vorbereitet sein, aber wir sind es nicht.

Der Strom ist ausgefallen. Um uns herum herrscht totale Finsternis. Wir haben keine Schuhe neben dem Bett stehen, um damit über den von Glasscherben bedeckten Fußboden zu gehen. Wir besitzen kein Radio, das ohne Netzanschluß funktioniert. Die Batterien unserer Taschenlampen sind leer. Wir können die Ersatzbatterien nicht finden. Aber deswegen schreien wir nicht. Wir schreien nach unseren Kindern, sieben Jahre und vier Monate alt, die auf der anderen Seite des Hauses schlafen.

Wir rufen ihre Namen, wieder und wieder, in der Hoffnung, ihre Stimmen zu hören. Kelsey! Benjamin! Keine Antwort. Kelsey! Benjamin! Wieder und wieder, bis wir schließlich heiser sind und nur noch flüstern können.

Menschen, die in Kalifornien aufwachsen, bekommen im Laufe ihres Lebens immer wieder gesagt, was sie im Fall eines Erdbebens tun sollen. Auf den ersten zehn Seiten unserer Telefonbücher sind in großen fetten Buchstaben die Verhaltensregeln für den Fall eines Erdbebens abgedruckt. Sie fordern uns auf, im nächsten Türrahmen oder unter einem schweren Tisch oder Schreibtisch Deckung zu suchen, bis das Beben aufhört. *Fallen lassen. Schutz suchen. Festhalten.* Auf den Boden fallen lassen, den Kopf bedecken. Sich an etwas Solidem festhalten. Das ist so oft als «Familiennotfallvorbereitung» in Schulen, in Büros und zu Hause geübt worden, daß es reflexartig funktionieren müßte. Aber es ist nie in völliger Dunkelheit geübt worden.

In diesem Augenblick versagen überall in Los Angeles die Menschen bei diesem entscheidenden Test. Viele werden getötet, weil sie instinktiv versuchen, ihre Angehörigen zu retten. Andere drehen sich im Bett, schließen die Augen fest und versuchen, den Alptraum unter Kontrolle zu bringen, indem sie ihn unter die Bettdecke zurückdrängen. Sie meinen, es sei besser, mit geschlossenen Augen zu sterben, um nicht zu sehen, was auf einen zukommt.

Kenny hat das Bett verlassen und kämpft sich durch die Dunkelheit, um zu den Kindern zu gelangen. Ich höre ihn den Flur entlang zu ihren Zimmern stolpern; er flucht, weil er über all die Dinge stolpert, die aus den Regalen und Schubladen herausgefallen sind. Ich werde fünf Minuten warten. Wenn er bis dahin nicht mit den beiden zurück ist, gehe ich ihm nach. Weiter als diese fünf Minuten denke ich nicht.

Ich höre ihn wieder stolpern, fallen und aufstehen. Er atmet laut, als könne er all die unsichtbaren Hindernisse zwischen sich und seinen Kindern beim Ausatmen wegpusten.

«Jackie!» ruft er. «Hilf mir! Ich sehe nichts.»

Wir haben einen entscheidenden Fehler gemacht. Der falsche Elternteil ist durch den dunklen Tunnel unseres Flures unterwegs. Ich hätte gehen sollen. Ich bin besser auf diesen Moment vorbereitet, auf diese merkwürdige andere Welt beängstigender Dunkelheit. Ich bin schon einmal blind gewesen.

Im Geist stelle ich mir unsere Wohnung vor, eine visuelle

Trockenübung, bevor ich aus dem Bett steige. Die Erinnerung ist meine Führerin. Zweiundzwanzig Schritte. Rechts abbiegen. Drei Schritte zu Kelseys Zimmer. Türklinke rechts. Sechs Schritte bis zu ihrem Bett. Fallen lassen. Schutz suchen. Festhalten. Sechs Schritte zurück bis zur Tür. Zehn Schritte von Kelseys Zimmer zu Bens Zimmer. Türklinke links. Vier Schritte bis zu Bens Wiege. Fallen lassen. Schutz suchen. Festhalten.

«Kenny, warte auf mich!» schreie ich und achte darauf, mich nicht zu verzählen.

Automatisch nehme ich wieder meine Blindengehhaltung an. Ich hebe die Arme wie Flügel und berühre mit den Fingerspitzen die Wände, um die Balance zu halten. Ich gehe langsam und vorsichtig, mit übertriebenen Bewegungen, als hätte ich Treibsand unter den Füßen, der mich herunterzöge, verschlänge, wenn meine Füße einen Augenblick zu lange verharren.

Meine Finger tasten nach vertrauten Punkten, eine Liste, die ich im Kopf habe und mit den Händen abarbeite. Diese mir geläufige Vorgehensweise beruhigt mich. Griff der Glasschiebetür, Jalousie, Pflanze, Stuhllehne, Bild – kein Bild. Nur noch der metallene Bildaufhänger.

Plötzlich spüre ich einen scharfen Stich in meiner rechten Zehe. Eine Glasscherbe. Ich beuge mich hinab und berühre meinen Fuß. Der Schnitt ist sauber und nicht tief, eigentlich nur ein Kratzer. Ich spüre nur einen Tropfen Blut, wie von einem Nadelstich, aber ich weiß, daß er von frischer roter Farbe ist. Dieses Rot, hell, Feuerwehrautorot, war die erste Farbe, die ich verloren habe, und die letzte, die meine Augen wiederherzustellen vermochten. Rot ist die Farbe der Warnschilder, Gefahr im Anzug. Ich verabscheue die Farbe Rot.

Meine Lieblingsfarbe ist Blau. Blut ist im Körper blau, aber wenn es mit Luft in Berührung kommt, nimmt es dieses gräßliche Rot an, und schließlich wird es schwarz.

Blau heißt Sicherheit. Rot heißt Gefahr. Schwarz heißt Tod. Bewegung fühlt sich blau an. Anhalten fühlt sich rot an. Sterben fühlt sich schwarz an.

Wie konnte ich das nur vergessen? Daß man Farben berühren kann. Farbabstufungen haben Struktur und Klang und Wärme wie die menschliche Haut. Ich werde nie vergessen, wie Rot sich anfühlt. Ich werde nie vergessen, wie es sich anfühlt, wenn ich Rot sehen kann und wenn ich es nicht sehen kann. Es ist beinahe drei Jahre her, aber ich erinnere mich noch an jede kleine Einzelheit meiner vorübergehenden Erblindung. Mein Körper und mein Geist treiben mich voran, den Flur entlang, zu meiner Familie, meiner Zukunft, aber mein Herz blickt zurück.

~ 2 ~

7. März 1991

Kenny und ich stehen im Aufwachraum für Kinder vor unserer bewußtlosen vier Jahre alten Tochter und halten uns fest an den Händen. Normalerweise dürfen Eltern nicht hier herein. Vor wenigen Minuten hat uns eine Krankenschwester geholt, weil Kelsey nicht aus der Narkose aufwacht.

«Sie reagiert nicht auf uns», sagte die Krankenschwester. «Vielleicht kommt sie schneller zu sich, wenn sie Ihre Stimmen hört.»

Wir brauchen ein paar Minuten, um unsere Stimmen wiederzufinden, als wir sie sehen. Sie ist vom Bauchnabel aufwärts nackt, ihre Rippen sehen nach dem Gewichtsverlust wie eine Leiter aus, und ihre Brust ist mit den Elektroden des Herzmonitors bedeckt. Um ihre Krankenbahre herum liegen Verbände auf dem Boden. Ich habe viel Zeit in Krankenhäusern verbracht, so daß mir dieser Anblick vertraut ist, aber Kenny ist besorgt.

«Wo kommt das viele Blut her?» fragt er.

«Wir mußten sie leider absaugen», sagt die Krankenschwester. Sie kickt die feuchten Verbände mit dem Fuß beiseite. Ihre Stimme klingt abwehrend. «Aus ihren Nebenhöhlen sickerte immer noch Blut, und das hat ihre Atmung behindert. Immerhin war sie über drei Stunden im OP.»

Als ob wir, ihre Eltern, nicht jede einzelne Minute gezählt hätten.

Kenny streicht Kelsey die Locken aus der Stirn. «Sieh dir doch bloß ihre Lippen an! Und ihr Gesicht! Sie ist ganz blutig!»

Eine andere Krankenschwester ahnt Schwierigkeiten und kommt zu uns herüber.

«Jackie, sieh sie dir an», sagt Kenny und stößt die Hand der Krankenschwester beiseite, die Kelseys Gesicht mit einem feuchten Tuch zu säubern versucht.

Ich beuge mich über sie und betrachte ihr Gesicht genau. Aus der Nähe sehe ich, daß ihre Lippen geschwollen sind, aber ich kann kein Blut daran erkennen. Ihr Gesicht fühlt sich feucht an. Sie sieht verschwitzt aus.

«Ihre Lippe muß beim Intubieren verletzt worden sein», murmelt die Krankenschwester leise.

Jetzt ist mir klar, was passiert ist, aber daß es meinem eigenen Kind passiert ist, erschreckt mich. Die Gewalt, mit der im Operationssaal vorgegangen wird, macht mich schaudern. Obwohl ich selbst jahrelang als Mitarbeiterin der Rechtsabteilung eines großen Krankenhauses angestellt war und Ärzten und Krankenschwestern geraten habe, wie sie am besten bei solchen Unfällen vorgehen, bin ich geschockt.

Das ist alles in der Einwilligungserklärung abgedeckt – all die Pannen und Unfälle, die bei Vorgängen unter dem Stichwort «Notmaßnahmen zur Lebensrettung» vorkommen können. Das kann von zerschrammten Gesichtern bis zu gebrochenen Rippen bei der Wiederbelebung gehen. Ich kann mich nicht einmal erinnern, das Formular heute morgen unterschrieben zu haben.

Kelsey stöhnt. Kenny flüstert ihr ins Ohr.

«Hallo, Goldstück», sagt er. «Daddy ist da.»

Ihre Augen sind immer noch geschlossen, aber ihr Körper dreht sich in die Richtung, aus der sie die Stimme ihres Vaters vernimmt. Sie kommt langsam wieder zu sich.

Vor dem Eintritt in die Bewußtlosigkeit ist das Hörvermögen der letzte Sinn, der schwindet, und er ist der erste, der beim Aufwachen wieder funktioniert. Ein Mensch kann immer noch hören, auch wenn er nicht mehr die

Kraft hat, die Augen zu öffnen. Das habe ich gelernt, als meine Mutter im Sterben lag.

Warum ist meine Stimme jetzt nicht für meine Tochter da? Warum kann ich ihr nicht einfach etwas zuflüstern? Warum kann ich ihr nicht sagen, daß ich hier bin? Warum tut mein Kopf so weh?

Ich greife nach der Krankenschwester, halte sie am Arm fest. Sie fühlt sich so kalt an wie der Raum. Ich kann die Knochen unter ihrer Haut spüren. Sie ist so klein und dünn, daß meine Finger ihr Handgelenk umfassen können.

«Können Sie mir bitte helfen?»

Sie reißt sich von mir los.

«Ihnen?»

«Ja, ich brauche dringend ein Aspirin. Bitte. Ich habe grauenhafte Kopfschmerzen.»

Kenny sieht zu mir hoch und schüttelt ungläubig den Kopf.

«Wie kannst du in einem solchen Augenblick nur an dich und deine Kopfschmerzen denken?»

Sein Verweis ist wie ein scharfes Messer, das durch die rechte Seite meines Kopfes schneidet. Ich kann mich kaum daran erinnern, daß Kenny jemals seine Stimme gegen irgend jemanden erhoben hätte. Nie zuvor in unserer zwölfjährigen Ehe hat er die Stimme im Zorn gegen mich erhoben.

Ganz im Gegenteil – seit Monaten sprechen wir zu Hause nur noch sehr leise; seit wir Kelsey durch eine Zeit der schmerzhaften Diagnoseverfahren und komplizierten Behandlungsmethoden begleiten, mit denen festgestellt werden soll, warum sie immer husten muß, warum ihre Atmung nicht richtig funktioniert. Kelsey hat dafür ihre eigene Erklärung. Sie glaubt, daß viele kleine Leute in ihr wohnen, die ihre Rippen hinauf- und hinabeilen, als seien sie ein Klettergerüst. Sie wollen ihr nicht weh tun, sagt Kelsey. Sie haben nur vergessen, ihre weichen Turnschuhe anzuziehen.

«Mami, diese kleinen Leute mit den harten Schuhen hüpfen in deinem Kopf herum», hat sie gestern abend gesagt, als ich mich über meine Kopfschmerzen beklagte. «Sag ihnen, sie sollen jetzt die Hausschuhe anziehen – es ist Zeit zum Schlafengehen.»

Tränen treten mir in die Augen, und der Raum verschwimmt vor mir. Ich muß daran denken, daß ich gestern abend nicht in der Lage war, mich richtig um meine Tochter zu kümmern. Mein kleines Mädchen ist krank, sie braucht mich, und alles, woran ich denken kann, sind meine eigenen Schmerzen. Trotzdem, wenn ich ein Aspirin bekäme, könnte ich viel klarer denken.

«Bitte», sage ich noch einmal zu der Schwester. Sie macht mir ein Zeichen, ihr zu folgen, und geht auf den Ausgang des Aufwachraums zu. Ich eile hinter ihr her, verzweifelt auf der Suche nach Linderung. Ich sehe mich nicht einmal um.

Die Schwester drückt auf einen Knopf, und die Flügeltüren schwingen zu dem Wartezimmer hin auf, in dem wir vorhin gesessen haben. Ihre Hand auf meinem Rücken schiebt mich voran. Sie ist erstaunlich stark für so eine kleine Person. Es dauert einen Augenblick, bis ich begreife, was sie tut: Sie wirft mich hinaus. Ich fliege einfach raus. Sie entzieht mir das Privileg, bei meiner Tochter zu sein.

«Reißen Sie sich zusammen, dann können Sie wiederkommen», sagt sie, und die Flügel schwingen hinter ihr zu.

Ich starre auf die verschlossene Tür.

Ich habe kein Wort zu Kelsey gesagt. Sie weiß nicht einmal, daß ihre Mutter da war. Ich habe ihr nicht gesagt, daß ich sie lieb habe. Was bin ich bloß für eine Mutter?

Ich setze mich neben die Tür auf den Boden und warte darauf, daß sie sich wieder öffnet. Ich werde hineinstürmen und meiner Familie zur Seite stehen. Es ist mein Recht als Mutter, kein Privileg. Daran werde ich sie erinnern. Ich übe meine entrüstete Rede und warte weiter darauf, daß die Tür sich öffnet.

Aber in dem Moment, wo ich die Bewegung höre, spüre ich, noch bevor ich auf den Füßen bin, einen Arm um meine Schulter und höre Kennys leise, beruhigende Stimme.

«Kelsey ist wach. Sie kommt gleich heraus.»

Er hält mich jetzt in seinen Armen.

Ich lehne mich zurück, damit ich sein Gesicht betrachten kann. Ich blinzle und blinzle, als hätte ich meine Augen nach einem langen Tauchgang zum ersten Mal wieder geöffnet, nur daß das Wasser nicht kühl und klar ist wie im Schwimmbad. Es ist trübe wie Meerwasser, voller Sand und Salz und grauer Partikel, die das einfallende Licht herausfiltern.

«Es kommt alles wieder in Ordnung», sagt Kenny. Seine Stimme klingt fest und zuversichtlich.

Ich kann den Ausdruck auf seinem Gesicht nicht erkennen. Ich möchte darin lesen, sehen, ob er das nur sagt, damit ich mich nicht mehr so elend fühle, oder ob er es selbst glaubt.

Meine Kopfschmerzen sind verschwunden, aber das jagt mir nur noch mehr Angst ein. Wenn die Kopfschmerzen weg sind, warum kann ich dann das Gesicht der Person nicht erkennen, die ich schon seit Jahren kenne und liebe?

«Mami», ruft Kelsey, als ein Pfleger ihre kleine Krankenbahre durch die automatischen Türen schiebt. Ich eile an ihre Seite. «Wo warst du denn, Mama?» Sie greift nach meinen Händen. «Du hast es versprochen.»

Sie hat recht. Ich hatte versprochen, da zu sein, wenn sie aufwacht.

«Natürlich war ich da, Schatz.»

Sie schüttelt den Kopf. «Nein.»

«Doch, ich war da», sage ich und kämpfe mit den

Wörtern, die erklären sollen, was ich selbst nicht verstehe. «Ich war da, und dann mußte ich für einen Moment hinausgehen, damit die Schwestern dir helfen konnten.»

«Du bist weggegangen», sagt sie und schließt die Augen. «Bitte, geh nie wieder weg.»

«Nein, mein Schatz, das tue ich nicht. Mama geht nie wieder weg.»

Ich beuge mich zu ihr herab, kauere in dem überfüllten Aufzug neben ihrer Bahre, reibe mir die Augen und versuche, ihr Gesicht zu erkennen. Meine Kontaktlinsen rutschen mir unter die Augenlider.

Kenny glaubt wohl, ich weine, denn er reicht mir ein Taschentuch. Ich drücke das Stück Stoff dankbar auf meine Augen, als wäre es eine lindernde Kompresse. Ich kann sein Rasierwasser riechen; es ist dieser Mentholgeruch, der ihm durch das ganze Haus folgt. Heute morgen ganz früh, bevor wir zum Krankenhaus gefahren sind, habe ich es im Fell unseres Hundes gerochen. Und später habe ich es in Kelseys Haar wahrgenommen, als ich sie vor der Operation fest in den Armen hielt, bevor ihr das Beruhigungsmittel gespritzt wurde. Dieser Duft bleibt an jedem Wesen hängen, das er berührt. Ich atme ihn tief ein, als wäre es reiner Sauerstoff.

Die Glocke des Aufzugs ertönt, und wir müssen uns beeilen hinauszukommen, bevor die Türen sich wieder schließen. Ich gehe auf einer Seite der Krankenbahre und Kenny auf der anderen. Ein Pfleger bringt Kelsey auf die Kinderstation, wo sie die Nacht verbringen wird. Ich stoße immer wieder an die Wände des langen Flures.

«Vorsicht, diese Wände springen einen manchmal an», sagt der Pfleger. Er amüsiert sich über meine Ungeschicklichkeit.

Ich umfasse das Gitter der Krankenbahre mit beiden Händen und halte die Ellenbogen dicht am Körper. Ich wünschte, ich könnte mich neben Kelsey legen und mich in ihre Decken wickeln, aber ich halte mich weiter an der Bahre fest und lasse mich von ihr führen.

Als wir endlich bei Kelseys Zimmer angelangt sind, gehen Kenny und ich gleichzeitig durch die Tür und bringen dabei fast den Pfleger zu Fall.

«Okay, jeder übernimmt eine Aufgabe», sagt er mit dem desillusionierten Seufzen eines Mannes, der die Anweisungen für die nächste Szene schon tausendmal gegeben hat. «Dad, Sie decken das Bett auf. Mama, Sie nehmen das hier, und ich kümmere mich um den Rest.»

Meine Finger schließen sich um etwas aus Plastik. Er hat mir den Schlauch von Kelseys Infusion in die Hand gedrückt. Er hebt Kelsey hoch, und ich folge ihm an der kurzen Plastikleine. Kenny steht schon am Bett und deckt es gehorsam auf. Der Pfleger legt Kelsey sanft ab. Sie seufzt tief und rollt sich auf die Seite.

«Schlaf schön weiter, mein Schatz», sagt Kenny. «Daddy bleibt die ganze Nacht bei dir.»

«Nein!» Ich schreie auf. So war das nicht abgemacht. «Du weißt genau, daß ich an der Reihe bin.» Das ist meine Wache. Er hat schon gestern die Nachtschicht übernommen, nachdem der Kopfschmerz mich überfallen hatte. Er hat kein Auge zugetan. Er hat Kelseys Betteln um Wasser nach Mitternacht widerstanden. Er ist stündlich unter ihr Inhalationszelt gekrochen, um ihren Schlafanzug zu wechseln.

Wir hatten einen Stapel seiner weichen alten T-Shirts neben ihrem Bett liegen. Kenny hat den ganzen Stapel verbraucht und Kelsey immer wieder in saubere Baumwolle gehüllt, während sie bis zum Morgengrauen hustete und sich erbrach. Also bin ich jetzt an der Reihe. Aber Kenny steht nur stumm da.

«Ich werde die ganze Nacht bei ihr im Bett liegen», sage ich. «Ich will sie in den Armen halten, wenn sie ihr Blut abnehmen, wenn sie inhalieren muß. Und ich achte auf ihre Infusion und rufe die Schwester, bevor die Flasche leer ist und Kelseys Arm weh tut. Ich...» Mir fehlen die richtigen Worte. Was kann ich denn noch sagen, um ihn davon zu überzeugen, daß er mir vertrauen kann, daß ich unsere Tochter nicht noch einmal im Stich lassen werde?

«Du kannst mich jederzeit anrufen», sagt er schließlich. «Versprichst du mir, daß du mich anrufst, wenn sie mich braucht?»

Ich höre den Zweifel in seiner Stimme, aber ich kann seinen Gesichtsausdruck nicht erkennen. Sein zweifelnder Unterton läßt mich an mir selbst zweifeln. Plötzlich möchte ich etwas ganz anderes sagen. Daß nämlich nicht nur Kelsey ihn braucht. Ich brauche ihn. Ich brauche ihn hier an meiner Seite. Aber das sage ich nicht.

«Wir kommen bestimmt zurecht, Kenny.»

Ich sitze am Fußende von Kelseys Bett, aufrecht wie ein Soldat auf Wachposten. Ich winke ihm nach.

Sobald er weg ist, kauere ich mich neben sie, mein Kopf auf ihrem Kissen. Ihr Körper ist so reglos, daß es mir angst macht. Meine Hand schlüpft unter ihre Decke, legt sich auf die Brust, die noch klebrig von dem Gel der Elektroden ist. Ich spreize die Finger, versuche, soviel wie möglich von ihr zu berühren. Ich werde die Aufgabe der kalten Maschinen übernehmen und ihre Lebenszeichen Haut auf Haut überwachen.

Ich lege meine flache Hand auf ihre Haut und halte den Atem an. Ich beobachte den Umriß ihres Oberkörpers, aber ich kann keine Bewegung erkennen. Meine andere Hand berührt ihre geöffneten Lippen.

Und dann – endlich – fühle ich es; ein Hauch von Luft auf meinem Handrücken, wie eine warme Brise. Schließlich spüre ich auch, wie ihr kleiner Brustkorb sich in gleichmäßigem Rhythmus sanft hebt und senkt.

Die kleinen Leute in ihr sind endlich zur Ruhe gekommen. Zum ersten Mal seit Monaten funktionieren Kelseys geschädigte Atmungsorgane so, wie sie sollen, wie die anderer, gesunder Vierjähriger. Sie atmet mühelos. Dieses weiße Geräusch, das vollendete Atmen meiner Tochter, verdrängt alle anderen Geräusche, die nachts auf einer Kinderstation für Atemwegserkrankungen zu hören sind. Wie ein Baby, dem sein liebstes Schlaflied vorgesungen wird, sinke ich in den Schlaf.

~ 3 ~

Kelseys Schreie wecken mich auf. Sie sitzt aufrecht im Bett, noch mit einem lockeren Verband auf der Nase, und kämpft mit einem Ungeheuer. Zumindest muß es ihr so vorkommen und mir im ersten Moment auch. Ich nehme Kelsey fest in die Arme und blinzle in die Dunkelheit; dann erst erkenne ich, daß ein Pfleger von der Nachtschicht ihr eine Atemmaske aufsetzen will.

«Es tut mir leid. Ich habe sie wohl erschreckt», sagt er. «Ich wollte sie inhalieren lassen, ohne sie dabei zu wekken.»

Ich sehe zu ihm auf. Er ist mindestens einsachtzig groß und wirkt ebenso breit. Ich kann sein Gesicht in der Dunkelheit nicht richtig erkennen. Das Flurlicht, das spärlich durch den Türspalt ins Zimmer fällt, ist die einzige Lichtquelle. Er tritt von Kelseys Bett zurück. Das Licht scheint auf sein Gesicht, und ich bemerke, daß seine Haut sehr dunkel ist.

«Monster!» schreit Kelsey.

Ich drücke Kelsey noch fester an mich, peinlich berührt bei dem Gedanken, daß er ihren Ausbruch falsch verstehen könnte.

«Sie hat Alpträume», erkläre ich ihm.

Er lächelt, tritt aber noch einen Schritt zurück und reicht mir die Maske.

«Es ist wohl besser, wenn Sie sie inhalieren lassen und ich mich ganz zurückhalte.»

Er betätigt einen Schalter. Mit Bronchialmedikamenten versetzter Dampf quillt aus der Atemmaske wie künstlicher Nebel bei Dreharbeiten zu einem Film. Ich lege Kelsey die Maske auf Mund und Nase. Sie lehnt sich an mich, atmet tief ein. Zwischen kräftigen Zügen feuchter Luft schluchzt sie noch hin und wieder. Als ich aufsehe, ist der Mann in der Dunkelheit verschwunden.

«Der nette Mann war kein Monster, Schätzchen», sage ich laut und hoffe, daß er es noch hört. «Er wollte dir nur helfen, wieder gesund zu werden.»

Sie nickt und schließt die Augen.

«Mami ist bei dir», sage ich. «Ich lasse nicht zu, daß dir jemand weh tut.»

Sie drückt meine Hand, die Augen noch immer geschlossen. Einige Minuten später lockert sich ihr Griff, und ihr Körper sinkt entspannt in den Schlaf. Das Gerät schaltet sich aus, der Nebel verschwindet.

«Schlafen Sie auch ein bißchen», sagt der Krankenpfleger, der das Inhaliergerät aus dem Zimmer schiebt.

Aber ich kann nicht schlafen. Ich frage mich, warum ich mich noch immer fürchte, obwohl die Operation vorbei ist.

«Mama, so große Angst wie heute hatte ich noch nie», hatte Kelsey gestern morgen gesagt, bevor wir ins Krankenhaus fuhren.

«Wovor hast du denn Angst?»

Mit zitternden Händen holte ich ihr einen frischen Schlafanzug aus dem Schrank. Ich drückte ihn an meine Brust und wartete auf ihre Antwort.

«Ich hab Angst, daß ich ins Krankenhaus gehe und nicht mehr nach Hause komme.»

Ich wagte es in dem Moment nicht, sie anzusehen. Sie hätte in meinem Gesicht nur ihre eigenen Ängste gesehen, in zigfacher Vergrößerung widergespiegelt. Diese Angst, nicht mehr nach Hause zu kommen, ist begründet; ich habe solche Fälle bei Kindern schon erlebt. Ich habe das Krankenhaus bei Anklagen wegen ärztlicher Kunstfehler vertreten, wenn ihm ein junges Leben für einen Routineeingriff anvertraut wurde und die Ärzte es nicht mehr zurückgaben. Ich habe mit dem Schicksal argumentiert, mit Umständen, die jenseits des Einflußbereiches von Arzt und Krankenhaus liegen. Ich habe Schriftsätze verfaßt, die klarstellen, daß ein Rechtssystem nicht für jede Ungerechtigkeit Abhilfe schaffen und nicht bei jedem Eingriff, der tödlich endet, den Arzt oder das Krankenhaus verantwortlich machen kann.

Gerichte können den Lauf des Schicksals nicht korrigieren, sagte ich dann mit meiner vernünftigsten Anwaltsstimme. Das ist schon Jahre her; ich hatte damals noch keine Kinder. Ich verstand damals noch nicht, daß es keinen «Routineeingriff» an einem Menschen gibt, den man liebt.

Ich weiß noch genau, wie ich meine erste Lektion auf diesem Gebiet lernte. Die Schwester von der Aufnahme hatte mich angerufen, weil ein Patient, der zehn Minuten später operiert werden sollte, auf dem Weg in die Rechtsabteilung war. Er hatte sich geweigert, die Einwilligungserklärung zu unterschreiben. Noch bevor ich mit der Schwester darüber reden konnte, betrat der Patient mein Büro. Er setzte sich mir gegenüber auf einen Stuhl. Sein Gesicht war beinahe so grau wie sein Jogginganzug. Er schwitzte und sah mich an. Seine Lider zuckten nervös. In einer Hand hielt er eine kleine Übernachtungstasche, deren Griffe mit roter Schnur festgebunden waren, in der anderen unser Formular mit der Einwilligungserklärung für die Operation. Er hatte den Satz angestrichen, in dem es hieß, daß man als Folge von Komplikationen bei der Anästhesie sterben konnte.

«Das mit dem Tod ist nicht akzeptabel», sagte er nur.

«Der Tod ist für Sie nicht akzeptabel?»

Er nickte.

«Genau. Ich bin mit der Vorstellung, in diesem Krankenhaus zu sterben, nicht einverstanden», erklärte er. «Ich kann nicht unterschreiben, daß ich mich einverstanden erkläre, wenn Sie mich vielleicht umbringen. Das kann ich einfach nicht.»

«Ich bedaure, aber –» Ich wollte ihm erklären, daß alle Krankenhäuser diese Vorsichtsmaßnahmen ergreifen müßten.

«Bedauern Sie nicht, tun Sie was dagegen», unterbrach er mich. «In der Aufnahme haben sie gesagt, die Leute in der Rechtsabteilung hätten diesen Wisch gemacht. Sie sind doch eine von denen. Bitte streichen Sie den Satz über meinen Tod. Dann unterschreibe ich.»

Ich lehnte mich zurück und musterte ihn. Er wirkte nervös, aber durchaus zurechnungsfähig. Ein erwachsener Mann Mitte Fünfzig. Ich wußte nicht, welcher Art von Operation er sich unterziehen sollte, und die Schwester hatte ihn nicht als Risikopatienten bezeichnet.

Ich nahm das Blatt entgegen, strich den Satz, der ihn störte, und zeichnete das Formular ab. Später kostete mich das beinahe meinen Job. Ich hatte dem Krankenhaus mit einem Strich den Schutz vor einer Klage wegen schuldhaft verursachten Todes genommen. Obwohl der Patient das Formular unterschrieb, lag damit kein rechtlich verbindlicher Aufklärungsbogen mit Haftungsausschluß für das Krankenhaus vor. In Wahrheit war es genau das Gegenteil. Es war eine Erklärung, daß der Patient auf keinen Fall die Möglichkeit akzeptiert, daß der Tod eintreten könnte.

Ich lernte diese Lektion mit Kelsey noch einmal. Selbst ein vierjähriges Kind weiß, daß es nicht akzeptabel ist, den Tod einzukalkulieren. Ich mußte mich von meiner Tochter abwenden, als sie mir ihre Ängste gestand. Ich wollte nicht, daß sie mein Gesicht sah, als ich sie anlog.

«Kelsey, mein Schatz, Mama und Daddy werden es nie zulassen, daß jemand dich uns für immer wegnimmt.»

«Ich wußte, daß du das sagst», erwiderte sie ungeduldig. «Aber ich will, daß ihr das *Gefühl* wegnehmt.»

«Welches Gefühl?»

«Das krabbelige Gefühl da drinnen. Ich hab Angst vor den Ärzten, ich hab Angst vor allem.»

«Liebling, wir versuchen ja, das Gefühl wegzunehmen. Wenn du aufwachst, ist es verschwunden. Dann ist alles vorbei, und du brauchst keine Angst mehr zu haben.»

«Gut.» Sie glaubte mir.

Mit vier habe ich meiner Mutter auch geglaubt. In Kelseys Alter habe ich mich oft gefürchtet. Vor allem im Dunkeln. Die Furcht kroch in meinen Körper, quälte mich mit ihrem schnellwirkenden Gift. Angst legte sich wie eine Klammer um mein Herz, zerdrückte es fast, stieg in meiner Kehle auf und erstickte mich beinahe mit der Tränenflut, die ich nicht zu weinen wagte. Schließlich ließ die Furcht sich in meinem Magen nieder und leerte ihn vollständig. Ich übergab mich immer dann, wenn ich mich am meisten fürchtete.

Ich fürchtete mich vor vielen Dingen. Für die meisten dieser Ängste gab es eine Saison. Im Sommer hatte ich Angst vor dem Schwimmen, weil ich fürchtete zu ertrinken. Im Herbst hatte ich Angst vor dem Schulbeginn, weil ich fürchtete, meinen Platz in der Klasse zu verlieren, den ersten Platz. Im Winter fürchtete ich mich vor dem Eislaufen, hatte Angst, die Bande loszulassen, Angst, daß meine Füße unter mir wegglitten. Im Frühling fürchtete ich mich davor, auf Bäume zu klettern und von den dünneren, hohen Ästen herunterzufallen. Aber meine größte Furcht quälte mich das ganze Jahr über. Ich hatte entsetzliche Angst vor der Dunkelheit. Wenn ich nachts von einem Geräusch wach wurde, saß ich bis zum Morgen aufrecht im Bett. Mein Blick schweifte durch den Raum wie ein Scheinwerfer auf der Suche nach etwas, das sich bewegte. Ich starrte und starrte, bis ich sicher war, daß ich sie sehen konnte, Schatten an Schatten. Monster. Dann fing ich an zu schreien.

Meine Mutter brauchte ein paar Minuten, um schlaftrunken herbeizustolpern. Sie nahm mich in die Arme und hielt mich fest, bis ich aufhörte zu schreien. Meistens tat mir der Hals schon weh. Meine kleine Schwester Sally, die niemals Alpträume hatte und deshalb im Bett über mir schlief, stöhnte im Schlaf.

«Wovor hast du denn solche Angst?» Meine Mutter stellte mir jede Nacht dieselbe Frage, ihr Tonfall müde von den vielen Wiederholungen, aber leise und beruhigend.

Ich antwortete immer dasselbe. «Ich habe Angst, daß die Monster der Dunkelheit mich mitnehmen.»

Meine Mutter küßte mich auf die Stirn, als wollte sie den Gedanken damit vertreiben. Dann sagte sie mir dasselbe wie jede Nacht.

«Die Dunkelheit nimmt dich mir nicht weg. Kein Monster ist stark genug, einer Mutter ihr Kind wegzunehmen.»

Eine kurze, glückliche Zeit lang glaubte ich ihr, so wie Kelsey mir glaubt. Doch mit sieben Jahren entdeckte ich die Wahrheit. Es gab wirklich Monster da draußen, und meine Mutter war nicht stark genug, den Kampf mit ihnen zu gewinnen. Sie würde mich aufgeben müssen, eine Geisel der Dunkelheit, ganz gleich, wie sehr sie mich liebte. Sie hatte das schon einmal getan, war schon einmal gezwungen gewesen, eines ihrer Kinder aufzugeben. Und das hatte sie auch geliebt.

Ich lernte lesen, als ich vier war. Ich las jedes Märchen, das ich in unserem Haus auftreiben konnte. Mit sechs hatte ich so viele Bücher gelesen und Bilder betrachtet, daß ich anfing einen Zusammenhang zwischen der Märchenwelt und allem, was in meiner Welt geschah, herzustellen. Jede Person und jedes Ereignis in meinem Leben hatte ihre Entsprechung in einer Geschichte. Mein Bruder Robin war Peter Pan. Robins Bild tauchte nachts in meinem Kopf auf und schwebte durch die geschlossenen Fenster meiner Träume wie der geisterhafte Junge, der in Wendys Zimmer geflogen kam.

Als ich älter wurde, begriff ich, daß ich nicht Wendy war und Robin nicht Peter Pan. Ich konnte den Schatten meines Bruders nicht auf sein verlorengegangenes Ich nähen, und er konnte nicht in Sicherheit fliegen. Ich war zu jung und zu ängstlich; ich konnte nichts tun, als zuzusehen, wie die Dunkelheit mir meinen Bruder wegnahm. Und später konnte ich mich lediglich daran erinnern, wie dieser geisterhafte Bruder ausgesehen hatte, bevor er verschwunden war.

Kelsey zittert im Schlaf. Ich ziehe die Decke etwas höher und halte sie warm. Aber das genügt nicht. Ich stehe auf, schalte die Deckenlampe ein und überflute das Zimmer mit unnatürlichem Neonlicht. Kelsey seufzt und dreht ihr Gesicht zum Kissen. Sie kennt das schon.

Lange habe ich mir eingeredet, daß meine Ängste keinen Einfluß auf sie haben würden. Ich sagte mir, daß es für ein Kind vielleicht sogar beruhigend war, wenn seine Mutter das Licht bis zur Morgendämmerung brennen ließ, wenn sie genau wußte, wovor ihr Kind Angst hatte. Jetzt weiß ich, daß das nicht stimmt. Es wäre für uns beide besser, wenn ich eine Mutter wäre, die sich nicht im Dunkeln fürchtet.

~ 4 ~

Am nächsten Morgen wird Kelsey entlassen. Auf dem Weg hinaus müssen wir durch die Mukoviszidose-Station gehen. Es gab einen Punkt in Kelseys Krankheitsgeschichte, an dem die Ärzte überzeugt waren, sie hätte Mukoviszidose. Dieser Weg hinaus ist wie ein Weg durch eine Hölle, der wir nur knapp entkommen sind. Die endgültige Diagnose lautete schließlich Pertussis oder Keuchhusten. Kelsey hatte wegen einer allergischen Reaktion als Säugling keine Schutzimpfung bekommen. Bis die Ärzte endlich die richtige Diagnose gestellt hatten, waren ihre Lungen bereits angegriffen, und ihre Atemwege konnten nur durch einen sofortigen Eingriff freigemacht werden. Kenny und ich hatten genug Zeit in Warteräumen voller schwerkranker Kinder verbracht, um dankbar zu sein, daß unser Kind eine heilbare Krankheit hatte.

Kennys Hand umklammert fest meinen Arm. «Sieh nicht hin», flüstert er. Aber ich sehe hin. Ich sehe immer hin.

Zum Glück sind die Bilder nur verschwommen. Ich habe heute morgen meine Kontaktlinsen nicht eingesetzt, weil meine Augen vor lauter Schlafmangel geschwollen sind und schmerzen. Ich trage eine alte Brille, zerkratzt und schmutzig. Es ist, als würde ich durch eine beschlagene Windschutzscheibe sehen.

Ich höre laute, zornige Schreie. Wir kommen zuerst am Säuglingszimmer vorbei. Verschwommene Müttersilhouetten beugen sich über Wiegen aus Kunststoff und murmeln beruhigende Worte. Tobende Babysilhouetten schreien laut und ausdauernd und sind schon jenseits des Punktes angelangt, wo Stimme und Berührung der Mutter Trost bieten.

In den nächsten Räumen höre ich laute, fordernde Kinderstimmen. Die Kinder sind noch zu klein, um ihren Gefühlen in zusammenhängenden Sätzen Ausdruck zu verleihen. Aber zwischendurch ist immer wieder einmal deutlich ein einzelnes Wort zu hören wie «Nein!» oder «Weg!».

Wir gehen an den Zimmern der älteren Kinder vorbei. Fernseher plärren auf verschiedenen Kanälen, aber in den letzten Zimmern ist es beängstigend still. In diesen Privatzimmern liegen die ältesten der kranken Kinder, Langzeitpatienten, Veteranen ihrer eigenen, ganz persönlichen Kriege. Ihre Türen sind geschlossen. Zu dieser frühen Stunde können ihre Eltern ihnen noch nicht Gesellschaft leisten. Sie kämpfen an der Heimatfront, bringen die besser davongekommenen, gesünderen Geschwister zur Schule.

«Du siehst furchtbar aus», sagt Kenny, als wir beim Aufzug ankommen.

«Danke.»

«Entschuldige, aber du siehst aus, als hättest du die ganze Nacht nicht geschlafen, und dein rechtes Auge ist ganz rot.»

Kelsey dreht sich in ihrem Rollstuhl um. Sie streckt die Hand aus. Ich beuge mich vor, um ihre Hand zu nehmen, aber ich greife ins Leere und stolpere. Ich kann mich gerade noch am Griff des Rollstuhls festhalten, lehne mich dagegen.

«Was ist denn los?» Kennys Stimme ist besorgt, hat aber einen scharfen Unterton, als wollte er eigentlich «Was ist denn jetzt schon wieder mit dir los?» sagen. Seine Nerven liegen blank. Ich möchte nicht zugeben, daß ich nicht weiß, was los ist. Also übergehe ich die Frage.

«Ich bin so müde, daß ich mich kaum noch auf den Beinen halten kann», murmele ich.

«Mama, ich hab eine Idee», sagt Kelsey.

Das ist zur Zeit ihr Lieblingssatz.

«Ich tausche mit dir. Warum setzt du dich nicht in den Rollstuhl?»

Kenny lacht.

«Nein!» Ich kann nicht glauben, mit welcher Lautstärke dieses Wort aus mir herausbricht. «Kommt nicht in die Tüte», sage ich und hoffe, daß es sich wie ein Scherz anhört.

Aber es ist zu spät. Das Bild von mir in einem Rollstuhl steht mir vor Augen. Ich kann es nicht abschütteln. Noch eine schreckliche Vorstellung taucht auf und überlagert die erste. Es ist ein Bild, eine Weitwinkelaufnahme, auf der auch Kenny zu sehen ist. Er schiebt mich durch einen engen, dunklen Korridor. Vor uns liegt Dunkelheit. Er sieht auf und hält inne. Dann läßt er los.

«Jackie!»

«Mama!»

Erstaunt betrachte ich meinen Mann und meine Tochter vor mir im Aufzug. Ein Pfleger hält mir die Tür auf. Seine Finger trommeln ungeduldig auf die Gummidichtung.

«Beeil dich, Trantüte», rufen Kelsey und Kenny gleichzeitig.

Alle, die im Aufzug stehen, lachen.

Ich springe in den Aufzug, beidfüßig wie jemand, der seinem eigenen Schatten entkommen will.

«In Sicherheit», flüstert Kenny, als die Türen sich hinter mir schließen.

~ 5 ~

Lies mir eine Geschichte vor, Mama. Bitte.»

«Ich kann nicht, meine Augen sind so müde.»

«Dann lese ich dir eine vor.»

Kelsey kann noch nicht lesen, aber sie weiß die meisten der Geschichten auswendig und präsentiert sie eindrucksvoll.

«Es ist ein neues Buch. Es heißt *Was fehlt auf dem Bild?* Daddy hat es mir mitgebracht.»

«Das ist aber schön, Schätzchen.»

«Das Buch kann ich allein lesen. Ich muß nur die Bilder genau angucken.» Sie liegt neben mir auf dem Bett und stellt sich das Buch auf den Bauch.

Sie schlägt die erste Seite auf. Man sieht das Bild einer Mutter, die ihr Kind auf der Schaukel anstößt. Aber die Schaukel fehlt. Das Kind sitzt in der Luft.

«Was fehlt auf dem Bild?» fragt Kelsey.

Mit einer dramatischen Geste blättert sie laut um.

«Die Schaukel!»

Und da sieht man es – dasselbe Bild, aber diesmal ist die Schaukel da, nicht mehr unsichtbar.

«Das Buch ist toll», sagt Kelsey.

Sie lehnt sich zurück. Ihr Kopf paßt genau unter mein Kinn, und sie behält das Tempo bei. Auf jedem Bild fehlt etwas Wichtiges im Leben des kleinen Mädchens – eine Eistüte, das Fahrrad, der Ball, der Teddybär. Kelsey blättert eine Seite nach der anderen um; sie schreit die Antworten heraus, und es wirkt, als würde sie sie wirklich ablesen und nicht einfach nur dem Bild entnehmen.

In meinem Kopf tobt wieder der Schmerz. Ich nehme die Brille ab und reibe mir die Augen.

«Gefällt es dir nicht, daß ich dir vorlese, Mama?» Kelseys Stimme klingt sehr enttäuscht.

«Doch, du liest sehr schön», erwidere ich.

Ich kann nur das Buch nicht ausstehen. Ich finde es wirklich beunruhigend. Die Zeit als riesiger Radiergummi, der die liebsten Dinge im Leben eines Kindes ausradiert. Dieses dumme Buch bringt mich fast zum Weinen.

Kelsey soll mit dem Umblättern aufhören. Ich weiß doch schon, was mir jetzt fehlt. Meine Mutter. Ich vermisse sie mehr denn je zuvor. Sie sollte jetzt mit Kelsey und mir hier sitzen. Wenn sie noch leben würde, wäre sie nach Kalifornien geflogen; sie wäre jetzt oben und würde etwas Wunderbares zubereiten, gegrilltes Huhn und Pudding und Plätzchen, und das Haus wäre von den Gerüchen meiner Kindheit erfüllt.

«Mama, warum weinst du?» fragt Kelsey.

«Ich bin sehr traurig.»

«Ich will aber nicht, daß du traurig bist.»

«Ich weiß, mein Schatz. Meine Augen tun weh.»

«Macht nichts. Ich kann dir die Bilder erzählen. Du brauchst sie nicht anzusehen. Mach die Augen zu. Wie bei einer Gute-Nacht-Geschichte. Du kannst einschlafen, wenn ich lese.» Sie ist begeistert von ihrer neuen Fähigkeit.

Ich schließe die Augen und versuche, mich auf ihre Stimme zu konzentrieren. Es ist so schön, daß sie wieder gesund ist. Ich wundere mich über ihre Regenerationsfähigkeit. Seit dem Eingriff sind erst vierundzwanzig Stunden vergangen, und sie ist fast wie neu.

«Auf diesem Bild sieht man ein kleines Mädchen, das spazierengeht.» Kelsey blättert um und hält mir das Buch unter die Nase.

Ich sehe nur etwas Verschwommenes in Blau und Grün. «Siehst du, Mama, sie hat eine Leine in der Hand, aber am Ende der Leine ist nichts. Was fehlt auf dem Bild?»

Sie blättert um.

«Der Hund!» Sie lacht. «Da ist jetzt ein kleiner weiß-brauner Hund. Der Hund hat gefehlt.»

Peanuts. Dieses furchtbare Buch erinnert mich an meinen ersten Hund. Tränen strömen mir aus den Augen. Auch das noch.

«Legen wir das Buch doch weg, Kelsey.»

«Okay.» Sie wischt mir die Tränen vom Gesicht. Ihre Hand riecht nach Vanilleplätzchen. «Ich weiß was, wobei du nicht mehr weinen mußt. Ich hole dir das Buch von Onkel Og. Seine Geschichten bringen dich immer zum Lachen.» Sie läuft los. Der Plätzchengeruch bleibt zurück.

Zum Glück brauche ich die Gedichte von Ogden Nash nicht vorzulesen. Die meisten habe ich auswendig gelernt, nachdem ich herausgefunden hatte, daß mein Lieblingsgroßonkel, der Bruder meiner Großmutter, Gedichte für Kinder schrieb.

«Hier ist es, Mami. Laß uns die über Vögel und Insekten lesen.»

Ich habe Glück. Das sind seine kürzesten Gedichte. Die meisten kann ich immer noch auswendig. «Gut», sage ich zu Kelsey. «Du erzählst mir, was auf dem Bild ist, und sagst mir den Buchstaben, mit dem das Gedicht anfängt. Wir machen ein Spiel. Ich mache die Augen fest zu und versuche zu raten.»

«Au ja», sagt sie fröhlich. «Hier ist ein schwarzes Insekt mit Flügeln, und es fängt mit F an. Was ist das?»

«Die Fliege», antworte ich. *«Gott der Herr schuf die Fliege, doch tat er es uns zuliebe?»*

«Gut gemacht», kichert sie. «Auf dem nächsten Bild ist ein Vogel. Er ist gelb und in einem Käfig, und die Federn fliegen überall herum. Fängt mit einem großen K an.»

Mir fallen die Kanarienvögel meiner älteren Schwester Polly ein. Der Käfig stank immer ganz furchtbar. *«Der*

Kanarienvogel. Sein Gesang ist stets monoton, und mausert er sich, wird's ganz widerlich.»

«Das verstehe ich nicht – zu viele schwierige Wörter.» Kelsey blättert um. «Okay, hier ist noch ein Vogel. Er ist weiß, und er fliegt über einem Strand. Und er fängt mit M an.»

«Die Möwe», sage ich und zögere. Ich versuche, mich an dieses Gedicht zu erinnern. Möwe reimt sich auf... Ach ja.

«Horch! – Das Jammern der Möwe. Sie weint, ist sie doch kein Löwe. Wie dumm, diese Möwe. Denn wenn sie es wäre, ertränk sie im Meere.»

«Diese dumme Möwe», lispelt Kelsey durch die Lücke in ihren Schneidezähnen. «Dumme Möwe, dumme Möwe», sagt sie immer wieder, während ich in Schlaf falle.

~ 6 ~

Spätsommer 1961

Wieder einmal haben die Möwen mich geweckt; sie rufen immer wieder meinen Namen, locken mich hinaus. Ich richte mich im Bett auf und beobachte sie durch das Fenster. Es gefällt mir, wie sie fliegen; die Flügel zeigen immer zur Sonne und bilden ein V, wenn sie höher und höher steigen. Mein Lieblingsspiel von den stillen Spielen ist, Bilder zu den Buchstaben des Alphabets zu finden. Wenn eine Gruppe von Kanadagänsen fliegt, sieht es wie ein großes V aus. Ein kleines v, geschwungen und weich, sieht man, wenn eine junge Seemöwe ganz allein über das Wasser fliegt. «Virginia» und «Veranda» fangen mit V an. Sie passen zusammen, weil wir jedes Jahr in den Sommerferien zu meinen Großeltern nach Virginia fahren und ihr Haus eine Veranda hat.

Ich muß immer über Buchstaben nachdenken, sogar jetzt. Es ist wie Zauberei, wenn sie nicht mehr irgendwelche Kritzel sind, sondern etwas bedeuten, wie Orte und Vögel. Ich habe auf der ganzen Autofahrt von Baltimore hierher an den Buchstaben V gedacht. Wir haben über unsere liebsten Sommergerüche gesprochen, und ich mag Vanille am liebsten. Danach riecht die Küche unserer Großeltern, wenn Lucy dort den Pudding abkühlen läßt.

Ich finde Buchstaben toll – und Wörter, die sich reimen. Wenn ich groß bin, will ich Schriftstellerin werden. Ich will Wörter richtig zusammenstellen, so daß jeder versteht, was ich denke, weil ich zu schüchtern bin, es laut zu sagen. Onkel Ogden, der Onkel meines Vaters, ist Schriftsteller, und er ist auch sehr schüchtern. Meine Mutter sagt, das hätte ich von ihm, und bei mir sei es schon beinahe krankhaft.

«Jackie! Jackie!» schreien die Seemöwen mit ihren Beeildich-Stimmen, und ich hoffe, sie wecken noch jemanden auf, damit ich hinausgehen kann.

Ich werfe einen Blick auf das Bett neben meinem. Meine kleine Schwester Sally schläft noch. Ich kann nur ihr blondes Haar auf dem Kissen sehen und eine geschwollene kleine Hand mit weißer Salbe, die unter der Decke hervorlugt. Sie hat gestern beim Angeln einen Sonnenbrand bekommen, weil sie ihren Plüschhasen die ganze Zeit über den Bootsrand gehalten hat, damit er auch was sieht. Dabei habe ich ihr erklärt, daß er mit seinen Glasaugen gar nichts sehen kann. Als die Wellen höher wurden und Wasser über den Bootsrand spritzte, bekam Sally Angst und ließ den Hasen ins Wasser fallen. Horace mußte den Motor abstellen und ihren Hasen mit dem Netz herausfischen. Sally hat auf dem ganzen Rückweg geheult, weil sie einen Sonnenbrand auf der Hand hatte und ihr Hase naß war und stank. Sie machte so ein Theater, daß sie die Fische vertrieben hat, und dann sind wir früher nach Hause gefahren, ohne etwas zu fangen.

Heute werde ich ein paar Krebse fangen, egal, was passiert. Ich möchte raus, bevor Sally aufwacht und zu reden anfängt. Sie redet ununterbrochen, jede wache Minute und manchmal sogar im Schlaf. Ich habe es lieber ruhig. Ich möchte gern zum Bootssteg, bevor jemand wach ist, damit ich hören kann, wie es ist, wenn niemand redet. Ich will hören, wie das Wasser an den Steg klatscht, will das Plätschern der Fische hören und das quietschende Geräusch, wenn das Boot an den Holzpfosten scheuert.

Das Problem ist, daß wir am Wasser zwei Regeln beachten müssen. Erstens: Wir müssen immer eine Schwimmweste tragen, unter allen Umständen. Zweitens: Wir dürfen nur mit einem Erwachsenen zum Steg.

Ich muß also warten, bis jemand wach wird und mich hinunterbringt.

Endlich höre ich, wie die Tür auf der hinteren Veranda quietscht. Ich ziehe mir Shorts unter mein Nachthemd an und renne die Treppe runter und nach draußen. Dabei mache ich die Verandatür ganz leise zu, damit Sally nicht aufwacht.

Unsere vier kleinen Schwimmwesten liegen alle noch im Gras, wo wir sie gestern nach der Bootsfahrt hingelegt haben. Also können Polly oder Robin noch nicht aufsein. Ich sehe zum Bootshaus hinunter; die Tür ist offen.

Es gibt nur einen, der ins Bootshaus darf, und das ist Horace.

Ich habe Horace sehr gern. Horace kann alles. Er kümmert sich um Großvaters Boot und seine Angelsachen und repariert alles, was im Haus kaputtgeht. In diesem Sommer muß er viel reparieren, was Robin kaputtmacht, bevor jemand merkt, daß er es kaputtgemacht hat. Horace hat Robin lieber als alle anderen von uns zusammen.

Ich nehme mir eine Schwimmweste und ziehe sie beim Laufen über den Kopf. Ich renne am Garten meiner Großmutter vorbei, um den großen Baum mit den grünen, roten und weißen Blüten herum, der mich an Weihnachten erinnert, obwohl es doch heiß und sonnig ist. Ich presse die Weste fest an mich, damit die losen Metallschnallen mir beim Laufen nicht ins Gesicht schlagen. Meine Nase und mein Kinn habe ich in die Weste gesteckt. Alle Gerüche des Sommers hängen in ihr – Fischeingeweide und Krebse und Angelwürmer. Ich laufe schneller. Ich will für die ersten Krebse nicht zu spät kommen. Früh am Morgen sind sie schläfrig und kinderleicht zu fangen. Aber sobald es richtig warm wird, krabbeln sie auf den kühlen, matschigen Grund des Flusses.

Ich laufe um das Bootshaus herum und schaue auf den Steg, der weit hinaus ins tiefe Wasser ragt. Die Planken unter meinen Füßen sind kühl. Es muß wirklich noch sehr früh sein. Ich laufe weiter, um das Krebsnetz zu holen.

Quer über dem Steg liegen zwei lange, dünne Beine. Robin ist schon da! Er muß seine Schwimmweste vergessen haben. Er ist zwölf, und er ist der beste Krebsfänger in der Familie, sogar besser als Horace, der es uns allen beigebracht hat, so wie er es meiner Mutter beigebracht hat, als sie noch ein kleines Mädchen war. Leise gehe ich zu Robin und sehe ihm zu. Ich versuche, kein Geräusch zu machen, damit ich die Krebse nicht verscheuche. Leise sein kann ich sehr gut. Ich habe in meiner Klasse dieses Jahr einen Preis dafür bekommen. Polly, Mama und Daddy haben sich über meine Ehrennadel lustig gemacht, aber ich bin stolz darauf. Manchmal darf Robin sie sogar tragen.

Ich sehe nur Robins Rücken und Hals, die so verbrannt und geschwollen sind wie Sallys Hand, und seine Badehose. Ich stehe auf Zehenspitzen, damit ich ihn besser sehen kann. Ich sehe seine mageren Knöchel und die Füße, mit denen er sich am Steg verkeilt hat, damit er sich so weit vorlehnen kann, bis sein Gesicht die Wasseroberfläche berührt.

Der Griff des Krebsnetzes ragt aus dem Wasser und schwingt vor und zurück. Robin kann sich noch so anstrengen stillzuhalten, seine Hände wedeln immer in der Luft herum. Als Polly mir erzählte, daß Robin seinen Namen von einem Vogel hat, dachte ich, das sei deshalb, weil seine Hände sich wie Vogelschwingen bewegen. Sie bewegen sich noch heftiger und schneller, wenn er aufgeregt ist oder Angst hat. Wenn er sich freut, bebt sein ganzer Körper, als käme er gerade aus dem heißen Bad und würde nun frieren.

Robin regt sich auf, wenn wir nicht verstehen, was er sagt. Er strengt sich sehr an, aber er kriegt es einfach nicht hin. Er sagt Wörter, die wir alle benutzen, aber irgendwie kommen sie rückwärts raus oder zu schnell. Manchmal müssen Sally und ich lachen, aber dann sieht Polly uns böse an. Wir wollen Robins Gefühle ja gar nicht verletzen. Es ist doch nur, weil er sich benimmt, als würde er die Hauptrolle in seinem eigenen Jerry-Lewis-Film spielen.

Aber wir lachen nie darüber, wie er Krebse fängt. Er hat seine ganz speziellen Tricks. Ich lege mich ganz leise neben ihn, damit ich ihm besser zugucken kann. Aus Versehen schubse ich ihn am Arm, aber wie gewöhnlich scheint er nicht einmal zu bemerken, daß ich da bin. Er schubst mich nicht einmal stärker zurück, so wie Polly und Sally es machen. Robin wird wegen solcher Dinge nicht böse. Er kämpft nie mit uns, obwohl er das größte und stärkste von uns Kindern ist und der einzige Junge. Er schlägt und beißt uns nie, und er macht auch nie «Tausend Nadeln» mit uns. Aber wenn Robin wirklich mal böse wird, tut er ganz verrückte Sachen, und das jagt uns Angst ein.

Krebse unter Wasser zu erkennen ist ganz schwierig. Doch wenn man sie erst einmal draußen hat, sieht man das helle Blau an den Spitzen ihrer Scheren. Im Wasser haben sie die gleiche schmutzige Farbe wie der Grund des Flusses. Also muß man auf eine bestimmte Stelle starren und warten und warten, bis sich eine Schere bewegt. Das macht Robin jetzt: Er starrt auf eine Stelle im Wasser. Mit seiner freien Hand hält er eine Glasscherbe zwischen sein Gesicht und das Wasser.

Robin hat immer Plastikscherben in verschiedenen Farben dabei und manchmal auch Glasscherben, wenn er nicht damit erwischt wird. Aber das Stück, das er jetzt in der Hand hat, habe ich nie zuvor gesehen. Es ist gelbbraun, wie Eistee. Er hält die Glasscherbe so dicht vors Gesicht, daß das untere Ende an seine Nase stößt. Ich kann mich nicht weit genug vorlehnen, um es mir genau anzusehen, ohne ins Wasser zu fallen.

Von meinem Platz aus kann ich im Wasser nur die

Entenmuscheln sehen, die an den Pfosten kleben. Sie sind weiß und krustig wie Popcorn. Krebse sind immer scharf auf Entenmuscheln. Robin hält das Netz dicht an die Entenmuscheln, und wenn ein Krebs sich bewegt, zieht er es schnell hoch und schnappt sich den Krebs, noch bevor er den Pfosten erreicht. Das ist die schwerste Art, einen Krebs zu fangen. Man braucht viel Übung und sehr gute Augen. Nur Robin kann das. Ich muß es auf eine leichtere Art machen. Ich warte länger, bis der Krebs schon am Pfosten hängt und so mit dem Fressen der Entenmuscheln beschäftigt ist, daß er mein Netz nicht kommen sieht.

Plötzlich höre ich lautes Platschen. Robin zieht das Netz schnell aus dem Wasser. Er springt auf und hält das tropfende Netz hoch über der Wasseroberfläche. Es sind zwei große Krebse darin, die aneinanderhängen. Ein Doppeldecker!

«Guck mal, Horace, guck!» ruft er.

Ich starre den Doppeldecker an – ich kann einfach nicht glauben, daß er die beiden gesehen hat.

«Robin fängt Krebs!» Er schreit jetzt vor lauter Aufregung. Ich glaube, sie können ihn bis oben im Haus hören. «Robin – ich – gefangen!»

«Ja, mein Sohn, das hast du!» Horace lacht, als er aus dem Bootshaus kommt. Er lächelt Robin an und klatscht in die Hände. «Ich hab dieses Platschen gehört und gleich gewußt, mein Robbie hat sich den ersten Krebs des Tages gefangen!»

Robin hat einen seiner Begeisterungsanfälle. Sein ganzer Körper bebt vor Freude. Er springt von einem Bein auf das andere, als wäre der Steg eine heiße Herdplatte. Die Wassertropfen vom Netz fliegen durch die Luft, und einer landet in meinem Auge. Das brennt, und ich reibe mir das Auge.

«Miss Jackie, dein Bruder ist der Sieger im heutigen Krebswettbewerb», sagt Horace. «Und du reibst dir noch den Schlaf aus den Augen. Schau deinen Bruder an – er hat sich eine Speziallupe gemacht, seine Krebsfangspeziallupe!»

Ich versuche, die Augen zu öffnen, um Robin und sein Glas anzuschauen, aber sie brennen immer noch. Das letzte Mal, daß meine Augen so weh taten, war im Sommer zuvor, als wir im Fluß schwimmen gingen und ich an eine giftige Pflanze stieß. Mein Gesicht schwoll an wie ein Ballon, und ich konnte meine Augen ganz lange nicht aufmachen.

~ 7 ~

Beim Wachwerden reibe ich mir die Augen. Meine Wangen sind feucht und klebrig. Ich muß im Schlaf geweint haben. Es ist schon so lange her, daß ich Robins Gesicht gesehen habe, selbst in meinen Träumen. Meine Augen schmerzen wie am Abend zuvor.

Ich gehe ins Badezimmer und bringe mein Gesicht ganz dicht an den Spiegel, um meine Augen genau zu betrachten, zu prüfen, ob sie vielleicht entzündet sind. Aber ohne Kontaktlinsen sehe ich mich nur ganz verschwommen. Meine Brille liegt neben dem Bett; ich hole sie und betrachte mich erneut im Spiegel.

Ich sehe nur, daß das rechte Auge naß ist und die Wimpern aussehen, als sei ich gerade aus dem Schwimmbecken aufgetaucht. Mein linkes Auge ist trocken. Ich drücke einen Waschlappen gegen das rechte Auge. Wahrscheinlich ist es irgendeine Infektion, aber zum Glück ist nur das eine Auge betroffen.

«*Sangre!*»

Der Schrei läßt mich zusammenzucken. Es ist Teresa, unsere Haushälterin. Ich hatte sie gar nicht gesehen. Sie war im Badezimmer und hat die sauberen Handtücher eingeräumt.

«*Sangre!*» schreit sie noch einmal.

Ich habe keine Ahnung, was das bedeutet, aber ihr Geschrei macht mir angst. Ich presse den Waschlappen fester aufs Gesicht, wie einen Schutzschild.

Sie streckt die Hand nach mir aus und zieht meinen Arm vorsichtig weg. Als ihr Blick auf den Waschlappen fällt, fängt sie wieder an zu schreien.

«Blut!» ruft sie.

Blut ist allerdings ein Wort, dessen Bedeutung ich kenne. «Wieso Blut? Wo?» schreie ich zurück.

Sie zeigt auf mein Auge und auf den Waschlappen, aber ich sehe nichts. Ich gehe wieder ins Schlafzimmer. Teresa folgt mir. Ich lege mich hin, den Waschlappen immer noch in der Hand. Sie bleibt in einiger Entfernung stehen, als sei ich besessen, und starrt mich an. Ich rufe Kenny, aber dann fällt mir ein, daß er zum Golfspielen gefahren ist. Meine Augen schmerzen jetzt noch mehr.

Ich höre, daß Kelsey in ihrem Zimmer nach mir ruft. Sie muß von dem ganzen Geschrei aufgewacht sein.

«Teresa», sage ich und versuche, ruhig zu klingen. «Sie müssen sich um Kelsey kümmern. Ich möchte nicht, daß sie mich so sieht.»

Ich nehme das Telefon und rufe bei Freunden an. Nach dem zweiten Anrufbeantworter gebe ich auf. Ich muß wohl doch selbst in die Notfallambulanz fahren. Ich nehme ein kleines Kissen aus dem Bett und halte es vor mein rechtes Auge. Es ist wie ein weicher Verband, und ich fühle mich schon ein wenig besser. Ich bleibe ein paar Minuten sitzen und atme tief und ruhig durch.

Unser Hund Jake leckt mich ab und schnüffelt an dem Kissen. Vielleicht ist es ja wirklich Blut; Hunde riechen das. Dann fällt mir etwas ein: Jake schläft bei uns im Bett. Vielleicht ist er mit der Pfote an mein Auge gekommen. Er hat mir schon oft genug die Wange zerkratzt. Vielleicht hat er die Haut meines Augenlids verletzt, und ich kann es deshalb nicht im Spiegel sehen, weil meine Augen dabei ja geöffnet sind.

Diese Theorie beruhigt mich. Ich schnappe mir die Autoschlüssel, rufe Teresa zu, daß ich zum Arzt fahre, und stürme zur Tür hinaus.

Die Klinik ist nur vier Straßen weiter. Ich sehe starr geradeaus und halte das kleine Kissen weiter vor mein verletztes Auge. Ich fahre zu langsam, weil ich versuche, meine Behinderung zu kompensieren wie ein Betrunkener. An der Ampel bemerke ich, daß meine linke Hand das Lenkrad so fest umklammert, daß die Knöchel weiß hervortreten.

Ich atme tief durch. Nur ein Kratzer. Vielleicht brauche ich eine desinfizierende Salbe. Vielleicht muß das Lid genäht werden, damit die Blutung aufhört. Bei dem Gedanken, eine Betäubungsspritze ins Augenlid zu bekommen, zucke ich unwillkürlich zusammen.

Ich atme weiter tief ein und aus. Dann hebe ich den Blick und sehe, daß die Ampel nicht mehr rot ist. Ich gebe Gas. Um mich herum ertönt wildes Gehupe. Was ist denn jetzt los? Ich trete auf die Bremse und halte quietschend; einen Moment später, und ein Wagen wäre mir von rechts in die Seite gefahren.

«Es ist rot, Sie Idiot!» schreit jemand aus einem Kabriolett herüber. Ich bin sicher, daß die Ampel nicht rot war, aber vielleicht bin ich ja so verängstigt, daß ich nicht mehr klar denken kann. Nur noch eine Straße weiter. Ich fahre ganz hinten auf den Klinikparkplatz, wo noch viele freie Plätze sind. Ich traue es mir nicht zu, zwischen anderen Autos einzuparken.

Am Empfang werde ich gefragt, ob es sich um einen Notfall handelt. Ich nehme das Kissen vom Gesicht. Die Frau am Empfang schnappt nach Luft.

«Kommen Sie gleich mit», sagt sie.

Sie führt mich in ein Untersuchungszimmer und sagt, der Arzt käme sofort.

«Sind Sie ganz allein hergekommen, mit dem Kissen vor dem Auge?» fragt er, als er den Raum betritt. «Wie haben Sie das denn gemacht?»

«Ziemlich schlecht», erwidere ich.

Er lacht. Er steht jetzt direkt vor mir und beugt sich zu mir herab. Sein Gesicht ist mir so nah, daß ich den Pfefferminzgeruch seiner Zahnpasta rieche, wenn er lacht. Er kommt noch näher und leuchtet mit einer kleinen Lampe in mein rechtes Auge.

Ich halte den Atem an. Ich habe wieder dieses Befangenheitsgefühl, das mich immer beschleicht, wenn ich fotografiert werde. Ich kann mir nicht vorstellen, was dieser Mann für einen Eindruck von mir hat. Ich habe in meinen Kleidern geschlafen und mir nicht einmal das Gesicht gewaschen, die Haare gebürstet oder die Zähne geputzt, und klammere mich an ein kleines Kissen, das der Arzt mir erst beim dritten Versuch wegnehmen kann.

«In Ordnung», sagt er fröhlich und gleitet auf seinem Rollhocker ein Stück zurück. «Ich habe dieses Auge gründlich untersucht, und es gibt keine Anzeichen für eine ernsthafte Verletzung. Ihr Auge ist außen herum rot und leicht entzündet. Wahrscheinlich, weil Sie das Kissen so fest darauf gepreßt haben. Ich nehme an, das Blut stammt von einem kleinen Kapillargefäß, das geplatzt ist, während Sie schliefen. Aber die Blutung hat aufgehört.»

«Sie meinen, ich brauche mir keine Sorgen zu machen?»

«Soweit ich das erkennen kann, nein. Aber wir werden sicherheitshalber Ihr Sehvermögen noch testen.»

«Ich glaube, ich habe Schwierigkeiten mit den Farben», sage ich.

«Ach ja? Sind Sie farbenblind?»

«Bis jetzt war ich es nicht.»

«Welche Farbe hat mein Hemd?»

«Mittelbraun», sage ich.

«Ganz sicher?»

«So sieht es für mich aus.»

«Es ist leuchtend rot», erwidert er. «Sie haben die Farbe Rot verloren.»

Er sagt es, als sei die Farbe Rot besonders wichtig, als hätte ich besser darauf aufpassen sollen. Ich bin nie zuvor auf den Gedanken gekommen, daß man eine Farbe verlieren könnte. Ich weiß, daß manche Leute Probleme haben, Farben zu unterscheiden, aber ich wußte nicht, daß man einen Teil des Spektrums einfach verlieren kann.

«Und was bedeutet das?»

«Lassen Sie uns erst Ihre Sehweite prüfen, und dann sehen wir weiter.» Er ist jetzt kurz angebunden, und das Lachen, das ich noch vor wenigen Augenblicken hörte, ist aus seiner Stimme verschwunden.

Er drückt mir einen riesigen Plastiklöffel in die Hand. Ich setze die Brille wieder auf.

«Decken Sie das linke Auge ab, und lesen Sie die Tafel mit dem rechten», sagt er.

Ich bedecke das linke Auge und sehe mit dem rechten starr geradeaus. Außer einem grauen Nebelschleier kann ich nichts erkennen. Es ist, als hätte mir jemand eine schmutzige Decke über den Kopf gezogen. Ich lasse den Plastiklöffel fallen; er klappert auf den Fußboden.

«O Gott!»

«Was ist denn los?»

Ich kann diese Frage nicht beantworten. Ich weiß nicht, was los ist. Ich reiße mir die Brille von der Nase und betrachte sie; vielleicht hat der Hund auf dem rechten Glas herumgekaut, oder es ist voller Teppichflusen. Aber beide Gläser sind sauber.

Ich bedecke wieder das linke Auge, diesmal mit der Hand. Ich sehe den Arzt dabei an. Er verschwindet in grauem Nebel. Ich ziehe die Hand weg, als hätte ich mich verbrannt. Jetzt sehe ich ihn wieder. Nein, das kann nicht wahr sein! Ich wiederhole diese Bewegung immer und immer wieder und schlage dabei voller Panik auf mein Auge. Sobald ich das linke Auge bedecke, verschwindet der Arzt, und wenn ich die Hand wieder wegnehme, taucht er aus dem grauen Nebel auf, als hätte man ihn aus Raumschiff Enterprise herbeigebeamt.

Schließlich sehe ich ihn an und bedecke das rechte Auge. Ich schaue ihn nur mit dem linken an, und ich kann ihn einwandfrei erkennen.

«Es tut mir leid. Ich sehe auf dem rechten Auge nichts», sage ich.

Er starrt mich einen Moment lang schweigend an.

«Sind Sie ganz sicher?»

«Ja», sage ich. Meine Stimme ist vor lauter Angst so hoch und quiekig, daß ich sie selbst kaum wiedererkenne.

«Das linke Auge noch einmal bedecken», befiehlt er, als hätte er es mit einem Kind zu tun. «Und? Wie viele Finger halte ich hoch?»

Ich lasse die Hände in den Schoß sinken. Mit beiden Augen sehe ich ihn an. Er bewegt zwei Finger in der Luft und sieht verzweifelt aus. Das bringt mich noch mehr aus dem Gleichgewicht. Langsam verliere ich die Geduld. Ich will, daß er die Situation im Griff hat. Irgend jemand muß sie im Griff haben, und ich bin das ganz sicher nicht.

«Ich sage es Ihnen noch mal. Ich kann mit diesem Auge weder Sie noch Ihre Finger sehen!»

«Das tut mir leid», sagt er; seine Arme hängen herab.

Ich schaue ihn an, warte darauf, daß er etwas tut.

Mein ganzes Leben lang habe ich Ärzten vertraut. Meinem Großvater, meinem Onkel, Freunden meiner Eltern und vielen meiner Bekannten aus der High-School- und Universitätszeit. Zwei Jahre lang habe ich als Rechtsberaterin in einem großen Krankenhaus gearbeitet und Ärzte vertreten, die wegen Kunstfehlern verklagt wurden, habe mit ihnen die Verträge ausgehandelt und die Krankenhauspolitik ausgearbeitet. Ich habe mit ihnen in Ausschüssen gesessen, ihnen die neuesten Informationen über Fälle in ganz Kalifornien zukommen lassen, ihnen sogar telefonisch Ratschläge erteilt.

Manchmal kam ich mir vor wie eine Hotline. Ärzte riefen mich sozusagen aus dem Schützengraben an, wollten sofort die genaue rechtliche Lage wissen, eine hieb- und stichfeste Analyse haben. Das eine war ein Anruf aus der Notfallambulanz. War das Krankenhaus verpflichtet, einen mit Kokainbeuteln gefüllten Magen der Polizei zu melden, oder war man an die ärztliche Schweigepflicht gebunden und mußte die Beweisstücke ignorieren? Als nächstes wollte man aus dem OP wissen, ob die Einwilligungserklärung zu einer Hysterektomie die Pflicht einschloß, einen bei der Intubation eingeschlagenen Zahn zu richten, und ob die Patientin die Ärzte deshalb wegen Körperverletzung verklagen konnte. Ich war immer bemüht, ihnen mit ausreichend Informationen weiterzuhelfen. Ich respektierte ihr Wissen und ihre Erfahrung. Dieser Respekt war mit der Erwartung verknüpft, daß sie auch mir sofort zu Hilfe eilen würden, wenn es bei mir brannte und ich gesundheitliche Probleme hätte.

«Und was wollen Sie unternehmen, um mein Auge zu heilen?» frage ich.

Er tritt einen Schritt zurück, als hätte ich ihm eine Ohrfeige verpaßt.

Dann sagt er etwas, was ich bisher nur von Ärzten gehört habe, wenn sie völlig machtlos sind. Und selbst dann ist es eine Bemerkung, die man eigentlich erst macht, wenn der Patient schon tot ist.

«Es tut mir leid. Aber das liegt jenseits meiner Möglichkeiten.»

«Was?» Der plötzliche Verlust seiner Zuversicht erschüttert mich.

«Haben Sie einen Internisten?»

Er reicht mich weiter.

«J-ja», stammele ich und versuche, mich an seinen Namen zu erinnern. «Bill Lang», sage ich schließlich.

«Gut!» Seine Züge hellen sich auf. «Ich kenne Bill. Wir

haben unsere Assistenzarztzeit zusammen abgeleistet. Ich rufe ihn an. Bei ihm sind Sie in guten Händen.»

Er grinst mich an, sichtlich erleichtert. Die Sprechanlage summt. Es ist die Frau vom Empfang.

«Doktor, wir brauchen Sie hier draußen dringend. Das Wartezimmer ist voll, und die Leute sind schon ziemlich verärgert.»

Sie klingt selbst ziemlich gereizt. Er sieht mich an und zuckt die Schultern. Er wird gebraucht. Ich bin jenseits seiner Möglichkeiten.

«Ich muß mich noch um andere Patienten kümmern», sagt er. «Ich möchte, daß Sie jemanden anrufen, der Sie abholt. Sie können mein Telefon benutzen. Ich komme gleich wieder, und dann reden wir weiter. Es dauert nur ein paar Minuten.»

Er läßt mich fallen, aber er versucht wenigstens, zartfühlend vorzugehen. Er reicht mir den Telefonhörer.

«Rufen Sie Ihren Mann an. Wenn er nicht zu Hause ist, dann eine Freundin. Mit Bill Lang telefonieren wir nachher zusammen», ruft er mir über die Schulter zu, als er zur Tür hinausgeht.

Ich lege den Hörer auf. Nein. Kenny ist jetzt sicher wieder vom Golfplatz zurück, aber ich will ihm eine solche Nachricht nicht am Telefon mitteilen. Ich kann hier keine Sekunde länger bleiben. Ich muß nach Hause. Ich nehme meine Brille, meine Handtasche und das kleine Kissen meiner Mutter. Ich gehe zur Tür hinaus. Im Flur ist niemand, und die Tür zum anderen Untersuchungszimmer ist geschlossen. Ich gehe durch das Wartezimmer und hinaus auf den Parkplatz. Die Frau vom Empfang ruft hinter mir her, aber ich laufe einfach weiter.

Sehr langsam und vorsichtig fahre ich wieder auf die Straße. Heute hat mein Mann Geburtstag. Meine Tochter ist gestern erst aus dem Krankenhaus entlassen worden.

Sie haben mittlerweile bestimmt bemerkt, daß ich nicht da bin, und sie werden sich Sorgen machen. Ich muß unbedingt nach Hause.

~ 8 ~

Kenny ist ganz blaß, als ich zur Tür hereinkomme. «Gott sei Dank», sagt er.

Er hält den Telefonhörer an die Brust gedrückt und hebt ihn jetzt ans Ohr, läßt mich dabei aber nicht aus den Augen, als könnte ich sonst gleich wieder verschwinden.

«Bill, sie ist gerade gekommen. Ja. Ich gebe sie dir.»

«Was zum Teufel ist los?» flüstert Kenny mir zu und reicht mir den Hörer. «Teresa hat geheult und dauernd erzählt, dein Gesicht sei ganz blutig gewesen. Ich finde einen blutigen Waschlappen im Bad, und dann ruft dieser Arzt aus der Ambulanz hier an. Er sagt, du seist ihm weggelaufen, und er hat Bill angerufen, und jetzt redet Bill davon, dich ins Krankenhaus zu bringen. Was um Himmels willen ist denn eigentlich los?»

Ich nehme Kenny den Hörer aus der Hand und halte die Muschel zu. «Ich weiß es auch nicht genau», sage ich ihm.

In Krisensituationen verändern sich unsere Stimmen immer. Meine wird unangenehm schrill, und Kennys wird zu einem heiseren Flüstern.

«Hallo, Bill. Tut mir leid, daß ich Ihnen das Wochenende verderbe», quäke ich.

«Jackie, bitte erzählen Sie mir in Ihren eigenen Worten, was passiert ist. Ich will jedes Detail wissen. Sie haben denen in der Klinik erzählt, daß Ihr Hund Sie vermutlich am Auge gekratzt hat, und die haben mir gesagt, daß Sie auf diesem Auge nichts sehen können. Warum haben Sie mich nicht gleich angerufen?»

Ich hole tief Luft. Bill Lang ist kein Mann, der schnell in Panik ausbricht. Genau deshalb ist er mein Arzt; er ist gelassen und zieht nicht voreilig irgendwelche schrecklichen Schlüsse. Aber er klingt gar nicht mehr wie der Bill, den ich kenne. Er redet doppelt so schnell wie sonst, und mit jedem Wort wird er schneller.

«Es schien mir nicht so schlimm, daß ich Sie samstags anrufen müßte. Ich habe nicht geglaubt, daß es so eine große Sache ist.»

«Hatten Sie denn zuvor schon einmal Probleme mit dem Sehvermögen?»

«Nicht daß ich wüßte. Ich hatte bloß Kopfschmerzen und einen klopfenden Schmerz im Auge.»

«Ich habe jetzt Ihre Karte nicht zur Hand, aber ich kann mich nicht daran erinnern, daß Sie eine Migränepatientin sind, oder?»

«Nein, bin ich nicht.»

«Hatten Sie in letzter Zeit Gleichgewichtsprobleme?»

«Wie meinen Sie das?»

«Stolpern, eine Stufe verfehlen oder so etwas.»

«Also...» Ich denke darüber nach. Ich bin im Krankenhaus gegen die Wände gelaufen, und ich habe nach Kelseys Hand gegriffen und bin gefallen. War das ein Gleichgewichtsproblem oder eines, das mit dem Sehvermögen zusammenhing? Ich erzähle es ihm und höre, daß er sich Notizen macht.

«Diese ganzen Schwindelgefühle, die verschwommenen Bilder, den zunehmenden Koordinationsverlust haben Sie also schon seit ein paar Tagen?»

Ganz plötzlich fühle ich mich ungeheuer stumm. Zunehmender Koordinationsverlust? Das hört sich ja an, als hätte ich einen Schlaganfall gehabt.

«Ich habe viel zuwenig geschlafen», sage ich vorsichtig. «Ich dachte, es sei die Übermüdung.»

Ein paar Sekunden lang schweigt er.

«Darüber wollen wir uns jetzt mal nicht den Kopf zerbrechen. Wir machen folgendes: Im Krankenhaus wird eine Kernspintomographie von Ihrem Gehirn gemacht. Dann lassen Sie das Auge von einem Ophthalmologen untersuchen. Dann mache ich einen kompletten Check-up mit Ihnen, Blutuntersuchungen, den ganzen Kram – wahrscheinlich ist das bei Ihnen sowieso schon längst überfällig –, und dann... Dann sehen wir weiter.»

Ich versuche zu verarbeiten, was er mir gerade gesagt hat. Zuerst eine Hirnuntersuchung. Ärzte wollen immer zuerst das Schlimmste ausschließen. Was glaubt er, in meinem Gehirn zu finden? Ist Kenny deshalb so blaß? Was hat Bill ihm erzählt, bevor ich kam?

«Bill, es wird Tage dauern, bis ich einen Termin im Krankenhaus bekomme. Warum fangen wir nicht morgen mit dem Augenarzt an?»

Es folgt ein beunruhigendes Schweigen.

«Jackie, wir müssen sofort mit diesen Untersuchungen anfangen. Heute noch.» Er spricht jetzt langsam und sehr artikuliert, als sei ich schwerhörig. «Ich habe schon einen Radiologen und einen Assistenten organisiert, die für die Kernspintomographie kommen. Die Labortests machen wir gleich im Krankenhaus. Und ein guter Freund von mir ist Augenarzt. Er wird heute abend seine Praxis öffnen. Sie können auf dem Rückweg vom Krankenhaus dort vorbeifahren.»

«Das soll ich alles heute machen?»

Ich kann einfach nicht glauben, daß er all diese Termine schon vereinbart hat, ohne mit mir Rücksprache zu halten.

«Gibt es einen Grund, der dagegen spricht?»

«Eigentlich nicht, außer daß ich sehr müde bin. Ich brauche wirklich etwas Zeit, um darüber nachzudenken, und –»

«Jackie, Ihnen bleibt keine Zeit mehr», unterbricht er mich. «Wir dürfen kein Risiko eingehen. Ein Auge haben Sie schon verloren.»

Ich bin sprachlos, versuche, diese niederschmetternde Aussage zu verarbeiten.

«Es tut mir leid, Jackie. Ich wollte Sie nicht noch mehr beunruhigen», sagt Bill. «Es kommt alles wieder in Ordnung. *Bestimmt*. Aber wir dürfen keine Zeit verlieren.»

«Das weiß ich, Bill. Aber das geht alles viel zu schnell für mich. Ich brauche einfach eine Minute zum Verschnaufen.»

«Die Kernspin wird gemacht, sobald Sie im Krankenhaus sind. Haben Sie für den Rest des Tages einen Babysitter für Kelsey?»

«Ich frage unsere Haushälterin, ob sie länger bleiben kann.»

«Könnte sie auch bei Ihnen übernachten, falls das nötig sein sollte?»

Mir dreht sich der Magen um. «Ja, ich glaube schon.»

«Gut. Wir treffen uns dann in der Radiologie. Das ist im zweiten Stock.»

«Das weiß ich noch.»

«Und Jackie – bitte lassen Sie Kenny fahren.»

Im Auto wiederholt Kenny wortwörtlich, was er mit Bill besprochen hat. Ich bin erst einmal erleichtert. Was immer auch mit mir geschieht, es ist nicht so schlimm, daß er versuchen würde, es mir zu verheimlichen.

«Ich habe ihn nach der Gehirnuntersuchung gefragt», sagt Kenny. «Wonach er sucht, wollte ich wissen. Bill hat mir erklärt, daß vielleicht ein Hirntumor auf deinen Sehnerv drückt. Er meinte, das sei das erste, wonach sie auf den Bildern suchen würden.»

«Aber wie kann ein Hirntumor denn so schnell wachsen? Wie ist das möglich? Ich kann das einfach nicht glauben!»

Ich schließe die Augen und schlage die Hände vors Gesicht.

«Schatz, hör mir zu», sagt Kenny sanft. «Das habe ich ihn auch gefragt. Daß es so schnell ging, könnte ein gutes Zeichen sein. Es ist vermutlich nicht...» Er zögert. «Auf jeden Fall können sie einen gutartigen Tumor entfernen, und dein Sehvermögen wäre vermutlich bald wieder hergestellt.»

Ich hebe ruckartig den Kopf. «Redest du von einem Eingriff am Gehirn?»

«Ich glaube schon, aber Bill sagt, es sei nicht so schlimm, wie es sich anhört. So etwas wird viel öfter gemacht, als man denkt.»

«Einmal ist schon mehr, als ich je für mich eingeplant hatte.»

Wir fahren zum Haupteingang des Krankenhauses. Es ist dasselbe Krankenhaus, in dem ich bis zu Kelseys Geburt gearbeitet habe. Kenny und ich gehen zur Aufnahme. Ich erkenne die Frau am Empfang wieder.

«Dr. Lang wartet schon auf Sie. Er möchte, daß Ihr Mann hierbleibt und die Formulare ausfüllt. Sie sollen bitte direkt zur Radiologie hochgehen.» Dann lächelt sie unsicher. «Schön, daß Sie wieder da sind – oder so.»

«Danke – oder so.» Ich versuche zurückzulächeln. «Halten Sie ihn nicht zu lange mit diesem ganzen Papierkram auf. Ich brauche ihn.»

Sie nickt.

Ich gehe durch die Eingangshalle zu den Aufzügen. Die Stühle, auf denen es sonst von Leuten nur so wimmelt, sind an diesem Samstagnachmittag unbesetzt. Heute werden nur Notfälle behandelt. Diese Erkenntnis streift mich wie ein eisiger Luftzug. Schützend halte ich die Hand vor das verlorengegangene Auge.

Der Radiologieassistent schaltet gerade die letzten Lampen und Geräte ein, als ich hereinkomme. Bill läuft auf und ab, einige Blätter Papier in den Händen. Sobald er mich sieht, eilt er auf mich zu und zieht sanft meine Hand weg. Er hebt mein Kinn hoch und sieht mir direkt ins rechte Auge. Ich starre zurück, hoffe, ihm die Gedanken vom Gesicht ablesen zu können, aber es gelingt mir nicht.

Er sieht aus wie immer. Die Schwestern im Krankenhaus fanden immer, daß Bill Lang ein angenehmer Anblick sei. Eine von ihnen behauptete, er sähe aus wie ein jüdischer Tom Selleck, groß und dunkel, ohne die blauen Augen und Grübchen des Stars. Bill hat tiefliegende braune Augen. Ein dichter Schnurrbart verbirgt Mundwinkel, die nach unten zeigen. Mit diesem Schnurrbart sieht er immer sehr ernst aus, und wenn er dann lächelt, kommt es aus heiterem Himmel, ohne Vorwarnung. Sein Gesicht verrät nie, was hinter der ernsten Stirn vor sich geht, ein perfektes Arztgesicht, eine Maske.

«Vielleicht wäre es Ihnen angenehmer, wenn ich das Auge jetzt erst einmal verbinde», schlägt er vor.

«Nein, es tut nicht mehr weh. Es ist nur...» Ich kann nicht erklären, wie es sich anfühlt. Ich habe keine Schmerzen. Ich fühle mich auch nicht unwohl. Ich möchte nur nicht, daß jemand in dieses Auge blickt, das sich nicht revanchieren und zurückblicken kann. «Vielleicht würde ich mich mit einer Augenbinde oder so etwas wirklich wohler fühlen.»

«Natürlich. Ich hole etwas Gaze. Übrigens ist Ihre Pupille ziemlich vergrößert und das Auge dadurch vermutlich sehr lichtempfindlich. Hier ist die Einwilligungserklärung für die Kernspintomographie. Können Sie das mit einem Auge lesen?»

Ich überfliege das Blatt Papier. Der Text kommt mir bekannt vor. Beim zweiten Satz weiß ich auch warum. Ich habe ihn entworfen.

«Ja, sicher.» Ich kritzele meinen Namen unter die Erklärung.

«Braucht die Patientin eine Injektion?» fragt der Assistent Bill.

Als ob ich überhaupt nicht anwesend wäre. Bei dem Gedanken an eine Spritze macht mein Herz einen furchtsamen Satz. Eine Spritze wohin? Ins Auge? Ins Gehirn?

«Ach Jackie, das hatte ich ja ganz vergessen. Möglicherweise müssen wir Ihnen einen Farbstoff injizieren, damit wir einen besseren Kontrast auf den Bildern haben, um bestimmte Bereiche hervorzuheben.»

Der Assistent reibt mit der Hand über meine Armbeuge. Seine Hände sind kalt; mich fröstelt.

«Die Venen gefallen mir gar nicht.» Er seufzt ungeduldig.

«Ich weiß, daß sie ziemlich dünn sind.» Mir ist, als müßte ich sie verteidigen. «Die habe ich von meiner Mutter.» Als ich den Satz ausspreche, wird mir bewußt, wie wenig das diese beiden Menschen jetzt interessiert.

«Ich hole ein pädiatrisches IV-Set aus dem Labor», sagt Bill.

«Gut. Das werden wir brauchen.» Mißmutig betrachtet der Assistent meinen Arm. Er hat mir immer noch nicht ins Gesicht gesehen. Ich lese sein Namensschild, aber es sagt mir nichts. «Wie lange arbeiten Sie schon hier?» frage ich.

Er starrt mich an. Ich versuche, freundlich und interessiert zu klingen, nicht neugierig. Ich will, daß er mich mag. Ich möchte auch, daß er guter Stimmung ist und sich auf das konzentriert, was er gerade tut. Mich verfolgt ein Fall, von dem ich gelesen habe. Ein Laborassistent hatte Streit mit seiner Freundin, kam zur Arbeit und durchstach während einer routinemäßigen Blutabnahme einem Kind den distalen Hauptnerv. Das Kind hatte nie wieder Gefühl in dieser Hand.

«Ich habe auch mal hier gearbeitet», sage ich. Plötzlich möchte ich, daß dieser Typ mein bester Freund ist. Ich weiß, daß er mit mir in diesem Raum sein wird, mir die Nadel in die Vene jagen, mich in das Gerät schieben und mich sofort wieder herausholen wird, wenn ich den Alarmknopf drücke. Aber zuerst soll er mir gefälligst zuhören.

«Ich weiß», sagt er und hat den Blick schon wieder abgewandt. «Die Krankenhausanwältin. Deshalb können die mich auch einfach samstags hierherzitieren. Sie sind hier eine richtige Berühmtheit.»

Na prima. Ich bin einem Radiologieassistenten ausgeliefert, der Anwälte nicht leiden kann. Wo ist Kenny? Warum braucht er nur so lange? Ich will nicht allein mit diesem Typen hier in den Untersuchungsraum gehen.

«Ich praktiziere nicht mehr als Anwältin», sage ich und trete den Rückzug an. «Das ist Jahre her. Jetzt bin ich im Hauptberuf Mutter.»

Während dieses Satzes kommt Kenny herein.

«Und Autorin», fügt er hinzu.

Das scheint den Assistenten zu interessieren.

«Wirklich? Was schreiben Sie denn?»

«Sie schreibt einen Roman», sagt Kenny. «Einen Krimi, der im Krankenhaus spielt. Es geht dabei um Fehler, und um die Leute in Krankenhäusern, die diese Fehler machen.»

O Kenny, vielen Dank!

Das Grinsen auf dem Gesicht des Assistenten verschwindet. «Dann wollen wir Sie mal richtig vorbereiten. Ich möchte schließlich keine Fehler machen», sagt er und wirft Kenny einen Blick von der Seite zu.

«Wie heißt er denn?» fragt er, als er mich in den Kernspinraum führt.

«Wer?»

«Ihr Roman.»

«Haftung ausgeschlossen», sage ich.

«So wie in der Einwilligungserklärung des Krankenhauses? ‹Das Krankenhaus schließt jede Haftung als Folge von Komplikationen während der Operation aus›?»

«Ja, genau. Die wenigsten Leute begreifen das so schnell.» Das ist zwar eine unverfrorene Behauptung, aber sie stimmt.

«Guter Titel», sagt er. Endlich lächelt er. Er reicht mir die Hand und stellt sich vor.

Sein Händedruck ist fest, die Haut kühl und trocken. Meine Hand muß sich dagegen anfühlen wie ein benutztes Papiertaschentuch.

Ich lege mich auf eine Liege aus Metall, und er schiebt mich in das tunnelartige Gerät.

«Bis gleich», sagt er und tätschelt meine Füße, bevor er den Raum verläßt.

Eine halbe Stunde später kommt er wieder herein und zieht mich aus dem Gerät.

«Und, wie war's?» fragt er.

«Ich würde diese Einwilligungserklärung wirklich gerne überarbeiten.» Mein Herz klopft heftig.

«So schlimm?»

«Nein, nur ganz anders, als ich es in dem Formular beschrieben habe. Ich meine, es enthält einfach nicht genug Informationen. Zum Beispiel steht nicht drin, wie laut das Geräusch wirklich ist, das Pochen und Klopfen. Und ich habe unterschätzt, wie schwierig es ist, ganz ruhig zu liegen, und wie unheimlich, wenn man den Kopf nicht bewegen kann und nur die Füße im Spiegel sieht, als würde der Rest gar nicht existieren. Und...»

Er fängt an zu lachen, und ich breche meine Litanei ab.

«Vielleicht sollten Anwälte all die Dinge erst mal über sich ergehen lassen, für die sie Einwilligungserklärungen formulieren», sagt er. «Der Andrang an den juristischen Fakultäten wäre dann bestimmt geringer.»

«Stimmt.» Auch der Ausbildung von Radiologieassistenten könnte es nicht schaden, denke ich, behalte das aber lieber für mich. Schließlich sind die Bilder noch nicht entwickelt, und wenn ich Pech habe, müssen wir alles noch einmal machen. Ich möchte ihn lieber noch eine Weile auf meiner Seite wissen.

Bill wartet im Vorraum auf mich.

«Beeilen Sie sich», sagt er. «Ich habe Kenny erklärt, wo der Ophthalmologe ist, und er wartet draußen im Wagen auf Sie. Ich bringe Sie hinaus.»

In der Eingangshalle sehe ich zu meinem Entsetzen, daß es draußen schon dunkel ist.

«Wieso ist es denn schon so spät?»

«Für ein Krankenhaus ist es noch nicht spät», sagt Bill. «Der Radiologe, der in der Notfallambulanz Nachtdienst hat, sieht sich gerade Ihre Aufnahmen an. Ich rufe Sie später an.»

«Danke, Bill. Sie sind einfach Spitze.»

Ich gehe zum Auto und setze mich auf den Beifahrersitz. «Bill sagt, er ruft uns später an und gibt uns die Ergebnisse der Kernspintomographie durch. Er ist wirklich großartig.»

Kenny gibt mir keine Antwort. Ich sehe ihn an. Mit meinem gesunden Auge habe ich sein Profil im Blick. Seine Augen sind starr geradeaus gerichtet, die Lippen zusammengepreßt. Diese Signale erkenne ich auch mit einem Auge.

«Was ist denn los?»

«Ich habe gerade ‹Dr. Großartig› erklärt, ich würde ein Stoßgebet zum Himmel schicken, daß er auf diesen Aufnahmen nichts findet. Du weißt schon, kein Anzeichen von einem Tumor.»

«Und?»

«Da sagt er mir doch glatt, daß ich für das falsche Ergebnis bete. Er sagt, er hofft, daß sie genau das finden.»

«Er hofft wirklich, daß sie einen Hirntumor finden?»

«Ja. Er meinte, das sei besser als die Alternative. Er hat nur gesagt, ich solle lieber dafür beten. Kein Sterbenswörtchen mehr. Nichts. Also habe ich mich einfach ins Auto gesetzt. Tut mir leid.»

Was könnte schlimmer sein als ein Hirntumor?

Ich versuche, das Problem aus der Sicht eines Arztes zu

betrachten. Und dann begreife ich. Es ist die Art von Begreifen, die einem direkt vom Kopf in den Magen fährt. Das Schlimmste für einen Arzt ist, etwas zu finden, wogegen er nichts tun kann.

~ 9 ~

Wir sind auf dem Weg zum Augenarzt. Ich weiß, daß Ophthalmologe die korrekte Bezeichnung wäre, aber ich habe schon immer Augenarzt gesagt. Mein Großvater war einer. Er war Leiter der Ophthalmologischen Abteilung des Johns Hopkins Hospital in Baltimore, wo ich aufgewachsen bin. Als er starb, bauten sie ein Forschungszentrum und benannten es nach ihm. Bob Hope, dessen Augenlicht mein Großvater gerettet hatte, flog aus Kalifornien ein, um bei der Einweihungsfeier die Rede zu halten. Ich war damals acht Jahre alt. Ich vergötterte meinen Großvater, aber erst als Bob Hope über ihn sprach, verstand ich wirklich, wieviel er auch anderen Menschen bedeutet hatte.

«Wenn es das Woods-Forschungszentrum nicht gäbe, wäre mein Mann jetzt blind», hatte mir meine Physiklehrerin auf der High-School erzählt. In ihrem Blick lag Respekt. Damals nahm sie an, daß ich die geniale wissenschaftliche Begabung meines Großvaters geerbt hätte. Sie sollte bald eines Besseren belehrt werden. Aber falls ich sie enttäuscht habe, ließ sie es sich nicht anmerken. Sie strahlte mich jedesmal ermutigend an, wenn ich die Hand hob, auch wenn ich nur noch einmal erklärt haben wollte, wie ein Bunsenbrenner funktioniert.

«Worüber denkst du denn so angestrengt nach?» will Kenny wissen.

«Ich habe gerade an Doc gedacht.»

Alle seine Enkel nannten ihn so. Als Kind kam es mir ganz normal vor, ihn nicht Opa oder Großvater zu nennen. Wir glaubten, Doc sei der erste und wichtigste Teil seines Namens. Da er uns nie gebeten hat, ihn anders zu nennen, glaubte er das wohl auch.

«Eine wunderbare Idee!» ruft Kenny. «Wir rufen gleich morgen Onkel Alan an. Der Name Woods wird dir die Türen der besten Ophthalmologen der Welt öffnen. Großartig!»

Mein Onkel, Alan Woods Jr., einziger Bruder meiner Mutter, ist Chirurg am Johns Hopkins Hospital und Professor an der Medizinischen Fakultät gewesen. Bestimmt kennt er die besten Ärzte Kaliforniens, aber dieser Gedanke macht mir auch nicht mehr Hoffnung. Ich fürchte, nicht einmal mein Großvater hätte dieses Auge jetzt noch retten können. Das erzähle ich Kenny, während wir in der dunklen Eingangshalle eines Gebäudes darauf warten, daß der Augenarzt seine Praxis aufschließt.

«Begreifst du das denn nicht, Kenny», jammere ich. «Es hat gar keinen Zweck, daß dieser oder irgendein anderer Arzt sich ein Auge ansieht, das schon verloren ist.»

Kenny zieht mich an sich und hält mich fest.

«Begreifst du es denn nicht, Jackie?» flüstert er mir ins Ohr. «Du hast immer noch ein Auge.»

Lange Zeit sitzen wir eng umschlungen in der Dunkelheit des Wartezimmers. Uns ist, als seien wir die einzigen wachen Menschen auf der ganzen Welt.

«Sie können jetzt reinkommen», sagt der Augenarzt schließlich, als er die Tür des Untersuchungszimmers öffnet. Kenny schüttelt ihm die Hand und stellt uns vor. Der Arzt sagt nicht einmal seinen Namen. Ungeduldig scheucht er uns ins Zimmer. Er scheint es ungeheuer eilig zu haben. Ich setze mich auf den Untersuchungsstuhl, beuge mich nach vorn und lege das Kinn auf die papierbedeckte Stütze. Der Augenarzt leuchtet in mein rechtes Auge. Tränen laufen meine Wange hinab.

«Ihre Pupille ist doch schon erweitert», sagt er mit einem Seufzen.

«Was?»

«Die Pupille in diesem Auge ist bereits erweitert. Hat Ihnen schon jemand Tropfen reingemacht?»

«Nein.»

«Ach.» Er seufzt wieder. «Na – daran können Sie es doch sehen.»

«Was kann ich sehen?»

«An der Tatsache, daß Ihre Pupille sich spontan erweitert hat, kann man genau erkennen, warum Sie auf diesem Auge blind sind.» Er macht die Lampe aus. Er hat ungefähr dreißig Sekunden lang in mein Auge gesehen, lang genug, um das Urteil zu fällen. *Blind.* Zum ersten Mal ist dieses Wort in meiner Gegenwart gefallen. Und seine Wirkung ist verheerend. Jetzt lerne ich, Bill Langs beschönigende Ausdrucksweise zu schätzen. «Verlust der Sehkraft» hört sich schlimm an, aber nicht hoffnungslos. Was man verloren hat, kann man vielleicht wiederfinden. Aber blind ist ein Dauerzustand. Blind heißt, es ist zu spät.

Soweit ich mich erinnern kann, hat mein Großvater dieses Wort nie ausgesprochen. «Das Feuer ist erloschen», pflegte er zu sagen, wenn er von einem hoffnungslosen Fall sprach. Er war zu seiner Zeit der beste Augenchirurg der Welt, aber es kam nur selten vor, daß ein erblindetes Auge durch eine Operation gerettet werden konnte. Er war ein Pionier auf dem Gebiet der Erforschung medikamentöser Vorbeugung von Erblindungen. Er glaubte fest an Prophylaxe.

Ich habe die Sehkraft auf einem Auge verloren, aber mir bleibt immer noch das andere, sage ich mir immer wieder. Im Geist wiederhole ich das wie ein marschierender Soldat. Links bleibt mir noch.

«Sehen Sie selbst», sagt der Augenarzt zu Kenny. «Das sieht doch jeder. Kein Grund, mich deshalb an einem Samstagabend hierherzuhetzen.»

Kenny kommt näher und betrachtet mein rechtes Auge, als sähe er es zum ersten Mal. Das stimmt sogar. Es war ja verbunden, als ich aus dem Krankenhaus kam.

«O Gott, es ist ja völlig schwarz», sagt er. «Ihr linkes Auge ist blau, und das rechte ist schwarz.»

«Das liegt daran, daß die Pupille so stark erweitert ist, daß man die normale Farbe der Iris nicht mehr erkennen kann.»

Kenny sieht mich wieder an, und sein Gesicht hellt sich auf. «Aber ihr anderes Auge ist in Ordnung. Es ist so blau wie sonst auch. Das heißt, daß das andere Auge in Ordnung ist, stimmt's?»

Der Augenarzt seufzt und geht zu seinem Schreibtisch hinüber. «Ich habe noch keinen Fall gehabt, bei dem dieses Symptom bilateral aufgetreten ist.» Er sagt es in demselben monotonen Tonfall, in dem er auch das Wort blind ausgesprochen hat. Gute und schlechte Nachrichten, beide überbracht mit distanziertem Gleichmut.

«Das heißt also, daß das andere Auge nicht angesteckt wird?» frage ich.

«Nein. Es handelt sich um eine andere Art der Erkrankung», sagt er.

«Und um welche?» will Kenny wissen.

«Wir gehen besser für einen Moment in den Flur hinaus und reden dort weiter.»

Ich will gerade aufstehen und mit ihnen hinausgehen, als mir bewußt wird, daß er mit Kenny allein sprechen will. Ich werfe Kenny einen warnenden Blick zu. Er drückt mir ein Papiertaschentuch in die Hand.

«Ich bin gleich zurück», flüstert er. «Ich muß sowieso zur Toilette.»

Sie schließen die Tür hinter sich. Ich fange an, das Taschentuch in kleine Stücke zu reißen. Ich kann die Stimme des Arztes hören, aber nicht Kennys. Was sie sagen, ist nicht zu verstehen. Dann höre ich, wie eine

Tür ins Schloß fällt. Der Augenarzt kommt zurück und setzt sich an seinen Schreibtisch. Er trägt etwas auf einer Karte ein. Ich komme mir vor, als säße ich im toten Winkel seines Rückspiegels.

«Wo ist Kenny?» frage ich.

Er sieht auf.

«Ihr Mann? Er ist auf der Toilette.»

In diesem Augenblick hören wir Kenny würgen, wieder und immer wieder; dann folgt das Geräusch der Spülung. Emotionaler Streß schlägt bei Kenny und mir sofort auf den Magen.

«Was haben Sie ihm gesagt? Was haben Sie meinem Mann da draußen gesagt?» Ich habe einen bitteren Geschmack im Mund, und genauso bitter klingen meine Worte.

Er nimmt die Brille ab und reibt sich die Augen, als hoffe er, ich würde dadurch verschwinden.

«Es tut mir leid», sagt er schließlich. «Ihr Mann hat mir eine Frage gestellt, und ich habe sie beantwortet. Das ist alles.»

«Und was hat er gefragt?»

«Also...» Er zögert und setzt die Brille wieder auf. «Er wollte wissen, warum Ihr rechter Sehnerv so plötzlich versagt. Ich habe ihm gesagt, daß ich es für ein Symptom einer neurologischen Erkrankung halte, die seit einiger Zeit fortschreitet. Die einseitige Erblindung ist nur das erste Symptom, das sich manifestiert. Eines von vielen, möchte ich hinzufügen.»

«Was sagen Sie da? Welche Krankheit würde denn ein solches Symptom auslösen?»

Kaum habe ich die Frage formuliert, weiß ich auch schon, daß ich einen Fehler gemacht habe. Schon auf der Uni haben sie mir beigebracht, so etwas nicht zu tun. Prüfung in Prozeßrecht. Stellen Sie einem feindseligen Zeugen niemals eine Frage, deren Antwort Sie noch nicht kennen.

«Multiple Sklerose», sagt er. «Neuritis nervi optici – also die Entzündung des Sehnervs – hängt fast immer mit Multipler Sklerose zusammen. Ich glaube, Sie sollten jetzt einen anderen Facharzt konsultieren, einen Neurologen. Ich bin sicher, daß Ihr Internist Ihnen einen guten empfehlen kann, der Multiple-Sklerose-Patienten behandelt – soweit man sie überhaupt behandeln kann.»

Dieser neue Aspekt verschlägt mir die Sprache. Kein Wunder, daß Kenny sich nebenan auf der Toilette übergibt. Ich habe keine direkten Erfahrungen mit Multipler Sklerose, aber ich verbinde damit Rollstühle und den Verlust der Körperfunktionen. Mir fallen Bills Fragen nach Gleichgewichtsstörungen und Koordinationsverlust wieder ein. Das war es also, was er dabei im Sinn hatte. Erblindung war nur eine Zwischenstation auf dem Weg zur Multiplen Sklerose.

Das Telefon klingelt. Wir sehen einander ein paar schreckliche Augenblicke lang an wie verschreckte Hühner, bevor der Augenarzt den Hörer abhebt.

«Für Sie», sagt er gleich darauf. «Es ist Bill Lang.»

«Jackie, ich habe gerade eben mit dem Radiologen gesprochen. Es gibt nirgendwo in Ihrem Hirn sichtbare Anzeichen für irgendeinen Tumor. Man sieht allerdings, daß Ihr rechter Sehnerv geschwollen und funktionsgestört ist – ein neurologisches Problem.»

«Multiple Sklerose, oder?»

«O je», sagt er. «Wer hat Ihnen denn das gesagt?»

Ich erwidere nichts und starre über den Schreibtisch hinweg den Augenarzt an. Er hält den Kopf gesenkt, als höre er bei unserem Gespräch nicht zu. Sein Haar ist sorgfältig gescheitelt, und sein Seitenscheitel hebt sich im grellen Licht der Schreibtischlampe wie eine Operationsnarbe von seinem Schädel ab. Der ganze Raum scheint plötzlich in den unnatürlichen und gnadenlosen Schein von Operationslampen getaucht. Bills energiegeladene

Stimme klingt, als käme sie aus einer anderen Welt. Ich kann den Hörer gar nicht dicht genug an mein Ohr halten.

«Es tut mir wirklich leid, daß er Sie auf diese... diese...» Bill zögert; er will anscheinend den Namen der Krankheit nicht wiederholen, «...auf diese Möglichkeit hingewiesen hat», beendet er schließlich seinen Satz. Dann holt er tief Luft. «MS ist lediglich eine Möglichkeit, die wir in Betracht ziehen müssen, aber ich wollte Sie auf jeden Fall erst gründlich untersuchen, bevor ich mich in diese Richtung äußere.»

Ich achte sorgfältig auf seine Wortwahl. Er hat die Diagnose auf ihre Initialen reduziert, als könne er der Krankheit dadurch ihren Schrecken nehmen. Aber ich klammere mich an ein anderes Wort wie an einen Strohhalm. *Möglichkeit.* Dieses Wort hält mich über Wasser.

«Soll das heißen, daß ich vielleicht doch keine MS habe? Es steht noch gar nicht fest?»

Wahrscheinlich schreie ich deshalb so in den Hörer, damit der Augenarzt es auch wirklich hört. Das ist eine gute Nachricht, und Kenny hört sie, als er den Raum betritt. Sofort geht er hinaus in den Empfangsbereich und hört dort an dem Apparat das Gespräch mit.

«Wir können jetzt noch gar keine endgültige Diagnose stellen», sagt Bill. «Wir können nur feststellen, ob Sie wirklich MS haben, wenn wir uns Ihre Rückenmarksflüssigkeit ansehen. Und selbst dann ist es erst sicher, wenn Sie ein weiteres Symptom entwickeln.»

«Wir sollen einfach abwarten, bis das nächste Problem auftaucht?» mischt Kenny sich ein.

«Nein, natürlich nicht. Hören Sie, so wie es jetzt aussieht, möchte ich erst eine gründliche Untersuchung vornehmen, und dann ziehen wir eventuell einen Neurologen zu Rate.»

«Was könnte der feststellen, was Sie nicht finden?» Ich

möchte wirklich nicht bei noch mehr Ärzten herumgereicht werden.

«Nun, ein Neurologe könnte feststellen, ob ein weiteres Symptom im Anmarsch ist.»

«Im Anmarsch?» fragen wir gleichzeitig.

«Ja. Ein Experte auf neurologischem Gebiet könnte vielleicht geringfügige Sensibilitätsverluste oder nachlassende Kraft in den Fingern oder Zehen feststellen. Irgendeine neurologische Veränderung, die so wenig ausgeprägt ist, daß der Patient sie noch nicht bemerkt.»

Er spricht über mich. Ich bin die Patientin, die es noch nicht bemerkt. Was ist es? Was fehlt mir, das ich gar nicht bemerkt habe – noch nicht?

«Bill, meinen Sie denn, daß ich schon seit längerem Probleme mit dem rechten Auge habe, nicht erst seit ein paar Tagen?»

«Ich glaube schon, Jackie. Höchstwahrscheinlich hat schon vor Monaten ein schleichender Sehverlust begonnen, aber Ihr linkes Auge hat das lange Zeit kompensiert.»

«Und daher kamen auch die Kopfschmerzen?»

«Ja, Kopfschmerzen sind ein Symptom für die Überanstrengung der Augen.»

«Überanstrengung», sage ich.

Das Wort ruft eine Erinnerung wach, die ich nicht greifen kann. «Überanstrengung», wiederhole ich, um die Erinnerung hervorzulocken.

«Genau», sagt Bill geduldig. «Zuerst müssen wir herausfinden, was diese Überanstrengung verursacht hat. Also, Kenny, wir werden folgendermaßen vorgehen...»

Ihre Stimmen verschwinden im Hintergrund. Sie scheinen aus immer größerer Entfernung zu kommen, und ich kann kaum noch verstehen, was sie sagen. Es ist, als wolle man eine Unterhaltung belauschen, die gerade so weit entfernt geführt wird, daß man zwar die Stimmen und den ernsten Tonfall, nicht aber die Worte vernimmt.

Sie reden über mich, über meinen Kopf hinweg, tauschen Gedanken aus, und ich sehe lange genug auf, um zu bemerken, daß der Augenarzt mich anstarrt und darauf wartet, daß ich sein Telefon freigebe.

«He, Jungs», sage ich. Meine Stimme klingt brüchig, verrät, wie müde und verängstigt ich bin. Kenny und Bill verstummen sofort; es ist eine schuldbewußte Stille, als hätte ich sie dabei erwischt, wie sie etwas wenig Schmeichelhaftes über mich sagen. Dabei hatten sie nur vergessen, daß ich auch noch in der Leitung bin. «Es ist schon spät. Laßt uns nach Hause gehen.»

Dieses ganze Gerede führt sowieso nur in eine Richtung, die ich nicht einschlagen möchte. Ich will, daß dieser lange Tag zu Ende ist. Ich will nach Hause gehen und schlafen.

Zu Hause angekommen, falle ich ins Bett. Ich will mich nicht aus- und mir mein Nachthemd anziehen. Ich will nur einschlafen, ohne mich zu bewegen, ohne etwas zu denken.

«Überanstrengung», sagt Kenny. «Das ist alles – nur ein gewöhnlicher Fall von Überanstrengung. Deine Augen müssen sich nur ausgiebig erholen.»

«Ja», murmele ich.

Ich höre, wie er in die Küche geht und irgend etwas holt. Ich liege auf dem Rücken, das kleine Kissen auf den Augen. Teresa hat es für mich gewaschen. Es riecht nach Bleichmittel und erinnert mich ans Krankenhaus. Ich betrachte das Kissen genau. Ich sehe nur ein paar blasse Flecken, als hätte jemand dünnen Tee verschüttet. Nicht einmal mit dem gesunden Auge entdecke ich rote Spuren. Wahrscheinlich hat sie eine ganze Flasche Bleichmittel verbraucht, um die Blutspuren zu entfernen.

«Hier», sagt Kenny, nimmt das Kissen von meinen Augen und legt mir ein Tuch darauf.

«Was ist das denn?» schreie ich auf. Es ist naß und eiskalt.

«Eis», sagt er. «Bei meinem Tennisellbogen hilft es. Ich dachte, es würde deinen geschwollenen Augen guttun.»

Eis. Ich erinnere mich. Der Eiszug. Ich sehe meinen Bruder Robin in jungen Jahren vor mir, wie er sich über seine elektrische Eisenbahn beugt. Er lacht, als er einen Eiswürfel auf die Ladefläche eines Güterwaggons legt. Das heiße Metall faucht und spuckt wie eine wütende Katze, und er lacht lauter, schaukelt vor und zurück vor lauter Vergnügen.

«Der Eiszug!» rufe ich laut und lache beim Gedanken daran.

Ich erzähle Kenny die Geschichte. Ich ging in die zweite Klasse und hatte so schlimme Kopfschmerzen, daß ich in der Schule darum bat, früher nach Hause gehen zu dürfen. Das war eine ungewöhnliche Bitte für ein Kind, noch dazu für eines, das sehr gern zur Schule ging, und so riefen meine Eltern unseren Arzt. Er diagnostizierte eine Überanstrengung der Augen aufgrund von Kurzsichtigkeit. Außerdem sollte ich in Zukunft aufpassen, daß kein eisiger Luftzug an meine Augen kam. Einige Wochen später bekam ich meine erste Brille.

«Und was hat das mit Eiszug zu tun?» Kenny versteht es immer noch nicht. Er kennt Robin nur als Erwachsenen und weiß nicht, was er für Sprachschwierigkeiten als Kind hatte.

«Robin hat uns nicht richtig verstanden. Er wußte nicht, was ein eisiger Luftzug ist, und dachte, wir sprächen von einem Eiszug. Er hat versucht, einen Eiszug für mich zu machen. Wir haben so lange damit gespielt, wie es nur ging, bis das Eis geschmolzen war und der Trafo einen Kurzschluß hatte.»

Da ist sie wieder, diese Stille, die in jedem Gespräch auf die Erwähnung meines Bruders folgt. Robins Name überlagert jedes Wort, das vorher in der Luft hing.

«Es ist sicher besser, jetzt nicht über all diese Dinge zu reden», sagt Kenny sanft.

«Wie meinst du das?»

«Na ja, du weißt schon...» Er zögert. «All diese traurigen Erinnerungen an Robin.»

«Aber das ist eine fröhliche Erinnerung», sage ich und brenne darauf, es ihm zu erklären.

«Dann können wir ja morgen darüber sprechen.» Er gähnt. «Du brauchst deinen Schlaf.»

Er beugt sich zu mir herüber, um die Nachttischlampe auszuschalten.

«Bitte nicht.» Plötzlich fürchte ich mich. Ich weiß nicht wovor, aber die Furcht hat mich gepackt.

Kenny seufzt. Er mag es nicht, wenn im Schlafzimmer noch Licht brennt. Er schläft am besten, wenn es um ihn herum kühl und völlig dunkel ist; das Kissen über dem Kopf, um ja keinen Lichtstrahl an sich heranzulassen. Wenn wir auf Reisen sind und das Bett an der Wand steht, nimmt er diese Seite und drückt das Gesicht fest in den Spalt neben der Wand. Bei mir ist es genau anders herum. Ich habe das Bett am liebsten in der Mitte des Raumes stehen, den Wellen überlassen wie ein Segelboot, die Wände so weit weg wie möglich. Schlaf ist für mich wie eine Reise in unbekanntes Gebiet, das Ziel immer eine Überraschung. Kenny beugt sich meinem Wunsch.

Zum dritten Mal hintereinander verbringe ich die Nacht in meinen Straßenkleidern, das Licht eingeschaltet, beobachte und warte auf alles, was sich durch mein eingeschränktes Gesichtsfeld bewegt.

~ 10 ~

Robin reißt den Mund weit auf, als wolle er schreien. Er hat die Glasscherbe nicht mehr. Er hat nur das Netz in den Händen und diesen schrecklichen Ausdruck im Gesicht. Was jetzt passiert, ist noch viel schrecklicher. Er läßt das Netz fallen und wirft sich vom Steg ins Wasser. Es tut einen lauten Schlag. Das hat bestimmt weh getan. Bevor ich auch nur blinzeln kann, springt Horace ihm hinterher.

Ich bin jetzt ganz allein auf dem Steg. Ich habe zuviel Angst, um an den Rand des Stegs zu laufen und nach ihnen zu sehen. Robin hat keine Rettungsweste an, und er kann genausowenig schwimmen wie ich. Er kann noch nicht mal paddeln wie ein Hund.

Plötzlich spritzt und platscht es wieder, und sie schießen aus dem Wasser, um Luft zu holen. Horace versucht, Robin zu fassen und seinen Kopf über das Wasser zu halten. Wenn Robin zuließe, daß Horace ihn hochhält, wäre alles in Ordnung.

Horace hält ihn fest umarmt, aber Robins Gesicht zeigt in die falsche Richtung. Horace' starke dunkle Arme umklammern Robins schmalen weißen Oberkörper, und eine Sekunde lang fürchte ich, daß er ihm aus Versehen die Rippen bricht. Aber Robin windet sich wie ein Aal in Horace' Armen, er ist fast genauso groß wie Horace und sehr mager. Sobald Robin freikommt, stürzt er sich mit einer Rolle vorwärts ins Wasser. Immer wieder taucht er mit dem Kopf unter.

«Ich hole dir das Glas, Robbie!» schreit Horace. Ich habe Horace nie zuvor schreien hören. «Aber erst hole ich dich aus dem Wasser heraus!»

Jetzt weiß ich, worum es geht. Robin muß seine Glasscherbe verloren haben, als er die Krebse fing. Als er die Hand mit dem Fangnetz benutzte, hat er die mit der Krebsfang-Glasscherbe vergessen. Das ist nur eines von Robins Problemen.

«Dein Bruder hat mehr Probleme, als in einem Mathematikbuch stehen», sagt mein Großvater immer kopfschüttelnd, wenn er Robin etwas Merkwürdiges tun sieht, zum Beispiel rückwärts die Treppe hinuntergehen. «Dieser Junge kann nicht klar denken.» Ich glaube, er hat unrecht. Robins größtes Problem ist, daß er zu klar denkt; er kann nicht über mehr als eine Sache gleichzeitig nachdenken. Sobald er anfängt, über eine zweite Sache nachzudenken, vergißt er die erste. Deshalb durfte Robin Sally nie halten, als sie noch ein Baby war. Mama sagte, er würde sie fallen lassen – egal, wo er gerade ging oder stand –, wenn er etwas anderes entdeckte, das er noch lieber halten wollte.

Ich mache mir eigentlich keine Sorgen, daß Robin Sally oder sonst einer von uns weh tun könnte. Es erschreckt mich viel mehr, daß er sich selbst dauernd weh tun will. So wie jetzt. Nur gut, daß Horace so stark ist. Er hat sich Robin jetzt über die Schulter gelegt, so wie Feuerwehrleute aus brennenden Häusern gerettete Kinder auf dem Rücken die Leiter hinuntertragen. Mit langsamen, riesigen Schritten geht er jetzt auf das schlammige Ufer zu.

Aber es nutzt nichts. Horace ist kaum an Land, da windet sich Robin aus seinem Griff und rennt auf den Steg. Er rennt in meine Richtung, er wird mich umrennen, weil er so durcheinander ist. Es ist, als würde er mich gar nicht sehen. Ich springe zur Seite, und er rennt an mir vorbei. Am Ende des Stegs bleibt er stehen.

«Nein!» schreit er immer und immer wieder. «Nein! Alles umsonst!»

Er schreit wegen des Fangnetzes, das er fallen gelassen

hat, als er ins Wasser sprang, um seine Glasscherbe herauszuholen. Das Netz ist leer. Seine Krebse haben sich befreit. Sie sind weg.

Robins Gesicht ist ganz rot und von Falten zerfurcht. Gleich wird er zu weinen anfangen. Ich habe jetzt noch mehr Angst als zuvor, wo Robin im Wasser war, denn wenn Robin anfängt zu weinen, ist es das Schlimmste überhaupt. Es ist, als ob die Tränen ihn umbringen würden. Als wolle er aus der Haut fahren, um den Tränen zu entkommen. Er schlägt sich fest ins Gesicht, schlägt die Tränen weg.

Horace kommt auf uns zugelaufen. Seine Hose ist ganz schmutzig, und das nasse Hemd klebt ihm am Körper. Er hat sie gefunden. Er hat die gelbe Glasscherbe in der Hand. Aber Horace kommt zu spät. Robin liegt mit dem Gesicht nach unten auf dem Steg und schlägt den Kopf auf das splitternde alte Holz.

«Alles umsonst!» schreit er jedes Mal, wenn er den Kopf hebt, um ihn noch härter auf das Holz zu schlagen. «Alles umsonst!»

Horace versucht, Robin hochzuheben, aber der ist auch ganz naß und schmutzig und hat kein Hemd an. Horace bekommt ihn einfach nicht richtig zu fassen. Endlich hört Robin auf, von einem Moment auf den nächsten, wie eines seiner Spielzeugautos, wenn die Batterie leer ist. Er liegt jetzt nur noch da, mit dem Gesicht auf dem Steg. Er bewegt sich nicht mehr. Seine Hände sind zu Fäusten verkrampft.

Horace setzt sich im Schneidersitz auf den Steg und nimmt Robin auf den Schoß. Wie eine Puppe wiegt er ihn in seinen Armen. Ich kann Robins Gesicht nicht sehen – er drückt es fest an Horace' Brust –, aber ich sehe, wie sich ein großer roter Farbfleck auf Horace' Hemd ausbreitet.

In meiner Brust verkrampft sich etwas, als ich das Blut

sehe, und ich kann kaum atmen. Ich will Horace von dem roten Fleck erzählen, aber ich bekomme nicht genug Luft, um die Wörter hervorzustoßen.

Horace hält Robin noch fester, und ich sehe, wie der rote Fleck sich ausbreitet, aber Horace sieht es immer noch nicht. Er schaut zum Himmel hinauf.

«Lieber Gott», betet er, «bitte hilf diesem armen verlorenen Jungen hier.»

Ich sehe da hinauf, wo Horace hinsieht. Wir warten lange, aber es passiert nichts. Ich weiß, daß Horace glaubt, Gott ist hier draußen immer irgendwo in unserer Nähe. Das ist das erste, was er sagt, wenn wir einen Bootsausflug machen: «Jetzt sind wir in Gottes freier Natur.»

Wenn Gott wirklich hier draußen ist, hat er Horace nicht gehört. Robin bewegt sich immer noch nicht. Horace wiegt ihn weiter mit geschlossenen Augen. Er weint. Ich habe noch nie einen erwachsenen Mann weinen sehen. Seine Tränen sind groß. Sie rollen langsam über sein Gesicht und tropfen, eine nach der anderen, links und rechts auf seine Brust. Seine nassen Wimpern sind verklebt. Sie sehen aus wie die Spitzen von Sternen.

Es muß etwas ganz Schreckliches sein, das den tapferen Horace zum Weinen gebracht hat. Ich habe einmal gesehen, wie ihm ein Angelhaken in der Hand steckte, und er hat keinen Ton von sich gegeben, nicht einmal das Gesicht hat er verzogen.

«Horace», flüstere ich. «Muß Robin sterben?»

Horace öffnet die Augen und blinzelt ein paarmal in meine Richtung. Er hatte bestimmt vergessen, daß ich da bin. So etwas passiert mir oft, weil ich stundenlang still sein kann. Nach einer Weile vergessen die Erwachsenen, daß ich da bin. Ich höre gern zu, wenn andere reden. Ich sehe ihnen auch gern zu. Deshalb nennt Daddy mich seinen kleinen Schwamm. Wenn mich Leute aufziehen, weil ich so still bin, sagt Daddy ihnen immer, daß ich alles in mich aufsauge wie ein Schwamm. Jedes Wort und jedes Bild sauge ich auf wie Wasser, sagt er, und dann bewahre ich das alles in meinem Kopf auf, falls ich es später einmal brauche.

Aber das hier will ich nicht aufbewahren. Wenn Robin hier draußen stirbt, dann will ich nicht dabei zusehen. Ich sollte mich umdrehen und ins Haus zurücklaufen, aber aus irgendeinem Grund kann ich mich nicht bewegen. Ich kann nicht einmal den Blick abwenden; ich starre einfach weiter auf Horace' Hemd, das hellrote Flecken hat. Schließlich sieht Horace an sich herab und schnappt mit einem pfeifenden Geräusch nach Luft.

«Ach, mein armer Junge, was hast du dir denn jetzt schon wieder angetan!» schreit er auf.

Horace schiebt seine Hand zwischen sich und Robins Gesicht. Als er sie wieder herauszieht, ist sie voller hellrotem Blut.

«Miss Jackie», sagt Horace und sieht mir dabei fest in die Augen. «Lauf hinauf zum Haus, so schnell dich deine Beine tragen, und bring deinen Großvater hierher.»

Ich renne, so schnell ich nur kann. Horace weiß immer, was zu tun ist. Wenn Gott Robin jetzt nicht hilft, kann Doc ihn wieder in Ordnung bringen. Vielleicht kann er sogar diese kaputte Stelle in Robins Kopf in Ordnung bringen, die daran schuld ist, daß er sich so komisch benimmt. Meine Mutter hat mir erklärt, daß Robin in seinem Kopf eine Schramme hat, die nie heilen wird. Aber das will ich nicht glauben.

Ich denke beim Rennen so angestrengt darüber nach, daß ich mit ganzer Kraft an der Verandatür ziehe und die Tür mir ins Gesicht schlägt.

«Doc!»

Er sitzt auf der Veranda und schaut mich verblüfft an. Auf seinen Knien liegt eine Angelrute, an der er gerade die Schnur auswechselt. Er steht auf und läuft mir entgegen.

Die Angelrute fliegt durch die Luft und landet mit einem Knall auf dem Boden.

Als ich das sehe, fällt mir Robin wieder ein, wie er sein Krebssuchglas ins Wasser fallen läßt, und ich weiß wieder, was ich tun soll. Plötzlich kann ich nicht mehr mit dem Weinen aufhören; nicht einmal, um meinem Großvater zu sagen, was los ist. Doc hält mein Gesicht in beiden Händen und wischt meine Tränen mit den Daumen fort. Seine Hände sind rauh, aber nicht zu rauh, und fühlen sich gut an auf meinen Wangen. Sein besorgtes Gesicht ist dicht vor meinem, und er sieht mich durch diese dicken Brillengläser an, durch die seine Augen so riesig wirken. Ich habe Doc so lieb, daß ich mich in seine Arme schmiegen möchte, damit er mich stundenlang festhält, wie er es auf dem Boot immer macht. Ich bin die einzige seiner Enkelinnen, die er so lange auf dem Schoß hält, weil ich so still und ruhig bin. Ich zappele nicht herum wie Sally. Ich huste nicht einmal, egal, wie sehr mich der Rauch seiner Zigarette auch im Hals kitzelt.

«Jackie, hat Robin dir weh getan?» fragt er mit der sanftesten Stimme, die ich je bei ihm gehört habe. Gewöhnlich knurrt Doc seine Wörter. Das erschreckt viele Leute, manchmal sogar Horace und Lucy, aber mich nicht; ich weiß dann, daß ich an einem sicheren Ort bin. Ich habe in diesem Haus noch nie Angst gehabt, wenn Doc bei mir war. Bis jetzt.

Ich verstehe seine Frage nicht. Robin hat mir nicht weh getan. Er würde mir nie weh tun, und auch sonst niemandem.

Zuerst bekomme ich nicht mehr als zwei Worte heraus.

«Robin verletzt.» Meine Stimme ist hoch und schrill wie die von Minnie Maus. Ich schluchze so heftig, daß die nächsten Wörter ganz abgehackt kommen. «Horace... sagt... du sollst... sofort kommen... Da ist Blut.»

Doc läßt mich so schnell los, daß ich beinahe rücklings

hinfalle. Er holt seine Arzttasche und rennt zum Wasser hinunter. Ich drehe mich um und schaue durch das Fliegengitter der Veranda über den Rasen zum Steg hinunter. Das Gitter ist schwarz, mit kleinen Löchern, durch die ich alles schmutzig grau und verschwommen sehe. Ich sollte die Tür aufmachen und meinem Großvater hinterherlaufen, aber ich habe Angst vor dem, was ich vielleicht sehe, wenn ich näher herangehe.

Der Trauerspezialist

~ 11 ~

Es ist an der Zeit, ein paar Spezialisten zu konsultieren», sagt Bill Lang. «Ihre Bluttests sind in Ordnung, keine Anzeichen für einen aktiven Virus, der den rechten Sehnerv angegriffen haben könnte. Natürlich habe ich gehofft, einen zu finden. Irgend etwas in dieser Art.»

«Welche Art von Spezialisten?»

Ich verabscheue das Wort speziell und alles, was damit zu tun hat, seit sie damals anfingen, meinen Bruder so zu bezeichnen. *Robin hat spezielle Bedürfnisse. Er muß auf eine Spezialschule mit ganz speziellen Lehrern.* Heute nennt man es Sonderschule. Dabei ist das gar nichts Besonderes. Die ganz normalen, gesunden Kinder sind etwas Besonderes. Die Kinder, die im Vergleich zu ihren schlechter davongekommenen Geschwistern eine privilegierte Kindheit haben. Meine Mutter hat instinktiv gespürt, daß mit ihrem Erstgeborenen und einzigen Sohn etwas nicht stimmte. Er war ein schadhaftes, unvollkommenes Baby mit drei tiefen roten Furchen von der Geburtszange in seinem geschwollenen Kopf. Aber die Narben wurden bald von einer Fülle weicher, blonder Locken verdeckt, und für die nächsten achtzehn Monate seines Lebens war er vollkommen. Er wuchs zu einem hübschen Kleinkind heran, auch wenn seine verblüffend blauen Augen keinen direkten Blickkontakt hielten.

Er entwickelte sich nur langsam, und dann wurde deutlich, daß er sich gar nicht mehr vorwärts, sondern eher rückwärts entwickelte. Die wenigen Wörter, die er gelernt hatte, ließ er nie wieder hören. Mit zweieinhalb Jahren konnte er weder gehen noch sprechen noch einen Löffel halten. Die Spezialisten wurden zu Rate gezogen.

Das alles habe ich Bill Lang schon einmal als Teil meiner Familienanamnese erzählt, aber es drängt mich, es ihm noch einmal haarklein zu berichten. Ich weiß, daß Autismus heute als neurologische Erkrankung gilt und daß der Verlust meines Sehvermögens vermutlich auf einen neurologischen Ausfall zurückzuführen ist.

«Das ist aber auch schon alles an Gemeinsamkeiten», sagt Bill. «Bei Ihnen ist die Erkrankung mit sechsunddreißig ganz plötzlich aufgetreten, ohne Vorgeschichte, wenn man von der Kurzsichtigkeit absieht. Ihr Bruder wurde autistisch geboren, auch wenn die Diagnose erst sehr spät gestellt wurde.»

«Im Gegenteil, es war schon ziemlich früh», erwidere ich und denke an das, was meine Mutter mir erzählte, als ich die Familieninformation für die vorgeburtliche Beratung benötigte. «Robin war eines der ersten Kinder, bei dem Autismus diagnostiziert wurde.» Dr. Leo Kanner, Leiter der Kinderpsychiatrie am Johns Hopkins Hospital, hatte ihn aus Gefälligkeit gegenüber meinem Großvater aufgenommen. In den frühen fünfziger Jahren nannte man die Krankheit Kanner-Syndrom. Einige Jahre später wurde sie in Frühkindlicher Autismus umbenannt.

Die Diagnose war so neu, daß sie nicht einmal im Lexikon stand. Als Kind schlug ich das Wort «autistisch» nach, und weil ich es nicht fand, dachte ich, ich hätte mich verhört. Also suchte ich ein Wort, das sich fast genauso anhörte wie «autistisch» und zu meinem Bruder paßte. Robin war *artistisch*. Natürlich – das hatte ich doch schon immer gewußt. Er baute und erfand mit großer Freude schöne Dinge. Er liebte leuchtende Farben. In der Kirche sah er beim Gottesdienst immer durch die bleiverglasten Fenster hinaus, und während wir mit den anderen, «normalen» Kindern in der Sonntagsschule waren, drückte er sich von draußen die Nase an den Fenstern platt.

Seit ich mich erinnern kann, hatte er immer eine Kamera dabei, machte immer Fotos. Er blieb abends gewöhnlich lange auf und betrachtete seine Fotos mit einer Taschenlampe und einem zerbrochenen Vergrößerungsglas von Doc, das er im Müll gefunden hatte. Er konnte nie genug vom Anblick der Welt bekommen.

«Aber gibt es denn nicht noch mehr Gemeinsamkeiten?» frage ich. In den vergangenen Tagen ist mir stärker als je zuvor bewußt geworden, wie ähnlich Robin und ich uns als Kinder waren.

«Multiple Sklerose und Autismus sind nicht miteinander vergleichbar, Jackie. Es ist nichts weiter als ein unglücklicher Zufall.»

«Aber ich habe darüber nachgedacht, daß –»

«Ich unterbreche Sie nur ungern, aber ich habe für sechzehn Uhr einen Termin bei einem Neurologen für Sie gemacht. Vielleicht muß er noch einige weiterführende Untersuchungen vornehmen, doch ich glaube, daß er besser in der Lage ist, Antworten auf all diese Fragen zu finden.»

Ich sehe ihn an. Ich werde erneut weitergereicht. Ich bin kurz davor, ihm zu sagen, daß es dem Staffelstab nicht gefällt, so abrupt weitergereicht zu werden. Aber was nutzt das Lamentieren, wenn ich doch weiß, daß er alles in seiner Macht Stehende für mich tut. Und mehr kann man von ihm nicht verlangen. Als Internist ist er dafür nicht zuständig. Ich brauche einen anderen Spezialisten. Ich gehe hinaus ins Wartezimmer und drücke Kenny die Adresse des nächsten Spezialisten in die Hand.

Im Auto denke ich unaufhörlich über die offensichtliche Verbindung zwischen den beiden neurologischen Erkrankungen nach. Beide sind unheilbar und nicht vorhersehbar. Man weiß über beide zuwenig, um sie angemessen behandeln zu können. Aber das ist es nicht, was mich am meisten ängstigt. Die Wissenschaftler haben noch nicht herausgefunden, wodurch diese beiden Krankheiten ausgelöst werden. Sie wissen nicht genau, warum sich bei einem Mitglied einer Familie Autismus oder Multiple Sklerose entwickelt und bei den anderen nicht. Das ist für mich am schwersten zu akzeptieren: Wenn die Spezialisten nicht wissen, was die Krankheit verursacht und wie sie entsteht, wie sollen sie mir dann eine Prognose stellen können, die zuverlässiger ist als die meines Bruders?

«Ich weiß, daß du Angst hast.» Kenny versucht, mein Schweigen zu interpretieren. «Aber denk dran, daß sie dir bei Kelseys Geburt schon einmal so eine Nadel gesetzt haben. Die Epiduralanästhesie – das war genau dasselbe.»

«Was für eine Nadel? Wovon redest du da eigentlich?»

«Die Lumbalpunktion. Hat Bill dir nichts davon erzählt? Mir hat er gesagt, es wäre gar nicht so schlimm und für dich nicht unangenehmer als die Epiduralanästhesie.»

Das hat er also mit weiterführenden Untersuchungen gemeint!

«Das ist nun wirklich nicht dasselbe, Kenny!» Meine Stimme zittert vor Zorn und Furcht. «Beim letzten Mal war das etwas ganz anderes! Sie haben mir Schmerzmittel eingeflößt, um ein Baby aus mir rauszuholen. Das war ein guter Tausch. Aber jetzt wird nichts weiter dabei herauskommen als Schmerz und noch mehr schlechte Nachrichten.»

«Das sehe ich anders, Jackie. Du mußt positiv denken. Ich glaube wirklich nicht, daß es so schlimm wird, wie du befürchtest.»

«Da *du* dir deswegen keine Sorgen machst und *du* offensichtlich auch bestens darauf vorbereitet bist, laß *du* dir doch die Lumbalpunktion machen!» Mit jedem «du», das ich ihm entgegenfauche, zieht Kenny die Schultern höher und höher, bis zu seinen Ohren.

Jetzt, wo ich weiß, daß ich halb blind bin, fühle ich mich wie ein halber Mensch, und so benehme ich mich auch. Wie eine kleine zusammengeschrumpfte Version meiner selbst. Ich suche den Menschen, den ich jetzt auf der ganzen Welt am meisten brauche. *Was fehlt auf dem Bild?* Eine Hälfte von mir fehlt. Die bessere Hälfte, mit all ihren guten Seiten. Ein gutes Auge, gute Manieren, gutes Urteilsvermögen und ein guter Sinn für Humor. Und je mehr ich von der Seite sehe, die noch übrig ist, desto wütender werde ich über das, was fehlt.

Kenny hat den Wagen an den Straßenrand gefahren. Da stehen wir nun und starren auf die Rückseite eines Lieferwagens, der Abgase auf unsere Windschutzscheibe bläst wie eine Schmähung. Kenny schlägt die Hände vors Gesicht und seufzt schwer. Als er die Hände schließlich wieder sinken läßt und mich ansieht, sind seine Augen, diese großen haselnußbraunen Augen, in die ich mich vor achtzehn Jahren verliebt habe, fahl und geschwollen.

«Hör mir zu, Jackie. Hör mir bitte gut zu. Ich würde diese Untersuchung und auch jede andere an deiner Statt auf mich nehmen, wenn ich nur könnte. Es würde viel weniger weh tun, selbst eine Nadel in den Rücken zu bekommen, als zuzusehen, wie du sie in den Rücken bekommst.»

Ich nicke. Ich glaube ihm, aber das genügt nicht. «Das kannst du aber nicht.»

«Nein, das kann ich nicht. Aber über eines mußt du dir im klaren sein: Du brauchst weder diese noch sonst eine Untersuchung über dich ergehen zu lassen, wenn du nicht willst. Es ist *dein* Rücken, und es ist *dein* Körper.»

«Ich weiß. Und er läßt mich schwer im Stich. Er versagt. Ich versage. Und natürlich muß ich diese Untersuchung über mich ergehen lassen und all die anderen Untersuchungen auch, die die Ärzte noch machen wollen. Denn das ist die einzige Möglichkeit, wie wir jemals herausfinden können, was los ist.»

«Jackie, und was ist, wenn sie es herausfinden? Hast du darüber schon mal nachgedacht? Was ist dann? Und was ist, wenn so etwas wie MS dabei herauskommt und es keine Möglichkeit gibt, es zu heilen oder zu lindern...»

«Kenny, hör auf!»

«Jackie, hör lieber auf mich anstatt auf deine Ärzte, denn mir bedeutest du wesentlich mehr als ihnen, und ich kenne dich viel besser als sie und... Ach, vergiß es. Wir gehen jetzt einfach da rein und bringen es hinter uns.»

«Nein. Noch nicht. Erst sprich deinen Satz zu Ende. Und was?»

«Und, ob du es glaubst oder nicht, ich bin derjenige, der das mit dir gemeinsam durchstehen wird. Jetzt und in Zukunft. Ich bin derjenige, der mit dir zusammenleben wird, egal, was noch auf uns zukommt. Jetzt und in Zukunft. In guten wie in schlechten Tagen.»

«Da hast du aber ein ganz schlechtes Geschäft gemacht. Soweit ich sehen kann, kommen jetzt nur noch schlechte Tage, keine guten mehr.»

«Dann haben wir vielleicht beide ein schlechtes Geschäft gemacht. Wir stehen das zusammen durch.»

«Klar.»

«Weshalb sagst du das so abfällig, mit diesem höhnischen Gesichtsausdruck? Glaubst du wirklich, ich würde dich im Stich lassen?»

Ich kann darauf nichts erwidern. Mir stecken all die Tränen im Hals, die ich bisher zurückgehalten habe. Erst als er diesen Satz sagt, wird mir klar, wovor ich am meisten Angst habe. Außer vor den Untersuchungen und schlechten Nachrichten habe ich am meisten Angst davor, im Stich gelassen zu werden. Wie Robin.

Ich nicke, und Tränen laufen mir über die Wangen.

«Wie kannst du so etwas auch nur denken?» Er schlägt mit der Faust so fest auf das Lenkrad, daß ich zusammenzucke. «Hältst du wirklich so wenig von mir?»

Ich weiß nicht, was ich sagen soll. Ich weiß eigentlich auch nicht, wie wir in diese Situation geraten sind. All die Monate, in denen Kelsey so krank war, ständige Betreuung brauchte. Keine Nacht mehr als drei Stunden Schlaf am Stück. Aber wir haben immer zusammengehalten. Warum also geschieht nun so etwas?

Kenny sagt schließlich das einzige, was noch zu sagen ist.

«Ich liebe dich, für immer», flüstert er und wischt mir mit den bloßen Händen die Tränen aus dem Gesicht.

Für immer. Als Robin diese beiden Wörter zu schreiben lernte, schrieb er sie zuerst mit einer Vier darin. *Vier immer.* Vier war seine Lieblingszahl. Er trug eine 4 auf seiner Kleidung; seine eigene handgeschnitzte, handbemalte gelbe 4 mit einem Gesicht im Dreieck.

Es stimmt. Er wird sein Leben lang vier bleiben, hatte meine Mutter traurig gesagt.

Ich habe die Stimme meiner Mutter seit über einem Jahr nicht mehr gehört. Lange Zeit nach ihrem Tod konnte ich sie noch sehr deutlich vernehmen. Ich stellte Fragen, und eine Zeitlang antwortete sie mit ihren eigenen Worten, ihrer eigenen Stimme. Aber schließlich kamen die Antworten immer häufiger mit meiner Stimme, und ich stellte fest, daß es auch meine Antworten waren.

Wir stellten ihm Fragen, als er vier war, immer und immer wieder, stellten ihm all diese Fragen, und wir dachten, er würde uns antworten, aber die Ärzte sagten, er könne nicht antworten, nur den letzten Teil unserer Fragen wiederholen. Aber es hörte sich für uns so klug an. Nein, nur Echos, sagten sie uns, bedeutungslos. Seine Worte waren nicht seine eigenen unabhängigen Gedanken, sondern die schlaue Wiederholung unserer Worte. Also hörten wir auf, ihm Fragen zu stellen. Und er hörte auf, das Echo zu spielen. Und dann wurde er so still, daß sie ihn zu einem anderen Spezialisten schickten, weil sie befürchteten, er sei nicht nur hirngeschädigt, sondern auch noch taub. Obendrein auch noch taub?

Aber sie hat ihren Sohn nie aufgegeben. Die Spezialisten sagten ihr, sie solle ihn aufgeben. Mein Großvater, ihr Vater, selbst ein Spezialist, riet ihr gleichfalls, ihn aufzugeben und sich auf den Rest der Familie zu konzentrieren.

Geben Sie ihn weg, sagten sie mir. Aber er ist mein hübscher kleiner Junge, sagte ich ihnen. Geben Sie ihn weg, sagten sie mir, und vergessen Sie, daß Sie einen Sohn haben.

«Jackie?» Kenny drückt meine Hand. «Jackie, wir müssen jetzt aussteigen und hinaufgehen. Wir sind sowieso schon zu spät. Es ist nach vier.»

Ich betrachte das Ärztehaus. Der Neurologe. Vier Uhr.

Besser spät als zu spät – einer von Robins Lieblingssätzen.

Ich höre Gespenster. Wie kann ich das nur erklären? Vielleicht verliere ich den Verstand. Vielleicht bin ich gar nicht wirklich blind, sondern bilde es mir nur ein. Hysterische Erblindung. Gibt es so etwas überhaupt? Ich denke darüber nach, hoffe, verrückt zu sein, so wie Bill hoffte, einen Hirntumor zu finden, weil ich mich nicht mit der Alternative abfinden will.

«Kenny, hältst du es für möglich, daß ich mir das alles nur einbilde? Daß ich den Verstand verliere?»

«Nein», erwidert er wie aus der Pistole geschossen. «Bill hat mir erklärt, daß so etwas nicht einfach durch emotionalen Streß entsteht.»

«Du meinst, du hast ihn schon gefragt? Du hast ihn hinter meinem Rücken gefragt? Hast du gedacht, ich bin eine Verrückte mit einer psychosomatischen Krankheit?»

«Jackie, beruhige dich. So war das nicht. Es ging dabei mehr um den Streß, den wir mit Kelseys Krankheit hatten, den Schlafmangel, um all diese Dinge.»

«Glaubst du, ich sollte einen Psychiater aufsuchen? Meinst du, wir finden einen, der sich auf mein Problem spezialisiert hat? So müde, daß sie nicht mehr klar sehen kann. Ich kann in den Gelben Seiten nachschlagen. Erinnerst du dich noch an den Trauerspezialisten? Ich kann ihn um eine Empfehlung bitten.»

«Alles, bloß das nicht.» Er schüttelt den Kopf.

Sechs Monate nach dem Tod meiner Mutter beschloß ich, zu einem Psychologen zu gehen, der auf Trauerfälle spezialisiert war. Da ich nie zuvor einen Therapeuten aufgesucht hatte, schlug ich in den Gelben Seiten nach, und da stand der Name dieses Mannes und sein Spezialgebiet: Trauerbewältigung.

In den ersten Stunden tat ich nichts anderes, als seinen Vorrat an Papiertaschentüchern aufzubrauchen. Es half nicht. Da ich Schriftstellerin bin, schlug er mir vor, zu Hause aufzuschreiben, was ich fühlte, und es ihm vorzulesen. Fangen Sie damit an, Ihre Träume aufzuschreiben, sagte er. Ich habe Alpträume, erzählte ich ihm. Gut, dann schreiben Sie die auch auf.

Ich erzählte ihm nichts von meinem ersten Alptraum. Es war wie bei Malen-nach-Zahlen; so leicht zu interpretieren, daß ich es allein konnte. Ich bin nach dem Trauergottesdienst für meine Mutter allein in der Kirche. Der Gottesdienst ist vorbei, und alle anderen sind nach Hause gegangen. Ich stehe auf und will gehen, aber die Türen sind verschlossen.

Ich hatte das verstanden: Ich war im Trauerprozeß gefangen. Deshalb war ich ja auf die Idee gekommen, einen Spezialisten zu konsultieren.

Also schrieb ich den komplizierteren Alptraum auf; den, von dem ich jede Nacht weinend aufwachte, den, der mich schließlich in die Therapie getrieben hatte. Es ging dabei um die letzte Fahrt mit meiner Mutter im Krankenwagen, darum, was wir sagten, wie sie aussah, als sie starb, um all diese Dinge. Ich schrieb jedes kleine Detail auf und las es ihm laut vor; dabei fand ich schließlich meine Stimme wieder.

Aber mein Vorlesen wurde von diesem furchtbaren Geräusch unterbrochen. Ich blickte auf und sah den Therapeuten weinen; er heulte sich geradezu die Augen aus. Er mußte das Zimmer verlassen, und ich hörte ihn nebenan im Badezimmer noch heftiger schluchzen. Ich wußte nicht, was ich tun sollte. Einfach gehen? Die Sitzung hätte eigentlich noch eine halbe Stunde gedauert. Sollte ich an die Tür klopfen und mich entschuldigen? Ich pochte vorsichtig, aber er schien mich vor lauter Weinen nicht zu hören. Schließlich nahm ich meine Handtasche und mein Trauerbuch und ging.

Später rief er mich an und bat um Entschuldigung. Er sagte, mein Text hätte all die Erinnerungen an seinen verstorbenen Vater wieder wachgerufen, um den er nie richtig getrauert hatte. Ich ging nie wieder hin.

Letzten Endes hat er mir doch geholfen, indem er mich dazu brachte, wieder zu schreiben. Der Traum mit dem Krankenwagen kam nie wieder. Er hatte den Knoten gelöst, aber auf seine Kosten.

Als ich Kenny diese Geschichte erzählte, meinte er, daß der Trauerspezialist seine schlimmsten Befürchtungen über Leute, die psychologische Berufe wählten, bestätigte. Ich glaube nicht, daß der Mann seinen Beruf verfehlt hat. Er hat nur nicht die richtige Bezeichnung gewählt. Er hätte sich Trauerstellvertreter nennen sollen.

«Jackie, wir müssen gehen», sagt Kenny.

Ein Rundkurs, Jackie. So kommt der Zug immer wieder dort an, wo er losgefahren ist.

Ich kann mich nicht daran erinnern, daß mein Bruder

oft glücklich war. Aber er war immer glücklich, wenn er mit seiner Eisenbahn spielte, seinem eigenen Reich aus Rundkursen, wo jeder Zug in dieselbe Richtung fährt und immer wieder am Ausgangspunkt ankommt.

«Okay, gehen wir», sage ich und steige aus dem Wagen.

~ 12 ~

Ich bedaure sehr, daß wir uns anscheinend nie unter angenehmen Umständen treffen, Jackie.»

«Ein Arzt, der als erstes etwas bedauert, macht mich ausgesprochen nervös.» Ich versuche, unbeschwert zu klingen, ihm ein Lächeln zu entlocken. Er ist ein Mensch, der eine solche Traurigkeit verströmt, daß man ihn anlächeln möchte, um seinetwillen. «Ich möchte lieber von Ihnen als von irgendeinem fremden Neurologen behandelt werden.»

Er ist ein kleiner Mann mit kurzgelocktem, stahlgrauem Haar. Immer, wenn ich ihm begegne, scheint sein Gesicht zu einer Maske der Besorgnis erstarrt, als erwartete er jeden Augenblick einen Schlag. Auch jetzt sieht er so aus; wachsam, mit schweren Augenlidern. In den nächsten zehn Jahren wird er sich wohl nicht zu einem Lächeln durchringen können.

Zu der Zeit, als wir im Krankenhaus zusammenarbeiteten, nannte uns das Pflegepersonal «Die Zwillingsengel des Todes». Wenn wir beide die Köpfe über einer Patientenkarte zusammensteckten, war das ein Zeichen dafür, daß der Patient in Kürze für klinisch tot erklärt werden würde. Grundlage dafür war die im kalifornischen Gesetz festgelegte Definition des Hirntodes. Das Gesetz verlangte, daß alle Aufzeichnungen, die das Ableben des Patienten betrafen, von dem zuständigen Neurologen in die Patientenkarte eingetragen wurden, und das Krankenhaus verlangte, daß jemand von der Rechtsabteilung bei diesem Vorgang zugegen war, um das Haus juristisch abzusichern.

Ich war erleichtert, wenn ich seinen Namen auf der Patientenkarte las, weil das meine Aufgabe vereinfachte.

Seine Handschrift war ordentlich und gut zu lesen, und das war in seinem Beruf sehr ungewöhnlich. Er trug seine Ansichten klar und sachlich vor. Er nahm Rücksicht auf die Gefühle der Angehörigen, auch wenn er das Gespräch auf die Abschaltung der lebenserhaltenden Geräte bringen mußte. Alle Papiere und Testergebnisse wurden sofort unterschrieben und in die Patientenkarte geheftet. Er achtete stets darauf, daß die Papiere in der richtigen Reihenfolge waren. Obenauf lag immer das letzte EEG, das eine flache Linie zeigte. Bei jeder Begegnung schien er mir kleiner als beim letzten Mal, so als würde ihn die unvermeidliche Abschaltung der lebenserhaltenden Geräte von Mal zu Mal schrumpfen lassen.

Das hatte mir den meisten Respekt vor ihm abgenötigt. Sein ernsthafter Gesichtsausdruck in Verbindung mit der würdevollen, beinahe andächtigen Art, wie er seine schweigsamen Schützlinge durch die letzten, nur noch für die Akten wichtigen Formalitäten geleitete. Er war sich immer bewußt, welchen Verlust die Angehörigen erlitten. Die Trauer aus seinen Augen verschwand nie, und mit jedem verstorbenen Patienten wurden sie dunkler, bis sie beinahe die Farbe Schwarz annahmen, die Farbe der Trauer.

Er führt eine Reihe manueller Tests mit mir durch wie ein Choreograph, der schon tausendmal Leute durch ein Arrangement hat stolpern sehen. Der sorgenvolle Blick beurteilt meine Kraft, die Druckempfindlichkeit für stumpfe und spitze Einwirkungen, meine Hand-Auge-Koordination, meine Reflexe und meinen Gleichgewichtssinn. Wir sind beide konzentriert. Er beurteilt meine Leistungen, und ich versuche, den Test zu bestehen. Keiner von uns sagt auch nur ein Wort. Das einzige Geräusch im Zimmer ist mein tiefes Aufatmen, als er die Schwester ruft, damit sie Kenny hereinholt und das Tablett mit den Nadeln und Kanülen mit hinausnimmt, das die ganze Zeit auf dem Tisch in meinem Blickfeld stand.

«Unauffällig», sagt er. «Absolut unauffällig. Das wundert mich überhaupt nicht.»

Dabei sieht er mir zum ersten Mal in die Augen und lächelt. Sofort sieht er zwanzig Jahre jünger aus. Seine Zähne sind perfekt, und mein Blick bleibt unwillkürlich auf seinem Mund haften.

«Das sind gute Nachrichten, oder?» Kenny kommt ins Zimmer und sieht uns beide lächeln.

«Ja. Das zentrale Nervensystem Ihrer Frau ist unauffällig», sagt er zu Kenny. «Abgesehen von dem neurologisch bedingten Sehverlust natürlich.»

Natürlich. Die Neurologie ist eines dieser in der Medizin so verbreiteten Fachgebiete, bei denen negative Befunde gleichbedeutend mit guten Nachrichten sind. Das klinische Ziel ist, unauffällig zu sein, absolut unauffällig. Das entspricht der Formulierung «keine Anzeichen von Malignität» in einem Biopsiebericht. Ich habe sozusagen mit Eins plus bestanden. Die Erkenntnis sinkt langsam in mein Bewußtsein und wärmt mich angenehm. Es gibt kein zweites Symptom und auch keine Anzeichen dafür, daß eines im Anmarsch ist.

«Das heißt, sie braucht sich nie wieder Sorgen wegen MS zu machen?»

Der Neurologe zuckt zusammen.

«Ich bedaure», sagt er. «MS ist keine Krankheit, die man jemals völlig ausschließen könnte. Es gibt keinen Test, der zuverlässig Auskunft darüber gibt, daß sie die Krankheit nicht hat oder niemals bekommen wird.»

«Was ist mit der Lumbalpunktion?»

«Das ist ein Eingriff, der Komplikationen nach sich ziehen kann. Eine Lumbalpunktion käme nur in Frage, wenn die vorherigen Untersuchungen Anhaltspunkte für eine Erkrankung ergeben hätten. Das ist aber nicht der Fall. Jedenfalls nicht zu diesem Zeitpunkt.»

«Das verstehe ich nicht», sagt Kenny. «Ich verstehe

nicht, wie es jetzt weitergehen soll. Was tun wir denn als nächstes?»

«Nun, vom neurologischen Standpunkt aus betrachtet stehen im Augenblick keine weiteren Untersuchungen an.» Er wendet sich an mich. «Falls jedoch irgendwelche anderen physischen Probleme auftreten, sollten Sie mich unbedingt anrufen, und dann sehen wir weiter.»

Ich nicke. Ich will nicht länger hierbleiben. Vielleicht ändert er sonst seine Meinung und läßt das Tablett wieder hereinbringen. Ich rutsche vom Untersuchungstisch und nehme meine Handtasche. Mir fehlen nur Sekunden zu einem sauberen Abgang, als Kenny zu mir herüberkommt, mir die Hand auf den Rücken legt und an meinem Pullover zerrt.

«Warte bitte einen Moment», sagt er und schüttelt den Kopf. «Es tut mir leid, aber ich verstehe es immer noch nicht.»

«Was verstehen Sie nicht?»

«Ich verstehe nicht, worauf wir jetzt hoffen sollen. Ich weiß, daß Sie sagen, wir warten einfach darauf, daß irgend etwas passiert, aber wie kann ein Mensch denn damit leben?»

«Wir leben alle mit der Ungewißheit», sagt der Neurologe. «Nur daß die Ungewißheit in diesem Fall einen Namen hat, wenn wir auch nicht wissen, ob und wann sie auftritt.»

«Aber das ist alles so vage. Das klingt, als könnten wir alle MS bekommen. Im Prinzip sagen Sie doch, daß ich auch MS haben könnte, daß es genausogut bei mir diagnostiziert werden könnte.»

Kenny steht zwischen mir und dem Neurologen. Ich kann ihre Gesichter nicht sehen, aber ich sehe, daß Kennys Hand auf seiner Brust liegt, und weiß, daß er an meiner Stelle sein möchte, daß er mich begreifen, die Distanz verringern möchte. Aber das kann er nicht, und das müßte er eigentlich auch wissen.

Der Neurologe tritt ein paar Schritte zurück. Er reibt sich die Stirn, als hätte er dort plötzlich Schmerzen bekommen.

«Nein – das ist völlig falsch. Ich kann nicht zulassen, daß Sie meine Praxis in diesem Glauben verlassen. Tatsache ist doch, daß Jackie ein außergewöhnlich schweres neurologisches Symptom aufweist, das in fast allen Fällen im Zusammenhang mit MS auftritt.»

«Aber es könnte auch eine andere Erklärung geben?»

«Nicht eine andere Erklärung, sondern gar keine. Es kommt nur sehr selten vor, aber in Einzelfällen kommt es zu episodischer Blindheit, ohne Rezidiv. Man nennt das eine neurologische Erscheinung unklarer Ätiologie.»

«Was?» Jetzt reibt Kenny sich frustriert die Stirn.

«Unbekannter Ursache», übersetze ich. In meiner Zeit als Rechtsberaterin im Gesundheitswesen habe ich mir ein gewisses medizinisches Fachvokabular angeeignet. Ich habe bei Verfahren wegen ärztlicher Kunstfehler die Patientenakten gelesen wie andere Leute Kriminalromane. Ich habe sie analysiert und versucht herauszufinden, wo etwas schiefgegangen ist. Es gab niemals nur eine einzige Ursache; es war immer eine Reihe von Fehlern, die aufeinander aufbauten. Fehler auf Leben und Tod, wie sie in jedem großen Krankenhaus, einer Brutstätte von Fehlern, vorkommen können. Ich hatte dieselben Fragen gestellt wie Kenny jetzt, quetschte Pflegepersonal, Ärzte und Mitarbeiter aus, um herauszubekommen, wie wir uns in Zukunft vor einer ähnlichen Situation schützen konnten. Wir wollten uns durch Vorbeugung vor Klagedrohungen schützen, wie wir unsere Patienten durch Vorbeugung vor Erkrankungen schützen wollten.

«Das ist es also», sagt Kenny. «Etwas Verrücktes, etwas, was einem nur einmal im Leben passiert. Und das andere Auge ist davon nicht betroffen, und es gibt viele Menschen, die auch mit einem Auge wunderbar zurechtkommen, sogar damit Auto fahren, stimmt's?»

«Ja, natürlich. Aber ich möchte Ihnen keine falschen Hoffnungen machen. In solchen Fällen ist es sehr viel wahrscheinlicher, daß auf das erste Symptom in den nächsten Jahren eine Reihe verschiedenartiger schwächender Symptome dazukommen.»

Eine Reihe verschiedenartiger schwächender Symptome? Frag ihn nicht, Kenny. Bitte nicht.

«Und das kann Jackie auch passieren? Wie groß ist die Wahrscheinlichkeit?»

Der Neurologe sieht jetzt mich an; sein Gesicht ist verzerrt, tiefe Sorgenfalten haben sich in seine Stirn gegraben. Ich habe diesen Ausdruck bei Ärzten schon öfter gesehen, bei eidlichen Erklärungen, wenn ihnen schließlich die eine Frage gestellt wurde, die sie nicht beantworten wollten, und es kein Zurück mehr gab.

«Ich will nicht mit Statistiken um mich werfen», sagt er ruhig. «Dazu möchte ich mich lieber nicht äußern.» Er weicht Kenny aus.

Aber dieser Arzt versucht damit nicht, rechtlich verbindliche Aussagen zu vermeiden. Er versucht nicht, sich selbst zu schützen. Er will mich schützen.

«Doktor, ich weiß, daß Sie zu diesem Zeitpunkt noch keine endgültige Prognose wagen wollen.» Ich erlöse ihn aus dem Dilemma. «Ich respektiere diese Entscheidung. Wir werden also erst einmal abwarten. Vielen Dank für Ihre Mühe.» Ich greife wieder nach meiner Handtasche. Diesmal wird Kenny deutlicher. Statt an meinem Pullover zu ziehen, nimmt er meine Hand und drückt sie fest. Was ich gerade getan habe, gefällt ihm nicht. *Er* will seine Zahlen. Aber es sind nicht *seine* Zahlen. Es sind meine Zahlen, und ich will sie nicht wissen. Ich drücke seine Hand fester als er meine, und so stehen wir uns gegenüber und starren uns an – zwei Anwälte, Mann und Frau, die plötzlich auf entgegengesetzten Seiten stehen.

Das war schon immer ein grundlegender Unterschied zwischen uns. Wir haben beide Jura studiert, die Staatsexamen gemacht und unsere Zulassung als Anwälte bekommen. Das ist schon alles, was wir an beruflichen Gemeinsamkeiten vorweisen können. Kenny hatte nie vor, sich als Anwalt niederzulassen. Er hat seine Ausbildung als Grundlage für seine geschäftliche Karriere benutzt. Als Partner in einer großen unabhängigen Ölfirma und als Immobilieninvestor muß er sich ständig mit Klagedrohungen auseinandersetzen. Seine rechtlichen Fragen sind zukunftsorientiert, und die Vergangenheit interessiert ihn nicht.

Ich schlug einen eher traditionellen Weg ein. Ich trat in eine große Anwaltskanzlei ein, spezialisierte mich auf Arbeitsrecht und vertrat kalifornische Firmen in einer Unzahl von Fällen, in denen sie von ihren verärgerten Ex-Mitarbeitern verklagt wurden. Danach verließ ich die Kanzlei und vertrat das Krankenhaus, in dem ich mit diesem Neurologen zusammengearbeitet habe.

Wenn das Krankenhaus verklagt wurde, suchte ich gewöhnlich auf die gleiche Art nach dem Klagegrund, wie ein Gerichtsmediziner bei einer Obduktion nach der Todesursache sucht. Für mich waren Zahlen, die zukünftige Entwicklungen voraussagten, nichts als Spekulation. Die Vergangenheit war ein Fakt. Wenn in einer Verhandlung Zahlen und Statistiken bemüht werden, dann gewöhnlich von der Seite, die verliert.

Kenny reißt sich los und wendet sich wieder an den Neurologen.

«Doktor, gibt es eine Statistik darüber, wie hoch die Wahrscheinlichkeit für einen Patienten in Jackies Lage ist, später MS zu bekommen?»

Der Neurologe sieht mich wieder an, als sollte ich, als

seine Anwältin, ihn auffordern, die Frage nicht zu beantworten. Aber ich kann nicht für ihn in die Bresche springen. Ich bin zu sehr damit beschäftigt, mich selbst zu schützen. Ich möchte mir am liebsten die Ohren zuhalten.

«Ja», antwortet der Neurologe. Er entfernt sich weiter von uns beiden. Er ist im wahrsten Sinne des Wortes in die Ecke seines eigenen Sprechzimmers gedrängt worden. Seine Hand liegt auf dem Fensterbrett, als wolle er gleich das Fenster öffnen und hinausspringen. «Ja», wiederholt er und sieht dabei immer noch sehnsüchtig aus dem Fenster. «Es gibt eine Statistik darüber, wie hoch die Wahrscheinlichkeit ist, MS zu bekommen, wenn eine solche Sehnervenentzündung auftritt.»

«Und, wie hoch ist die Wahrscheinlichkeit?»

«Achtzig bis neunzig Prozent.»

Kenny hat wieder meine Hand genommen und drückt sie jetzt so fest, daß meine Knöchel schmerzen. Damit hat er nicht gerechnet. Er hätte nie danach gefragt, wenn er geahnt hätte, wie hoch die Wahrscheinlichkeit ist.

«Es tut mir leid.» Der Neurologe versucht, das entsetzte Schweigen aufzufangen. «Das ist der aktuelle wissenschaftliche Stand. Für Menschen wie Jackie, die sich in dieser unglückseligen Grauzone zwischen dem ersten und zweiten Symptom befinden, ist die Gefahr einer späteren MS-Diagnose ziemlich groß.»

«Danke», sage ich. Ich danke ihm für seine Bemühungen – auch wenn sie vergeblich waren –, für seinen tapferen Versuch, den Elefanten aus dem Porzellanladen zu bugsieren. Es war nicht seine Schuld, daß Kenny sich auf Zahlen versteifte, mit deren Hilfe er das Problem auf eine handhabbare Größe schrumpfen lassen wollte.

Ich werfe Kenny einen Blick zu. Er hält den Kopf gesenkt. Sein dichtes dunkles Haar glänzt im Neonlicht wie Lackleder. Es sieht nicht aus wie sein Haar. Es sieht aus wie mit Schuhcreme bestrichen, ohne seine natürlichen kupfer- und kastanienfarbenen Reflexe. Ich sehe den Arzt an, und auch sein Kopf ist gesenkt. Sein vorzeitig ergrautes Haar wirkt stumpf. Es ist mir unangenehm, die beiden so zu sehen. Es ist wie in der Kirche, wenn man bei einem außergewöhnlich langen Gebet den Kopf hebt und feststellen muß, daß alle anderen ihn noch andächtig gesenkt halten. Dennoch starre ich weiter auf ihre Köpfe und erinnere mich daran, wie sich schlechte Nachrichten auswirken können. Mit fünfundzwanzig bin ich wegen einer solchen Nachricht ergraut. Es begann mit einem Streifen, der innerhalb von wenigen Wochen grau wurde; damals, vor über zehn Jahren, als Kenny mich anrief und mir sagte, was mit Robin geschehen war.

Innerhalb weniger Monate war ich vollkommen ergraut. Es war ein Schock, mich im Spiegel zu betrachten. Ich konnte den Anblick nicht ertragen; also fing ich an, mein Haar zu färben. Nicht weil ich eitel war, sondern weil mich das graue Haar ständig schmerzhaft an die schrecklichen Ereignisse erinnerte. Kurz nach dem Tod meiner Mutter dünnte Sallys ehemals wunderschönes blondes Haar aus, und statt der Locken hingen schlappe Strähnen an ihr herunter wie die Blätter einer dürstenden Pflanze. Auch Polly verlor aus Trauer büschelweise Haare.

Der Neurologe hebt als erster den Kopf und sieht, daß ich ihn anstarre.

«Es tut mir leid, daß ich im Moment nicht mehr für Sie tun kann. Jackie, Sie rufen mich an, wenn ein weiteres Symptom auftritt, ja?»

Ich werfe einen Blick auf Kenny, aber der hat nichts weiter zu sagen und bereits die Tür geöffnet, um zu gehen.

«Kenny?»

«Toilette», murmelt er und eilt hinaus.

«Natürlich rufe ich Sie an, wenn irgend etwas...» antworte ich, und dann fällt mir auf, daß ich gar nicht weiß, wonach ich Ausschau halten soll. «Wie wird sich dieses zweite Symptom denn äußern?»

Kaum habe ich den Satz ausgesprochen, weiß ich, daß ich einen Fehler gemacht habe. Ich will es eigentlich überhaupt nicht so genau wissen. Aber es ist zu spät.

«Es wird ein ziemlich offensichtliches Symptom sein», sagt der Neurologe. «In Ihrem Fall wird es sich vermutlich so dramatisch bemerkbar machen wie das erste. Totalausfall eines anderen Teils Ihres zentralen Nervensystems. Höchstwahrscheinlich das Rückgrat. Mit anderen Worten, Sie werden möglicherweise eines Morgens aufstehen und einfach hinfallen, weil die Beine Sie nicht mehr tragen.»

Meine Beine geben sofort unter mir nach. Ich sacke in mich zusammen, taumele gegen den Untersuchungstisch. Mit einem lauten Knall stößt er an die Wand. Der Neurologe eilt auf mich zu.

«Es tut mir leid. Ich hätte Ihnen das nicht sagen sollen. Verzeihen Sie mir. Ich wollte bloß nicht, daß Sie sich wegen der geringsten Kleinigkeit Sorgen machen, daß Sie bei jedem eingeschlafenen Fuß befürchten, es wäre MS. Sie sind ja völlig verstört. Möchten Sie vielleicht ein Glas Wasser?»

Wasser? Wie wäre es denn mit einem starken Beruhigungsmittel? Ich bezweifle allerdings, daß irgendein Betäubungsmittel stark genug ist, um dieses Grauen zu mildern. Ich habe dieses Bild im Kopf und werde es nicht mehr los. Dieses Bild, wie ich morgens aufstehen will und mit dem Gesicht voran auf den Fußboden stürze. Wenn ich einmal ein Bild im Kopf habe, läßt es mich nicht wieder los. Ich habe ein ganzes Album mit Erinnerungsbildern, auf die ich liebend gern verzichten würde.

«Ich möchte jetzt nach Hause», sage ich. «Ich bin so müde, daß ich mich kaum noch auf den Beinen halten kann.»

Auf dem Heimweg schweigen Kenny und ich. Ich versuche mir vorzustellen, was Zahlen wie achtzig bis neunzig Prozent in Kennys Kopf für Bilder heraufbeschwören. Vielleicht ein Balkendiagramm, bei dem das Kästchen mit der Wahrscheinlichkeit für eine MS-Erkrankung in leuchtendem Rot auf der y-Achse bis fast nach oben schießt. So schrecklich diese Vorstellung auch ist, so merkwürdig finde ich es, daß ich in meinen Träumen und Gedanken immer noch Rot sehen kann.

Die Farbe Rot ist mir in der Realität verlorengegangen. Ich betrachte die Stopschilder auf dem Heimweg. Die Buchstaben STOP zeichnen sich weniger scharf von dem beigefarbenen Hintergrund ab, aber ich kann das Wort immer noch lesen. Ich brauche die Farbe Rot nicht, um Wörter schwarz auf weiß zu lesen. Ich kann immer noch mit einem Auge lesen, und Lesen ist ein unverzichtbarer Teil meines Berufslebens. Seit ich vor über vier Jahren meine Stelle im Krankenhaus aufgegeben habe, lebe ich vom Schreiben. Zur Zeit arbeite ich an zwei Büchern gleichzeitig – zu Hause an meinem Roman und als freiberufliche Anwältin in einer Kanzlei an einer Zusammenstellung aktueller Fälle aus dem Arbeitsrecht, aus der ein Handbuch werden soll.

Es gibt keinen Grund, warum ich nicht an meinen Büchern weiterarbeiten kann. Selbst wenn ich Schwierigkeiten mit den Beinen bekomme, kann ich im Sitzen arbeiten, sogar im Bett. Ich müßte mir lediglich einen Laptop anschaffen und ein Modem, damit ich die Bibliothek der Universität nutzen kann, an der ich Jura studiert habe. Ich würde Benzin und Parkgebühren sparen, und mein Auto hätte weniger Verschleiß. Als wir schließlich zu Hause ankommen, ist es mir bereits gelungen, das schreckliche Bild in meinem Kopf mit Weichzeichner zu mildern.

Stunden später, nachdem ich vergeblich versucht habe

einzuschlafen, wird mir bewußt, warum ich die Nachrichten dieses Nachmittags so schlecht verkrafte. Dieser Neurologe ist ein sehr netter Mann und ein guter Arzt – gut in jeder Bedeutung des Wortes. Aber mit dem Verkünden dieser schlechten Prognose hat er einen Fehler gemacht. Er hat mich damit umgehauen, mich zu einer Gefangenen meines Bettes gemacht.

Ich wehre mich gegen den Schlaf, damit ich beim Aufwachen nicht mit der schrecklichen Möglichkeit konfrontiert werde, die er so anschaulich dargestellt hat. Die Bettdecke wird schwerer und schwerer auf meinen Beinen, wie Beton, der aushärtet. Sogar meine Lider sind schwer, aber ich werde sie nicht schließen.

Ich kann mit offenen Augen schlafen. Das kann ich wirklich. Es ist eine sehr nützliche Fähigkeit, die ich während meines Studiums perfektioniert habe. Ich werde einfach die Augen offenhalten und meinem Geist Ruhe gönnen. Ich werde nicht zulassen, daß etwas vor meinen Augen verschwindet.

~ 13 ~

Von weitem sehe ich, wie Horace Robin vom Steg trägt. Er geht sehr langsam. Doc kommt ihm auf dem Rasen entgegen. Ich weiß, daß Doc alt ist und bestimmt so schnell geht, wie er nur kann, aber es kommt mir vor wie eine Ewigkeit, bis er schließlich bei meinem Bruder ist.

Horace sieht Doc kommen und legt Robin im Schatten eines Baumes auf den Rasen. Robins Kopf bettet er in seinen Schoß.

Endlich kniet Doc neben Robin und leuchtet ihm mit seiner speziellen Arztlampe ins Gesicht. Er hält Robin ein großes weißes Taschentuch unter die Nase. Wie durch Zauberei reißt Robin den Kopf hoch und wedelt gleichzeitig mit den Armen.

Robin setzt sich auf und schiebt Docs Hände weg. Das scheint Doc zu ärgern. Horace versucht, Robin zurückzuhalten, und ich kann erkennen, daß er mit Doc spricht, aber ich kann nicht hören, was er sagt. Doc schüttelt den Kopf, steht auf und geht ohne seine Arzttasche wieder Richtung Haus. Als er näher kommt, sehe ich, daß er wütend ist. Seine Lippen sind fest zusammengepreßt. Er hat Grasflecken auf der Hose, da, wo die Knie sind. Bestimmt ist er deshalb so wütend. Er kann es überhaupt nicht leiden, wenn seine Kleider schmutzig werden.

Horace kramt in Docs schwarzer Tasche. Er holt etwas heraus, das wie ein schmutziger Baseball aussieht, und wickelt es auseinander. Es ist eine Art riesige Bandage, wie die, welche die Schulkrankenschwester mir um den Fuß gewickelt hat, als ich von der Schaukel gefallen bin. Horace wickelt es immer wieder um Robins Kopf. Ich bin nicht sicher, aber es sieht aus, als würde er ihm auch die Augen damit verbinden. Wenn Robins wunderschöne blaue Augen verbunden sind, wie soll er dann jemals wieder Krebse fangen? Hat Doc ihm gesagt, daß er das tun soll?

Doc öffnet die Tür und wirft sie so fest hinter sich zu, als wolle er das ganze Haus aufwecken. Was ist denn bloß passiert? Er stampft an mir vorbei und die Treppe hinauf, ohne mich anzusehen.

Ich möchte Doc hinterherlaufen und ihn fragen, warum er so wütend ist. Ich mache mir Sorgen, weil er Robin nicht in Ordnung bringt. Ich möchte ihm erklären, daß alles meine Schuld ist. Daß Robin einen ganz tollen Morgen verbracht hat, bis ich gekommen bin und alles verdorben habe. Ich komme mir vor, als hätte ich eine große Pille geschluckt, die mir im Hals steckengeblieben ist.

Mein Großvater hat die Augen berühmter Leute in Ordnung gebracht, von Walt Disney zum Beispiel und Leuten aus dem Weißen Haus, die mit Präsident Kennedy befreundet sind. Die Patienten kamen aus aller Welt zu ihm. Er arbeitet jetzt nicht mehr im Krankenhaus, aber ich bin sicher, daß er sich die Zeit nehmen könnte, um Robins Gehirn in Ordnung zu bringen, damit es wieder richtig funktioniert.

Das wäre der schönste Tag auf der ganzen Welt, viel besser als tausendmal Weihnachten. Das wäre dann wie in meinem Lieblingsfilm mit Shirley Temple, *Die kleine Prinzessin,* wo sie in einer kalten Dachkammer einschläft und beim Aufwachen feststellt, daß sie sich über Nacht in eine Prinzessin verwandelt hat. Das wäre wie auf den Bildern von den Wundern in meiner Kinderbibel. Doc würde Robin die Hände auf den Kopf legen, und dann würde ein Licht vom Himmel fallen, und Robins Gehirn wäre für immer in Ordnung.

Ich denke viel darüber nach, wie es wohl wäre, wie

unsere ganze Familie wohl wäre, wenn Robin plötzlich ein ganz normaler zwölfjähriger Junge wäre wie die älteren Brüder meiner Freundinnen. Ich könnte jederzeit Kinder zum Spielen einladen. Ihre Eltern würden ihnen erlauben zu kommen, ohne vorher zu fragen, ob Robin da ist.

Meine Freundinnen flüstern mir am Telefon zu, daß sie nicht kommen dürfen, wenn mein dummer Bruder da ist. Das sagen die netten Kinder. Die anderen, die mich in der Pause immer ärgern, sagen etwas anderes. Sie schreien es so laut, daß sogar die Lehrer es hören können. *Bee hinn dert*. Jackie ist *Bee hinn dert,* genau wie ihr Bruder *Bee hinn dert*.

Ich weiß, daß man das nicht so ausspricht. Man schreibt es auch nur in einem Wort. Es heißt «behindert». Polly hat es mich ganz oft wiederholen lassen, damit ich es richtig sage. Und dann hat sie gesagt, ich soll diesen gemeinen Mädchen eine Lektion erteilen, indem ich das Wort richtig ausspreche, weil ich viel klüger bin als die, sagt Polly. Sie hat mir auch gesagt, daß «behindert» nicht das richtige Wort ist, daß es ein neues Wort gibt für das, was mit Robin los ist. Die Ärzte haben es gerade erfunden, aber es fällt ihr im Moment nicht ein.

Als sie mir zum ersten Mal *Bee hinn dert* hinterherschrien, habe ich es gleich Polly erzählt. Sie ist sofort zu ihrem Bücherregal gegangen und hat es für mich im Lexikon nachgeschlagen. Es war kein Bild dabei. Aber Polly hat mir erklärt, daß man auch «zurückgeblieben» dafür sagt und daß es eigentlich gar kein schlimmes Wort ist. Es heißt nur, daß Robins Gehirn langsamer arbeitet als das anderer Leute, und deshalb redet er auch so langsam.

Aber ich kann dieses Wort trotzdem nicht leiden. Egal, wie man es ausspricht. Ich kann es nicht leiden, weil die Leute es immer in so einem komischen Tonfall sagen. Ich will, daß dieses Wort aus unserer Familie und unserem Leben verschwindet.

Wenn so ein Wort nicht mehr im Lexikon steht, ist es dann immer noch ein richtiges Wort? Ich habe die Seite, auf der das Wort «behindert» steht, aus Pollys Lexikon herausgerissen und weggeworfen. Sie hat es bestimmt noch nicht bemerkt, sonst hätte sie mich schon ausgeschimpft. Polly ist sehr eigen, wenn es um ihre Bücher geht. Sie findet, daß Leute, die in Büchern herumkritzeln oder absichtlich Seiten rausreißen, von der Polizei abgeholt und eingesperrt werden sollten. Aber ich habe mich in ihr Zimmer geschlichen und es trotzdem gemacht. Ich wollte ausprobieren, ob dieses furchtbare Wort nicht aus unserem Haus verschwindet, wenn es im Müll ist.

Wenn das Wort «behindert» verschwindet, ist Robin nicht mehr behindert, oder? Mein Vater sagt immer, gute Wörter haben Macht. Die richtigen Wörter können Menschen verändern, sie sogar bessere Dinge denken lassen. Deshalb lesen wir Bücher. Deshalb ist Präsident Kennedy Präsident geworden, sagt Daddy, wegen seiner vielen Reden.

Wenn häßliche Wörter Menschen etwas antun können, dann sollten wir sie schleunigst loswerden, habe ich gedacht.

Ich muß weinen, wenn ich über all diese Dinge nachdenke. Ganz plötzlich hält mich jemand im Arm, sagt immer wieder meinen Namen. Es ist Lucy. Sie ist mit Horace verheiratet, und ich habe sie genauso lieb wie ihn. Sie hat mich auch sehr lieb, und meine Schwestern auch, aber Robin am meisten. Sie kniet vor mir und trocknet meine Tränen mit ihrer Schürze. Ich rieche, was sie zum Frühstück zubereitet, und von dem Geruch wird mir übel. In meinem Mund ist ein säuerlicher Geschmack, als hätte ich ein Stück Zitrone ausgelutscht.

Ich übergebe mich in Lucys Schürze. Ich sage immer und immer wieder, wie leid es mir tut, als könnte ich es gar nicht oft genug sagen. Sie nimmt mich hoch und trägt mich ins Haus. Wir sind wohl auf dem Weg zur Küche, denn es riecht immer stärker nach Frühstück – Speck und Würstchen und Toast mit Butter. Normalerweise rieche ich das am liebsten, weil Frühstück meine Lieblingsmahlzeit ist, aber jetzt glaube ich nicht, daß ich jemals wieder etwas essen kann. Wie könnte ich etwas essen, wenn mein Bruder mit verbundenen Augen da draußen auf dem Rasen liegt. Und Mama ist nicht einmal da, um ihn zu trösten.

Mein Bauch tut so weh, daß ich draufschlagen möchte, damit er aufhört, weh zu tun. Ich verstehe jetzt, warum Robin sich selbst weh tut. Er will bestimmt, daß es außen mehr weh tut als innen, damit er nicht mehr spürt, wie weh es innen tut.

Lucy hat mich auf die Arbeitsplatte in der Küche gesetzt. Sie streicht mir das Haar zurück, das an der Stirn klebt. Sie wäscht mir das Gesicht und die Hände und den Hals mit einem kalten Waschlappen. Sie nimmt ein trokkenes Geschirrtuch und legt es über meine Beine. Ich lehne meinen Kopf an ihre Schulter. Sie flüstert mir ins Ohr. Sie fragt, ob ich Orangensaft möchte, und ich schüttele den Kopf.

Ich kann jetzt Stimmen im Haus hören. Mamas sanfte Stimme, Daddys tiefe Stimme und Docs Geknurre gleichzeitig. Lucy hört die Stimmen auch, aber sie meint, daß wir nicht zuhören sollten. Sie küßt mich auf die Stirn und nimmt die schmutzige Schürze ab. Sie wäscht sich die Hände und bereitet weiter das Frühstück vor. Sie summt ein schönes Kirchenlied, aber sie summt lauter als gewöhnlich. Jetzt weiß ich, daß ich nicht hören soll, was die Erwachsenen reden.

Lucy unterbricht ihr Summen nur einen kleinen Augenblick, aber das reicht für uns beide, um zu hören, daß Mama weint. Sonst ist niemand zu hören. Robin muß sehr schwer verletzt sein. Es ist bestimmt so, wie ich mir gedacht habe. Doc ist böse auf Robin, weil er seine Rettungsweste nicht getragen hat, und deshalb mußte Horace Robin die Augen verbinden, damit er keine Krebse mehr fangen und keinen Spaß mehr haben kann. Nichts ist schlimmer, als krank zu sein oder bestraft zu werden und ganz lange Ruhe halten zu müssen.

Daddy hat mir erzählt, daß Onkel Ogden eine Augenkrankheit bekam, als er sieben Jahre alt war, ungefähr so alt wie ich jetzt. Onkel Ogden mußte monatelang bei geschlossenen Jalousien ruhig im Bett liegen, weil das Licht seinen Augen schadete. Daddys Großmutter, Onkel Ogdens Mutter, hat ihm den ganzen Tag vorgelesen. Ob er deshalb den Klang von Wörtern so gern hat?

Lucy hat mit dem Summen aufgehört. Draußen redet niemand mehr. Am liebsten würde ich mir die Ohren mit dem Geschirrtuch zuhalten, damit ich Mama nicht weinen höre. Mama weint viel wegen Robin. Sie weint, wenn er etwas kaputtmacht. Sie weint, wenn er mit dem Kopf auf den Fußboden schlägt. Sie weint, wenn die gemeinen Kinder aus der Nachbarschaft ihn ärgern. Sie weint jedesmal, wenn sie herausfindet, daß wieder eine von unseren Freundinnen nicht kommen darf, weil ihre Eltern Angst vor Robin haben.

Das einzige an Robin, das sie nicht zum Weinen bringt, ist seine Augenfarbe. Jeder sagt – sogar fremde Leute –, daß er die schönsten blauen Augen auf der ganzen Welt hat. Ich finde das auch. Sie sind hellblau, durchsichtig blau wie der Himmel.

Mein Großvater kommt in die Küche.

«Horace bleibt eine Weile bei dem Jungen, Lucy», sagt er. «Er läßt sonst niemanden an sich heran.»

Lucy nickt. Doc hat mich noch nicht gesehen. Ich möchte ihn gern fragen, was er damit meint. Läßt Robin niemanden an sich heran, oder läßt Horace niemanden an Robin heran?

«Diesmal ist es noch gutgegangen, Lucy», sagt Doc.

«Der Junge hat sich nicht einmal so schlimm verletzt. Aber er hätte der kleinen Jackie etwas tun können. Er hatte diese scharfkantige Glasscherbe dabei. Was meinen Sie, was er damit wollte? Der Junge ist eine Gefahr – für sich und alle anderen.»

Lucy schüttelt den Kopf. Ich habe noch nie gesehen, daß Lucy jemandem widerspricht, aber sie schüttelt heftig den Kopf, und ihre Arme sind in einem großen X vor der Brust verschränkt. Sie hat einen schmerzlichen Gesichtsausdruck. Sie hat mir erzählt, daß sie auch Bauchschmerzen hat. Arme Lucy.

«Er ist kein schlechter Junge, Dr. Woods», sagt sie. «Er ist ein guter Junge. Er hat ein gutes Herz. Mit der Zeit wird es besser werden.»

«Nein, Lucy, er wird immer größer und immer verrückter.»

Doc spricht langsam und deutlich. Seine Stimme klingt wie die unserer Lehrer, wenn wir immer wieder falsche Antworten geben. «Bis zum nächsten Sommer ist er größer als Horace. Wir können seine Sicherheit hier nicht mehr gewährleisten. Wir können auch die Sicherheit der Mädchen nicht mehr gewährleisten, solange er hier ist.»

Lucy wischt sich mit einem Topflappen über das Gesicht. In der Küche ist es so heiß und dunstig wie unten im Fischerboot bei der Toilette, wenn der Motor zu lange läuft.

«Wir haben Platz für ihn, Dr. Woods», sagt sie, nachdem sie den Topflappen wieder hingelegt hat. «Horace und ich haben Platz für ihn.»

Doc seufzt. Er sieht sie einen Moment schweigend an. «Nein, Lucy. Dieser Junge ist eine zu große Last. Sie haben schon eine Familie, um die Sie sich kümmern müssen.»

«Der Herr gibt uns keine Last, die wir nicht tragen können, Dr. Woods.»

«Nein, Lucy», sagt er, diesmal lauter. Er schüttelt den

Kopf. «Lassen Sie Gott aus dem Spiel. Dafür ist es ein bißchen zu spät. Gott hat diesen Jungen schon an dem Tag aufgegeben, als er mit einer Metallzange in diese Welt gezerrt wurde.»

Lucys Gesicht verzieht sich, als wolle sie anfangen zu weinen.

Aber Doc sieht es nicht. Er hat sich schon umgedreht. «Sie können ihn nicht mehr hierher mitbringen, nicht einmal in den Sommerferien», sagt er. «Wir müssen den Rest der Familie schützen.»

Ich habe zugehört, aber ich verstehe nicht, was er sagt. Ich muß ihn falsch verstanden haben. Mein Großvater würde niemals so etwas Schreckliches sagen – daß Robin nicht mehr hierherkommen darf. Mama und Daddy würden niemals ohne Robin in den Urlaub fahren.

Als Mama mir von Robins Schramme im Kopf erzählt hat, hat sie auch gesagt, daß er trotzdem immer mein Bruder sein wird und ich immer seine Schwester. Doc wird immer unser Großvater sein, aber jetzt sieht es so aus, als wollte er gar nicht mehr Robins Großvater sein.

Ich glaube nicht, daß Lucy Doc besser verstanden hat als ich. Sie starrt immer noch auf die Tür, auf die leere Stelle, wo Doc eben noch gestanden hat.

Ich muß dringend zur Toilette, aber ich kann meine Beine nicht bewegen. Ich mußte schon die ganze Zeit furchtbar dringend, und ich kann es nicht mehr halten. Ich wollte mich nicht rühren, damit Doc nicht mitbekommt, daß ich da bin. Ich hatte Angst, in die Hose zu machen, aber noch mehr Angst hatte ich vor dem, was mein Großvater sagte; mehr Angst als vor allem anderen auf der Welt.

~ 14 ~

Am nächsten Morgen gehe ich zum Kaffeetrinken in die Küche hinunter, während Kenny noch unter der Dusche steht. So weit, so gut, denke ich. Sekunden später wird mir bereits klar, daß ich mir zu früh gratuliert habe. Jakes Kopf mit dem flauschigen Fell drängt sich in meinen Schoß, und er schnuppert interessiert. Ich nehme an, daß mir ein paar Frühstücksflocken in den Schoß gefallen sind, und greife hinunter. Meine Hose ist pitschnaß.

Ich laufe zum Bett und ziehe die Decken zurück. Da! Ein riesiger nasser Fleck. Zum ersten Mal in meinem Erwachsenenleben habe ich ins Bett gemacht. Ist es das? Das zweite Symptom?

«Nein, ist es nicht», sagt Kenny, als er aus der Dusche kommt. «Ich bin sicher, daß es dafür eine andere Erklärung gibt, Jackie.»

«Was für eine? Wie konnte mir so etwas nur passieren? Warum bin ich nicht aufgewacht?»

«Du warst so müde, du bist bestimmt in Tiefschlaf gefallen, und dann ist es einfach passiert. Das ist ganz normal.»

Ich glaube ihm nicht. Es ist beschämend. Ich betrachte diesen gutaussehenden, liebenswerten Mann, mit dem ich verheiratet bin, und mir fällt dabei nur ein, wie furchtbar es für ihn sein muß, mit einer Frau zu schlafen, die nachts im Bett Windeln braucht.

Das Telefon klingelt. Ich nehme den Hörer ab.

«Jackie, hier ist Dad.»

«Daddy.» Meine Stimme klingt zu hoch.

«Wie geht es dir, Knöpfchen?»

«Im Moment nicht so besonders.»

«Ich wollte euch nur sagen, daß mein Flugzeug heute nachmittag um vier ankommt. Sag Kenny, er braucht mich nicht abzuholen. Ich nehme ein Taxi.»

«Aber Daddy! Natürlich holen wir dich vom Flughafen ab. Ich kann es kaum erwarten, dich wiederzusehen.»

«Es kommt alles wieder in Ordnung», sagt er. «Ich habe mit Onkel Alan gesprochen. Er hat mir die richtigen Namen und Nummern gegeben.»

«Namen und Nummern?»

«Von Ärzten. Es gibt da unten sicher ein paar gute, aber Alan hält es für das beste, wenn du ins Hopkins kommst. Er kann dich bei dem Spitzenneurologen unterbringen und natürlich in der Ophthalmologie.»

«Dad, ich möchte lieber hierbleiben. Ich habe hier gute Ärzte.»

«Aber das sind kalifornische Ärzte.»

«Natürlich. Ich lebe ja schließlich in Kalifornien.»

«Das heißt aber nicht, daß du dich mit kalifornischen Ärzten begnügen mußt.»

Ich muß lachen. «Dad, mir ging es eben wirklich nicht gut, aber dein Anruf hat mich gerettet. Danke.»

«In einer halben Stunde muß ich zum Flughafen, aber erzähl mir doch so lange, worum es geht. Vielleicht kann ich dir helfen.»

Ich zögere. In unserer Familie spricht man nicht über Körperausscheidungen. Meine Mutter hat uns beigebracht, das Wasser laufen zu lassen, wenn wir die Toilette benutzen.

«Ähm, es ist eher intim.»

«Eine Frauensache?» fragt er.

«Nein, eigentlich nicht. Ich habe bloß... irgendwie muß ich heute nacht ins Bett gemacht haben, und meine Ärzte haben gesagt, wenn irgend so etwas auftritt, ein plötzlicher, unerklärlicher Kontrollverlust der Muskulatur, daß –»

«Hör zu, mein Schatz. Hör mir gut zu.» Dads Tonfall klingt ernst. Er hat eine Stimme, die nicht altert. Wenn er mich im College anrief, dachten meine Zimmerkameradinnen immer, er wäre mein Freund. Selbst jetzt hört sich seine Stimme unbegreiflicherweise an, als hätte er in seinem ganzen Leben noch keinen Augenblick der Sorge und des Kummers erlebt. Und nichts, absolut gar nichts könnte der Wahrheit ferner liegen.

«Ich höre dir zu.»

«Jeder andere Mensch, der die Hälfte seines Sehvermögens eingebüßt hat, unter quälenden Kopfschmerzen leidet, dessen Tochter sechs Monate lang schwer krank war und der gerade gesagt bekommen hat, daß er vermutlich an einer unheilbaren schrecklichen Krankheit leidet, hätte sich schon längst zuvor in die Hosen gemacht.»

«Ach Daddy, ich hab dich so lieb.»

«Versuch, keine Angst zu haben», sagt er. «Bis heute nachmittag.»

Versuch, keine Angst zu haben. Angst löst solche Dinge aus. Sie spielt dem Körper demütigende Streiche. Ich habe einmal einen Fallschirmspringkurs gemacht. Und bevor wir für unseren ersten Sprung ins Flugzeug stiegen, hieß es, wir sollten zur Toilette gehen und unsere Blasen entleeren, sonst würde die Angst es für uns tun.

Wir lachten nervös, gingen aber alle zur Toilette. Alle, bis auf einen Typen, der ganz sicher war, daß ihm das nicht passieren könnte. Nach seiner Landung hob er den Fallschirm hoch und wickelte ihn sich um den Körper, das Gesicht schamrot.

«Kenny», sage ich. «Ich glaube nicht, daß ich vor Erschöpfung ins Bett gemacht habe. Ich hatte schreckliche Angst.»

«Das sind diese Alpträume von deinem Bruder.»

«Es sind keine Alpträume, es sind Träume.»

«Aber sie regen dich auf. Du solltest nicht ständig über

die traurige Vergangenheit nachgrübeln, sondern dich auf die Gegenwart konzentrieren, Jackie.»

«Aber genau das ist doch der Alptraum, Kenny», erwidere ich. «Ich weiß nicht, was zur Zeit mit mir geschieht. Ich weiß nicht, was noch geschehen wird. Es ist wie in diesem Alptraum, in dem man fällt und fällt und glaubt, nie unten anzukommen, und...»

«Und wenn du aufwachst, ist alles in Ordnung, stimmt's? Geht es nicht immer so aus?»

Ich sehe ihn an. Er klingt genau wie Dad. Er läßt sich nicht auf meine Ängste ein, und er würde nicht einmal zugeben, selbst welche zu haben. Ich habe genau das getan, was meine Mutter vorhergesehen hat. Ich habe einen Mann geheiratet, der so ist wie mein Vater. In den schwierigsten Zeiten gnadenlos optimistisch.

Später holen wir meinen Vater vom Flughafen ab. Ich sitze hinten und betrachte die Profile der beiden Männer, wenn sie einander die Köpfe zuwenden. Sie sehen sich kein bißchen ähnlich. Ich bin doch nicht ganz und gar ödipal veranlagt. Ich habe keinen Mann geheiratet, der aussieht wie mein Vater, nur einen, der sich so benimmt. Der Körperbau der beiden, ihre Hautfarbe und ihre Gesichtszüge sind vollkommen verschieden, auch wenn ich sie für die bestaussehendsten Männer halte, denen ich je begegnet bin.

Dad ist groß, gut über einsachtzig, schlaksig, mit langen Beinen wie ein Marathonläufer. Seine helle Haut bekommt leicht einen Sonnenbrand, und der Ton seiner rauchblauen, warmen Augen liegt genau zwischen meinem dunklen und Mamas hellem Blau. Sein breites Lächeln bringt Grübchen zum Vorschein und läßt sein Gesicht erstrahlen. Kenny ist einsfünfundsiebzig, muskulös und kompakt. Es gibt keine Ballsportart, in der er nicht gut ist. Seine Haut ist oliv getönt, die haselnußbraunen Augen sind groß und liegen tief in den Höhlen; sein Blick ist eindringlich. Er hat ein freundliches, jungenhaftes

Lächeln, bei dem sich links die Andeutung eines Grübchens zeigt. Wenn er nicht lächelt, zeigen die vollen Lippen und die Mundwinkel nach unten, und er sieht um Jahre älter aus. Im Moment lächelt er nicht.

Wir fahren durch Manhattan Beach, wo wir mehr als zehn Jahre lang gewohnt haben. Der Wagen hält vor einem Fußgängerüberweg, und vor uns schiebt ein junger Mann sein Fahrrad über die Straße. Er ist Mitte Zwanzig; seine eingeölte, muskulöse Brust glänzt in der Nachmittagssonne, auf dem Rücken trägt er ein Surfbrett.

«Arbeitet in dieser Stadt eigentlich irgend jemand?» fragt Dad. Er weiß, wie er uns mit Anspielungen auf den merkwürdigen kalifornischen Lebensstil zum Lachen bringen kann.

«Tagsüber nicht.» Kenny muß jetzt wirklich grinsen. «Sie sind alle Kellner, Barkeeper oder arbeiten irgendwo in der Nachtschicht. Manchmal werfen sie sich in Schale, um irgendwo vorzusprechen, und dazu brauchen sie eine bestimmte Bräune.»

«So was dachte ich mir schon.» Dad lacht.

Wir beobachten ein paar Frauen, die vor uns in String-Bikinis die Straße überqueren. Das verblüfft mich immer noch. Ich bin an der anderen Küste aufgewachsen. Dort im Osten trägt man was oben drüber. Und erst wenn man am Strand ist – genau an dem Flecken Sand, an dem man gleich das Handtuch ausbreitet, um darauf in der Sonne zu braten –, erst dann zieht man das, was man oben drüber anhatte, aus. Zumindest war das so, als ich dort lebte. In Kalifornien hingegen gibt es nichts, was auch nur im entferntesten etwas zudeckt.

Dad seufzt angesichts der unbedeckten Tatsachen.

«Was machen sie in Manhattan Beach eigentlich mit den alten Leuten?» fragt er. «Zerrt man sie vom Strand und erschießt sie, wenn sie tagsüber draußen erwischt werden?»

Kenny lacht wieder. «Nein, Daddy», erklärt er. «Das wäre dann doch zu offensichtlich. Sie weisen sie aus, wenn sie vierzig werden. Sie müssen dann irgendwo hinziehen, wo Falten und graue Haare eher akzeptiert werden. Nach Pasadena, zum Beispiel.»

Wir fahren jetzt am Pazifik entlang. Das Meer liegt zu meiner Rechten, auf meiner blinden Seite, und ich muß den Kopf drehen, um das Wasser zu sehen. Die Wellen sind vollendet schön. Wir passieren einen Wagen nach dem anderen; sie parken am Straßenrand, und die Surfer stehen davor, ziehen sich hastig aus und schlüpfen in ihre Neoprenanzüge. Manche sind schon fertig und warten nur noch darauf, die Straße überqueren zu können. Mit der Hand über den Augen schauen sie aufs Meer hinaus – eine typische Surferhaltung. Sie können den ganzen Tag so stehen.

Der Anblick des Meeres hat mich schon immer beruhigt. Ich weiß noch, wie dankbar ich dafür war, daß Mama zu Hause starb, an der Ostküste, ihr Gesicht dem Wasser zugewandt. Ich atme ein paarmal tief ein und betrachte dann den Hinterkopf meines Vaters. Wenn ich seinen Nacken sehe, das Haar, das am Kragen nach allen Seiten absteht, dann fallen mir all die langen Autofahrten meiner Kindheit ein, Jahr für Jahr zwischen Maryland und Virginia.

Wir biegen in die Einfahrt. Kelsey wartet am Fenster und winkt wie wild. Teresa öffnet die Tür, und Kelsey fliegt ihrem Großvater in die Arme.

«Meine kleine Meisterin», sagt er. «Meine kleine Schmusemeisterin.»

Bis zu diesem Augenblick ist mir nicht klargewesen, wie sehr er ihr gefehlt hat und wie sehr auch sie ihm gefehlt hat. Ich bin entsetzt, als ich sehe, wie er unter ihrem geringen Gewicht schwankt, so als hätte sie ihn beinahe umgeworfen. Aber auf der obersten Treppenstufe fängt er sich wieder, und Kelsey hängt an ihm wie eine Klette, die Beine um seine Taille geschlungen, die Arme fest um seinen Hals gelegt.

Mein Vater läßt sie sehr lange nicht mehr los. Diese Eiche von Mann wird von der Umarmung eines Kindes immer noch bis in die Grundfesten erschüttert. Ich sehe ihn lange an, möchte sein Bild für immer in meinem Herzen bewahren.

Es wird dunkel, und Teresa hat die Lampen eingeschaltet. Das Haus wirkt jetzt einladend; in den Fenstern leuchtet heimelig warmes, gelbes Licht wie auf einer Kinderzeichnung.

~ 15 ~

Draußen ist es noch dunkel, obwohl es schon Morgen ist. Mama hat uns sehr früh geweckt, noch bevor die Möwen mich wecken konnten. Wir fahren nach Baltimore zurück. Das Auto ist schon gepackt. Mama trägt die schlafende Sally die Treppe hinunter. Warum fahren wir denn so früh, noch vor dem Frühstück? Ich möchte sie das gern fragen, aber Mama und Daddy sind so still und müde, daß ich es lieber lasse. Wir steigen ins Auto. Meine Großeltern schlafen noch. Ich kann sie nicht einmal zum Abschied umarmen.

Der Wagen fährt die lange, unbefestigte Straße entlang, die ich von allen Straßen hierher am liebsten mag. Durch die offenen Fenster kann ich die Geißblattbüsche links und rechts von der Straße riechen. Sie duften wie Zuckerwatte auf der Kirmes, nur besser. Wenn der Sommer nur einen einzigen Duft haben dürfte, würde ich den von Geißblatt aussuchen.

Das war eines der Spiele, die wir vor ein paar Wochen auf der Herfahrt gespielt haben. Wie riecht der Sommer? Pollys Lieblingssommerduft ist der von Zitronen. Sie tut sich Zitronensaft auf die Haare, damit sie glänzen. Daddy sagt, er mag den Duft von Lucys Speck am Morgen besonders gern, wenn wir alle zum Frühstück auf der großen Veranda sitzen. Mamas Lieblingsduft kommt von den wunderschönen weißen Blüten, die wie Rosen aussehen, aber an dicken Ästen ohne Dornen wachsen. Ich kann mich nicht mehr an den Namen erinnern, aber jedesmal, wenn ich die zarten weißen Blütenblätter anfasse, werden sie braun, und Mama regt sich auf. Sally weiß noch nicht, was ihr Lieblingssommerduft ist. Und niemand fragt Robin, aber ich glaube, er würde den Benzingeruch des Fischerbootes nennen, wenn der Motor angelassen wird und eine blaue Rauchwolke ausstößt. Robin atmet dann immer tief ein und sagt: «Gut für Horace. Boot nicht kaputt. Gut für Horace.» Und er grinst über das ganze Gesicht.

Als wir zum Tor kommen, wird Daddy langsamer und hält schließlich den Wagen an. Horace wartet am Tor, obwohl das weiße Holzgatter schon offen ist.

Ich winke ihm zu, und er winkt zurück. Polly und Sally schlafen. Dann geht er um den Wagen herum und klopft hinten an die Scheibe. Robin sitzt dort und hört Radio mit dem Kopfhörer. Er sitzt mit dem Rücken zu uns hinter den Koffern, auf einem eigenen Sitz. Er legt seine Hand an die Scheibe, und Horace legt seine Hand auf Robins, nur das Glas dazwischen. Ihre Hände sind groß und breit, beinahe gleich groß.

«Robin fällt, Horace fängt», singt Robin immer und immer wieder zu einer Melodie, die er wohl hört, während er vor und zurück schaukelt. Horace kann ihn durch das geschlossene Fenster nicht hören, aber er nickt und lächelt und drückt seine Hand weiter auf Robins.

Dann geht er zu meinem Vater und schüttelt ihm die Hand. «Vielen Dank für alles», flüstert mein Vater.

Horace nickt. Dann sieht er meine Mutter an, und sein Gesichtsausdruck wird traurig.

Mama weint, aber sie weint so leise, daß ich es zuvor nicht gehört habe. Aber jetzt sehe ich, daß ihre Schultern beben. Horace geht schnell vorn um das Auto herum und streckt seinen Arm auf der Seite meiner Mutter durch das Fenster.

Sie hebt den Kopf nicht, aber sie lehnt sich mit dem ganzen Körper an Horace' Arm; ihr Kopf ruht in seiner Ellbogenbeuge. Horace legt seine andere Hand sanft auf ihren Kopf und streichelt ihr Haar, als wäre er ihr Vater und nicht Doc.

«Es wird schon wieder», sagt Horace mit derselben Stimme, mit der er zu Robin spricht. Eine so warme und beruhigende Stimme, daß man am liebsten hineinkriechen und nie wieder herauskommen möchte. «Es wird schon wieder werden.»

Mama hebt den Kopf und sieht ihn an. Ihr Gesicht ist tränenüberströmt.

«Nein!» Sie schreit ihn fast an, aber Horace scheint es ihr nicht übelzunehmen. «Es wird nicht wieder, Horace. Es wird niemals wieder gut werden.»

Horace nimmt ihre Hand in seine beiden Hände. Er sagt nichts, hält nur sehr lange ihre Hand.

Daddy macht den Motor wieder an, und Horace tritt einen Schritt zurück. Jetzt, wo Horace sie losgelassen hat, weint Mama noch viel lauter, lauter als das Geräusch des Motors, laut genug, um Polly aufzuwecken. Polly sieht mich erstaunt an. Sie stößt mir den Ellbogen in die Seite. Ich soll ihr sagen, was los ist.

«Ich weiß nicht, was los ist. Ehrlich nicht», flüstere ich.

Es stimmt. Ich kriege es einfach nicht raus. Ich habe nie zuvor gesehen, daß Horace meine Mutter so im Arm hält, als wäre sie ein ängstliches kleines Mädchen, und ich kann einfach nicht glauben, daß sie ihn so angefaucht hat.

«Was ist denn los, Mama?» Polly beugt sich nach vorn und zupft sanft am Kragen von Mamas Bluse. Polly ist sehr groß und damenhaft. Sie ist größer als meine Mutter, weil sie Giraffenbeine hat. Sie kann mit Mama reden wie eine erwachsene Freundin.

«Nichts, mein Schatz», sagt Mama mit müder, erschöpfter Stimme. «Abschiednehmen ist immer schwer. Das weißt du doch. Schlaf weiter. Du auch, Jackie.»

Polly lehnt sich wieder zurück, zuckt die Schultern und tut, was Mama ihr gesagt hat. Sie schläft weiter. Ich schließe die Augen, damit Mama denkt, ich schlafe, denn das will sie ja. Aber ich tue nur so. Ich hoffe, daß sie mit meinem Vater redet und ich endlich herausfinde, was eigentlich los ist.

Aber sie reden nicht. Sie sagen kein Wort. Ich höre nur Robin, der vor sich hin summt. Ich öffne die Augen und drehe mich um. Da sitzt er, die Nase an die hintere Scheibe gedrückt, und seine Stirn hinterläßt Schweißflecken auf dem Glas. Sein Summen klingt quietschig; er unterbricht sich immer wieder und fängt von vorn an. Er hört sich an wie eine Schallplatte, die einen Sprung hat.

Mama hat die Augen zu. Außer Daddy und Robin und mir schlafen alle. Robin hat sein Radio so laut gedreht, daß ich es durch die Kopfhörer mitbekomme. Er sieht immer noch zum hinteren Fenster hinaus, aber jetzt hält er ein Stück blaue Plastikfolie dagegen.

Ich winde mich in meinem Sitz, um hindurchzusehen. Die Folie ist so groß, daß auch ich alles hinter uns in verschiedenen Blautönen sehen kann – die ganzen Autos, die Bäume, die Straße. Blau bringt Robin immer zum Lachen, so wie jetzt auch.

«Daddy, warum sieht Robin so gern nach hinten?»

Ich hebe meine Robin-Fragen immer so lange auf, bis ich mit Daddy allein bin. Er beobachtet mich im Rückspiegel, und ich sehe ihm in die Augen. Sie sind von einem dunkleren Blau als die von Robin.

«Ich weiß es nicht genau, Knöpfchen», sagt Daddy. «Ich glaube, es liegt daran, daß er sich gerne ansieht, wo er schon gewesen ist.»

«Aber macht es nicht viel mehr Spaß, nach vorne zu sehen? Warum sieht Robin nicht dahin, wo er jetzt hingeht und wo es neue Dinge gibt?»

Daddy kratzt sich im Nacken. Das tut er immer, wenn er angestrengt nachdenkt.

«Weißt du, Knöpfchen, manchmal – für manche Menschen – ist es einfacher, zurückzuschauen, als nach vorne zu blicken.»

Er spricht langsam und sorgfältig, als wüßte er, daß ich Zeit brauche, um die einzelnen Wörter in meinen Kopf sinken zu lassen, weil der Gedanke für mich schwer zu verstehen ist, fast so schwer wie eine Rechenaufgabe.

«Aber warum?»

Daddy seufzt und sieht im Spiegel an mir vorbei, auf Robins Hinterkopf, der auf und ab wippt. «Vielleicht, weil wir niemals sicher sind, was auf uns zukommen wird, aber wir wissen, was wir hinter uns haben. Nicht zu wissen, was vor einem liegt, ist für manche Menschen sehr beängstigend.»

«Aber woher wissen sie denn, was kommt, wenn sie in die falsche Richtung sehen?»

«Weißt du, manchmal hat man so ein Gefühl, daß es nichts Gutes sein kann, also sieht man nicht hin. Man hat einfach zuviel Angst.»

Ich möchte das wirklich gern verstehen, also versuche ich mich daran zu erinnern, wann ich die meiste Angst hatte.

«Meinst du so, wie wenn in einem Film die schreckliche Musik kommt und ich mir die Augen zuhalte, weil ich Angst hab, daß dann Monster und Särge und so kommen?»

«Genau.»

Plötzlich schreit meine Mutter auf, als hätte sie einen Alptraum. Sie richtet sich kerzengerade auf. «Du lieber Gott, Aub», sagt sie. «So hat Dr. Kanner es genannt. Einen Sarg für Lebende! So hat er Rosewood genannt!»

Mein Vater rollt kurz mit den Augen und gibt mir damit ein Zeichen, daß ich jetzt lieber still sein und keine weiteren Fragen mehr stellen soll. Mama weint wieder. Und irgendwie, ich weiß aber auch nicht genau warum, ist es diesmal ganz allein meine Schuld.

Ich hole unter dem Sitz eine Schachtel mit Buntstiften und mein neues Schneewittchen-Malbuch hervor. Ich fange mit den Blüten im Blumenkasten am Fenster der Zwerge an. Ich suche ganz viele leuchtende Farben heraus. Pink. Rosenpink. Rosewood. Es klingt wie ein wunderbarer Ort, wie ein Garten voller Rosen. Ich stelle mir vor, daß der Boden ganz mit Blütenblättern in allen Farben bedeckt ist, ein Regenbogenteppich.

Ich sortiere die Stifte nach Farben. Zuerst zähle ich all die blauen Stifte. In der Schachtel sind elf verschiedene blaue Buntstifte, mehr als von jeder anderen Farbe. Ich betrachte mir einen nach dem anderen, um mein Lieblingsblau, Rotkehlcheneierblau, zu finden.

~ 16 ~

Am nächsten Morgen sieht mein Vater mir direkt in die Augen.

«Ich hatte völlig vergessen, wie dunkel das Blau deiner Augen ist», sagt er. «Richtiges Marineblau, wie das Meer an einem wolkigen Tag.»

«Dad, das ist nicht meine normale Augenfarbe. Das rechte Auge, mein schlechtes, ist dunkler, weil die Pupille so groß ist.»

«Du hattest schon immer dunkle Augen.» Dad zuckt die Schultern. «Diese Ärzte kennen dich nicht so gut wie ich. Deine Augen sehen für mich beide gleich aus: groß und dunkel und voller ernster Gedanken.»

«Ach, Daddy. Was weißt du schon? Du bist mein Vater. Du siehst mich so, wie ein Vater seine Tochter immer sieht. Du hast mich sogar mit zwölf hübsch gefunden, als ich schiefe Zähne und eine unmögliche Brille hatte und aussah, als sollte man mich besser an die Leine legen.»

«Das stimmt nicht. Mit zwölf warst du ein hübsches Mädchen», lügt er.

Wir steigen ins Auto und machen uns auf den Weg zum nächsten Spezialisten. Einem Netzhautspezialisten in Beverly Hills. Der Sehnerv verbindet die Netzhaut und das Gehirn miteinander. Wenn also mit der Verbindung etwas nicht stimmt, wollen die Ärzte gern die Möglichkeit ausschließen, daß die beiden «Verbundenen» ebenfalls betroffen sind.

«Dad, nimm die Küstenstraße statt der Schnellstraße. Wir haben Zeit genug. Fahr hier links, und an der nächsten Ampel rechts. Ist sie rot?»

Mein Vater nimmt meine Hand und hält sie fest. «Ja,

Knöpfchen, sie ist rot.» Seine Hände können meine kalten in Sekundenschnelle wärmen, genau wie Kennys. «Dein Onkel Alan ist rot-grün-blind und hatte nie Probleme beim Autofahren», sagt er.

«Wirklich nicht?»

«Nein. Er hat es mir gestern erzählt. Ich soll dir sagen, du sollst dich auf die Position des Lichtes konzentrieren statt auf die Farbe. Er hat eine Eselsbrücke: Oben Licht – fahre nicht. Unten hell – fahr ganz schnell.»

Ich wiederhole den Vers und muß lachen.

«Du weißt doch, er stammt von der Seite deiner Mutter ab. Er hat das Dichten der Nashs nicht geerbt.» Dad stimmt in mein Gelächter ein.

«Nein, das hat er wirklich nicht.» Dann fällt mir etwas ein, was ich Dad fragen wollte, etwas über Familie und Gene.

«Daddy, ich habe ein paarmal von Doc und Virginia und Robin geträumt, und da habe ich mich gefragt –»

«Ach, dazu fällt mir was ein, Knöpfchen. Wenn du gerade deinen Großvater erwähnst – ich habe auch an ihn gedacht. Doc wurde 1941 am Grauen Star operiert. Damals war die Entfernung der Linsen noch ein primitiver Eingriff, und –»

«Dad, ich habe keinen Grauen Star. Es ist ein neurologisches Problem», fauche ich. Ich bin ärgerlich, weil er mich unterbrochen hat, als ich Robin erwähnte. Das tut er immer. Es ist unmöglich, einen Satz zu beenden, in dem der Name meines Bruders vorkommt.

«Ich wollte auf etwas anderes hinaus», beharrt Dad. «Worum es mir geht, ist, daß Doc noch Jahre nach seiner eigenen Operation im OP gestanden hat, und niemand hätte vorher geglaubt, daß er diese Art von Operationen, bei der man ein Auge für winzige Details haben muß, jemals wieder würde durchführen können.»

«Und wie hat er das geschafft?»

«Er hat sich selbst eine Beschäftigungstherapie für seine Augen verordnet. Er hat sie im Sommer unten in Virginia durchgeführt. Er hat Stunden damit verbracht, Holzpuzzles mit tausend Teilen zusammenzusetzen, um wieder einen Blick für Farbe und Form zu bekommen, und um seine Hand-Auge-Koordination zu verbessern, hat er Krebse gefangen.»

Das erklärt, warum überall im Haus Puzzles lagen und warum unsere Ausbeute beim Krebsfangen nie besonders groß war.

«Doc glaubte an das Gesetz der Kompensation, nämlich daß ein Teil des Sehvermögens den Verlust eines anderen Teils kompensiert, so wie bei einer kranken Lunge die gesunden Teile größer werden, um den geschädigten Teil zu ersetzen. Wenn noch irgend etwas übrig ist, mit dem man arbeiten kann, ist das möglich.»

«Doc war ein Genie. Er konnte alles erreichen, was er sich vorgenommen hatte.»

«Das kannst du auch», sagt er.

«Das sagst du nur, weil du mein Vater bist. Aber ich weiß es besser. Mein Gehirn wird nicht stärker, wenn ich krank bin, es wird zu Mus. Du hättest mich in der Praxis dieses Neurologen sehen sollen. Er brauchte nur die Möglichkeit zu erwähnen, daß meine Beine versagen könnten, und schon gaben sie unter mir nach. Ich bin so weich wie Wasser.»

«Wasser ist nicht weich. Wasser ist hart. Es kann durch seine beständige Kraft Land abtragen und es zerstören.»

«Tut mir leid, aber ich kenne mich besser. Ich kann nicht so stark sein, schon gar nicht, wenn ich Angst habe. So wie jetzt – ich fürchte, daß meine Netzhaut sich sofort auflöst, wenn der Arzt auch nur ein Wort über sie verliert.»

«Das ist doch lächerlich. Du steigerst dich da in etwas hinein. Hör auf damit. Dieser Arzt wird nichts an deiner

Netzhaut entdecken. Und danach brauchst du keine Angst mehr zu haben.»

«Hör du auf damit, Dad. Es gibt immer etwas, wovor man sich fürchten muß, und das weißt du.»

«Nur wenn man eine überschäumende Phantasie hat.»

«Ich hatte schon immer eine überschäumende Phantasie.»

«Gut, aber dann nimm sie wenigstens nicht mit zum Arzt.» Er fährt den Wagen auf den Parkplatz.

Sobald wir zur Tür hereinkommen, stürmt uns eine Krankenschwester entgegen und sagt, daß sie mich gleich für die Injektion vorbereiten muß.

«Was für eine Injektion?» Die Panik in meiner Stimme ist nicht zu überhören. «Wozu ist das nötig?»

«Das ist die beste Möglichkeit, Ihre Netzhaut zu untersuchen. Sie bekommen einen Farbstoff in den Arm injiziert, der die Blutgefäße in den Augen sichtbar macht. Nur eine ganz normale intravenöse Injektion.»

Sie führt mich den Flur entlang und zeigt auf einen dieser Stühle, die anscheinend in allen Labors stehen. Es ist ein Stuhl mit integriertem Arbeitstisch, wie im Hörsaal. Nur daß statt eines Heftes mein Arm auf dem Tisch liegt.

«Klasse Venen», murmelt die Krankenschwester und klopft mit einem langen Fingernagel meine Ellbogenbeuge ab. «So müßte jeder Tag anfangen.» Sie lacht leise vor sich hin.

Ich sehe ihr ins Gesicht, um festzustellen, ob das ironisch gemeint ist.

«Meinen Sie das ernst? Die meisten Krankenschwestern sind entsetzt über meine Venen.»

«Schätzchen, haben Sie sich mal im Wartezimmer umgesehen? Da sitzt niemand unter Siebzig. Das ist so das Alter, wenn die Netzhaut ihren Geist aufgibt. Ihre Venen sind jung, Mädchen! Da brauche ich nur einmal zu stechen. Na bitte! Volltreffer.»

Ich habe den Einstich kaum gespürt. Als ich hinsehe, läuft die Flüssigkeit schon in meinen Arm. Mir wird plötzlich ganz warm, als würde das Zeug in meinem Blut zu kochen anfangen.

«Ihnen wird schon heiß», sagt sie beiläufig.

«Ich brenne.»

«Gut – dann wollen wir Sie mal zur Untersuchung bringen, solange Sie noch kochen.»

Sie eilt mit mir in einen anderen Raum. Er sieht aus wie jedes x-beliebige Sprechzimmer eines Augenarztes. Ich setze mich und lege automatisch das Kinn auf die Stütze. Ich schließe die Augen, und als ich sie wieder öffne, sehe ich direkt in ein anderes Auge. Dunkelbraun, mit üppigen, femininen Wimpern, deren Spitzen sich nach oben schwingen.

«Es tut mir leid, wenn ich Sie erschreckt habe», sagt er. «Wir müssen uns beeilen. Der Farbstoff ist so stark, daß wir Ihnen keine langanhaltende Dosis geben können. Öffnen Sie die Augen so weit wie möglich und blinzeln Sie nicht.»

Er leuchtet mir ins rechte Auge. Ich habe erwartet, daß es weh tut, aber ich spüre nichts. Dann wendet er sich dem linken Auge zu, das sich sofort mit Tränen füllt.

«Das rechte Auge ist mein Problem», schnüffele ich.

«Ja, das hat man mir gesagt.»

Er sieht weiter in mein linkes Auge. Tränen strömen mir über die Wangen, laufen mir am Hals entlang, jukken und brennen auf der Haut. Ich rutsche auf dem Stuhl herum.

«Es tut mir leid, nur noch ein paar Sekunden. Ehrenwort.»

Er dreht den Kopf zur Seite, erst zur einen, dann zur anderen. Soviel Zeit hat er sich für mein rechtes Auge nicht genommen.

«Sind Sie mit dem Taxi gekommen?»

«Was?» Wieso nimmt er an, ich könnte nicht selbst gefahren sein? Ich habe mich schon danach erkundigt, welche Mindestanforderungen an meine Sehkraft gestellt werden, wenn ich weiter Auto fahren will. Selbst wenn meine Sehkraft rechts nicht zurückkehrt, dürfte ich meinen Führerschein behalten. Und das ist in Los Angeles überlebenswichtig.

«Ich muß wissen, ob Sie in Begleitung sind. Ob jemand bei Ihnen ist, der Sie fahren kann.»

Das muß bei seinem Beruf eine Routinefrage sein. Die meisten seiner Patienten sehen ihn nicht so gut wie ich. Aber seine Frage kommt zu drängend. Er redet bestimmt nicht von meinem Heimweg.

«Mein Vater ist mitgekommen», erwidere ich und bin unendlich dankbar dafür. «Er sitzt im Wartezimmer.»

«Wie heißt er? Ich möchte gern mit ihm reden.» Er macht das Licht aus und reicht mir ein Taschentuch.

«Mr. Gorman. Wir haben denselben Namen.»

«Die Schwester wird ihn hereinholen. Sie entspannen sich jetzt ein bißchen. Das Hitzegefühl wird bald nachlassen. Sie scheinen allergisch auf den Farbstoff zu reagieren. Das ist nicht ungewöhnlich, und es dauert eine Weile, bis das wieder weggeht. Sollten Sie noch Probleme haben, wenn Sie heute abend nach Hause kommen, nehmen Sie ein Antihistaminikum.»

Wenn Sie heute abend nach Hause kommen? Es ist immer noch Vormittag. Wohin sollte ich denn noch gehen, bevor wir nach Hause fahren?

Draußen im Flur höre ich die Stimmen meines Vaters und des Arztes.

Ich möchte aufstehen, die Tür aufreißen und ihnen sagen, sie sollen aufhören, über mich zu reden, aber meine Haut brennt immer noch wie Feuer. Dieses Hitzegefühl ist wie glühende Lava, die unter jeden Quadratzentimeter meiner Haut kriecht. Ich berühre mit dem Finger meine

Wange, und sie fühlt sich an wie eine topographische Karte. Ausschlag. Nur einmal zuvor in meinem Leben hatte ich Ausschlag, und zwar an meinem Hochzeitstag. Ich versuche herauszufinden, was das alles zu bedeuten hat, als sich die Tür mit einem Quietschen öffnet.

Ich hebe den Kopf. Durch einen Tränenflor erkenne ich, daß mein Vater auf mich zukommt.

«Was ist hier eigentlich los, Dad?»

«Was ist mit deinem Gesicht passiert?»

«Allergische Reaktion auf den Farbstoff. Was hat der Arzt gesagt?»

«Die Schwester kam raus und rief mich auf, und dann sagte sie doch, der Doktor wolle mit mir über meine Frau sprechen! Das hat mich umgehauen. Sie hat gedacht, du wärst meine zweite Frau! So was passiert einem auch bloß in Los Angeles. Übrigens weiß ich jetzt, wo all die alten Leute sind, die sie aus Manhattan Beach vertreiben. Die sitzen draußen im Wartezimmer. Sieht aus wie eine Versammlung der Grauen Panther.»

«Dad, bitte!»

«Was denn?»

«Du hast meine Frage nicht beantwortet. Was hat der Arzt gesagt?»

Er seufzt.

«Du weißt doch, wie Ärzte sind. Mit deiner Netzhaut ist alles in Ordnung, also schickt er dich zum nächsten Arzt. Zu irgendeinem an der Uni.»

«Aber warum? Wonach suchen sie denn jetzt?»

Dad klingt, als hätte er einen Frosch im Hals. Ich kenne dieses Warnsignal. So hört er sich nur an, wenn er ganz besonders aufgewühlt ist. Er sagt mir nicht die ganze Wahrheit. Der Rest – was er mir sagen sollte, aber nicht über die Lippen bringt –, diese unausgesprochenen Worte stecken in seiner Kehle fest.

«Dad? Sagst du mir jetzt endlich, was eigentlich los ist?»

«Wir müssen uns sofort auf den Weg machen, Knöpfchen», erwidert er. «Dieser andere Arzt ist völlig ausgebucht, und wenn wir nicht in einer halben Stunde dort sind, ist er weg. Wir müssen über vier verschiedene Schnellstraßen, um dorthin zu kommen. Vier Schnellstraßen! Und niemand in dieser Praxis weiß, wie man die Namen der Ausfahrten schreibt oder ausspricht. Ist das zu glauben?»

Das andere Warnsignal ist, wenn er anfängt, über so banale Dinge wie Wegbeschreibungen oder das Wetter zu reden, als wären es die aufregendsten Themen der Welt. Er zieht alle Register der Verschleierungstaktik.

Er nimmt meinen Arm und zieht mich aus der Praxis; sein Griff ist fest und bestimmt. Wir steigen ins Auto und fahren zur nächsten Auffahrt der Schnellstraße; die Reifen quietschen wie bei einem Autorennen. Heute morgen hat er Kennys Wagen noch vorsichtig gefahren. Jetzt fährt er wie ein Wahnsinniger und ignoriert sämtliche Verkehrszeichen.

«Dad, fahr langsamer, sonst hält die Polizei dich an und verpaßt uns einen Strafzettel.»

«Das wäre gar nicht so schlecht», sagt er. Sein Atem geht schwer. «Vielleicht können sie mir dabei gleich den Weg erklären.»

Etliche Schnellstraßen später halten wir vor einem hohen weißen Gebäude.

«Ist das die Doheny-Klinik?»

«Ja», sagt die Parkplatzwächterin. «Haben Sie einen Termin? Sie können hier nur parken, wenn mir der Termin bestätigt wird.»

«Es ist ein Notfall», sagt mein Vater. «Er hat gesagt, er nimmt uns dran, sobald wir hier sind.» Dad gibt ihr eine weiße Visitenkarte.

«Dann beeilen Sie sich», sagt sie. «Parken Sie auf dem Behindertenparkplatz.»

«Wieso ein Notfall, Dad?» frage ich, als wir in den Aufzug steigen.

«Ach, weißt du... das habe ich nur so gesagt, um einen guten Parkplatz zu bekommen.»

«Was ist das für ein Arzt, zu dem wir jetzt gehen?»

«Es ist ein echter Spezialist», sagt Dad. Seine Fußspitze wippt nervös, während der Aufzug in den obersten Stock fährt, wo all diese Halbgötter in Weiß ihre Sprechzimmer haben. «Er behandelt nur ganz spezielle Fälle, die von anderen Spezialisten an ihn überwiesen werden. Du kannst von Glück sagen, daß er heute für dich Zeit hat.»

«Ich bin aber gar nicht so glücklich.»

Dad sagt nichts dazu, aber seine Fußspitze wippt schneller und lauter.

Die Aufzugtüren öffnen sich, und jemand brüllt: «Gorman?» Das Wartezimmer ist so groß wie ein kleiner Hörsaal und in mindestens fünf separate Bereiche eingeteilt. Alle, die hier sitzen, haben graue Haare. Die meisten tragen dunkle Brillen, sehr dunkle Brillen; zu dunkel, um noch irgend etwas zu sehen. Die Art von Brillen, wie nur Blinde sie tragen.

«Gorman? Ist Gorman schon da?» tönt die Stimme durch den Raum.

«Hier!» rufen mein Vater und ich gleichzeitig.

Die Krankenschwester nimmt meinen Arm und zerrt mich durch eine Tür. Woher wußte sie, daß ich die Patientin bin und nicht Dad?

«Es steht Ihnen ins Gesicht geschrieben», sagt sie, als ich nachfrage. «Von dem Farbstoff sieht Ihr Gesicht aus, als würden dicke Erdbeeren darauf wachsen. Ich werde Ihnen jetzt Tropfen in beide Augen machen. Das ist ein bißchen unangenehm. Halten Sie jetzt bitte still und lehnen Sie sich zurück.»

Mein rechtes Auge wird von Schmerz überschwemmt, als hätte sie Säure hineingegossen. Instinktiv will ich ihren

Arm beiseite stoßen, damit sie es bei dem anderen Auge nicht wiederholen kann. Aber sie ist schneller. Ihre eiskalte Hand packt mich im Genick, und schon habe ich die Tropfen im anderen Auge.

«Aufhören!» schreie ich.

«Was ist denn los? Was ist passiert?»

Das ist Dads Stimme, aber als ich mich zu ihm umdrehe, kann ich ihn nicht sehen. Ich kann überhaupt nichts mehr sehen.

«Was haben Sie mit ihr gemacht?»

«Es sind nur die Tropfen. Es geht ihr gut. Der Doktor kommt gleich. Die Patientin soll sich ruhig verhalten.»

Diese Anweisung ist völlig überflüssig. Wie sollte ich aufstehen und irgendwo hingehen, wenn ich nichts sehen kann? Ich klammere mich an die Sessellehne. Ich habe die Orientierung verloren. Ich beuge mich nach vorn und stoße mit der Stirn hart gegen scharfes Metall. Ich fahre erschrocken zurück.

Die Tür öffnet sich mit einem Geräusch. Jemand berührt meine Stirn.

«Es tut mir leid», sagt die Stimme. Es ist eine angenehme Stimme mit einem leichten britischen Akzent. «Ich sehe, Sie haben sich weh getan. Dieses Gerät dürfte wirklich nicht so dicht vor Ihnen stehen.»

Ein weiches Tuch wird an meine Stirn gedrückt. Ich taste danach und berühre statt dessen eine Hand. Unsere Hände verharren einen Moment in dieser merkwürdigen Position, als wären wir Freunde, die sich zum ersten Mal umarmen und nicht wissen, wann sie sich aus der Umarmung lösen sollen. Sanft zieht er seine Hand unter meiner hervor und tätschelt sie.

«Behalten Sie mein Taschentuch so lange, wie Sie es brauchen. Ihre Stirn blutet nicht mehr. Es ist nur ein kleiner Kratzer.»

«Danke.»

Ich weiß nicht, wofür ich ihm eigentlich danke. Aber etwas an seiner Art, an seinem ruhigen Ton, bringt meine guten Manieren wieder zum Vorschein. Der Ringkampf mit der Krankenschwester ist mir jetzt peinlich.

«Keine Ursache. Ich werde jetzt Ihre Augen untersuchen. Bitte halten Sie ganz still. Ich sage Ihnen, wenn Sie sich wieder bewegen dürfen.»

«Ist gut», sage ich. «Ich habe meine Lektion gelernt.»

Ich höre ein klickendes Geräusch, als würde eine Safetür geöffnet. Meine Augen brennen immer noch, aber es ist erträglich. Ich versuche, das Taschentuch auf das Auge zu legen, das er nicht zu untersuchen braucht.

«Bitte halten Sie still.»

«Tut mir leid. Ich versuch's.»

«Vielen Dank für Ihre Geduld», sagt er. «Ich weiß, daß es ein langer Tag für Sie war. So, jetzt sehe ich mir das andere Auge an, und dann unterhalten wir uns.»

Das Brennen hat so plötzlich aufgehört, wie es angefangen hat, aber ich sehe nichts weiter als Dunkelheit. Meine Augen fühlen sich kalt und taub an, als hätten sie auf Eis gelegen. Ich halte den Atem an und versuche, mich nicht zu bewegen. Ich kann ihn zwar nicht sehen, aber ich weiß, daß er keine Armlänge entfernt ist, denn er hält mein Kinn mit den Fingern hoch. Ein merkwürdiges Gefühl, als wäre ich eine Marionette in seinen Händen.

«In Ordnung. Alles erledigt. Jetzt lehnen Sie sich zurück und versuchen Sie, sich etwas zu entspannen.»

Ich höre das Geräusch von Rollen auf Linoleum und weiß, daß er seinen Stuhl von mir weggeschoben hat. Die Luft vor meinem Gesicht ist kälter, leer. Ich fühle mich irgendwie abgeschnitten.

«Was hat sie, Doktor?» Dads Stimme.

«Ich brauche erst noch ein paar Informationen von der Patientin. Nur noch ein paar Fragen. Und dann unterhalten wir uns.»

Seine Hand liegt jetzt auf meinem Handgelenk, mit leichtem, aber konstantem Druck. Ich habe wieder eine Verbindung.

«Jackie, nehmen Sie sich bitte genug Zeit zum Überlegen und erinnern Sie sich an die letzten Tage», sagt der Spezialist langsam. «Wann haben Sie zum ersten Mal bemerkt, daß Ihr linkes Auge die Farbe Rot verliert?»

Mit einem Mal ist mir speiübel. Ich halte das Taschentuch vor den Mund. Mein linkes Auge? Mein gutes Auge?

Aber es stimmt. Die beigefarbenen Ampeln auf dem Weg zum Neurologen. Warum habe ich nicht begriffen, was das bedeutet?

«Erst vorgestern. Glaube ich wenigstens. Aber das kann nicht sein. Es kann doch nicht sein, daß...» Es ist einfach zuviel für mich.

«Doch», sagt er leise. «Es tut mir leid, aber es stimmt. Bei Ihrem linken Auge tritt dasselbe Problem auf wie bei dem rechten. Beide Sehnerven versagen den Dienst.»

«Daddy?» rufe ich in die graue Leere, als wäre mein Vater in einem Nebel gefangen, der sich plötzlich zwischen uns geschoben hat. «Hast du das gehört?»

«Jackie, es tut mir so leid», sagt er mit der Stimme eines alten Mannes, gebeugt und müde. «Sie haben es mir schon in der anderen Praxis gesagt. Ich wußte nicht, wie ich dir das im Auto beibringen sollte, und ich habe wohl auch gehofft, daß sie sich irren.»

«Aber so etwas kommt doch nicht bei beiden Augen vor!» protestiere ich. «Der erste Augenarzt hat doch ganz deutlich gesagt, daß er noch keinen Fall gesehen hat, bei dem beide Augen gleichzeitig betroffen waren. Das hat er mir gesagt!»

«Tatsächlich ist es so, daß eine beidseitige Sehnervenentzündung in diesem Ausmaß ausgesprochen selten vorkommt», sagt der Spezialist. «Ich bin sicher, dieser andere Arzt hat Ihnen die Wahrheit gesagt, daß er nämlich noch keinen Fall gesehen hat. Selbst mir sind in meiner Laufbahn nur wenige Fälle untergekommen. Zehn vielleicht, und bei keinem ging die Sehkraft so schnell verloren.»

«Wie schnell?» platze ich heraus. «Ist alles – ist schon das ganze Sehvermögen weg?»

«Nein, das glaube ich nicht», sagt er beruhigend. «Bitte lassen Sie uns die Ruhe bewahren.»

Seine Hand liegt die ganze Zeit auf meinem Handgelenk, bewegungslos, mit gleichmäßigem, sanftem Druck. Jetzt spüre ich, wie seine Finger an der Innenseite nach meinem Puls tasten. Diese kleine Bewegung geht mir unter die Haut. Die Hand, die da meinen steigenden Puls mißt, ist eine erfahrene Hand.

Ich weiß noch nicht, worauf er spezialisiert ist. Ich kenne die genaue Bezeichnung nicht. Aber eines ist mir klar: Dieser Arzt hat schon unzählige Male mit Patienten in ihrer dunkelsten Stunde – und das meine ich wörtlich – in diesem Raum gesessen. Ich habe es schon gespürt, als ich die anderen Patienten im Wartezimmer sah. Das scheint jetzt Jahre her zu sein. Aber nun weiß ich es. Er ist spezialisiert auf Augenerkrankungen, die rasch zur völligen Erblindung führen.

Er ist ein Augenarzt wie mein Großvater, die Sorte, die auftaucht, wenn der Patient aus der Welt der Sehenden in die Dunkelheit stürzt. Er stellt sich zwischen den Patienten und diesen beängstigenden Sturz, wie Eltern instinktiv die Hand auf eine scharfe Tischkante legen, damit ihr Kind sich nicht daran verletzt.

So sehe ich ihn, den Spezialisten. Meine einzige Möglichkeit, nicht hysterisch zu werden, ist, ihm ein vertrautes Gesicht zu geben, ein freundliches, liebevolles Gesicht für diesen Fremden, der mich in meiner schlimmsten Verfassung erlebt. Ich muß mir im Geist ein Bild von ihm machen. Ich kann es nicht ertragen, daß er kein Gesicht hat, nur eine körperlose Stimme. Ich gebe ihm das Gesicht meines Großvaters, der so oft in meinen Träumen vorkommt. Jetzt kann ich die Augen schließen.

«Jackie», sagt er nach einem langen Moment des Schweigens. «Ich weiß, daß das hart für Sie ist. Und es wird von jetzt an noch viel, viel härter werden. Aber ich glaube fest daran, daß es nach einer gewissen Zeit auch wieder besser wird.»

Nach seinen Worten herrscht Stille, respektvolle Stille, wie nach dem Gebet des Pfarrers in der Kirche. Der Augenblick, in dem die Menschen den Kopf gesenkt halten, die Augen fest zumachen und ihre eigenen, ganz persönlichen Gebete sprechen.

Bitte laß mich Kelseys Gesicht wieder sehen. Bitte laß mich sehen, wie sie aufwächst, wie sich ihre Gesichtszüge von Jahr zu Jahr verändern.

Der Spezialist hat die Finger immer noch an meinem Puls, und vor meinem geistigen Auge sehe ich ihn, eine jüngere Ausgabe meines Großvaters, der sich auf den Sekundenzeiger seiner Uhr konzentriert, die Schläge zählt. Mein Vater hält meine andere Hand in beiden Händen.

Er räuspert sich. «Doktor, können Sie uns sagen, wieviel von ihrem Sehvermögen sie auf dem anderen Auge verlieren wird?»

Er will Prozentzahlen, genau wie Kenny.

«Zur Zeit ist es kaum möglich, das Sehvermögen zu testen, weil die Tropfen wie ein Wolkenschleier wirken», erwidert der Spezialist und nimmt seine Hand weg. «Ich kann Ihnen im Augenblick also nicht mehr sagen. Ich werde sie in ein paar Tagen noch einmal untersuchen, und dann wissen wir mehr.»

Wolkenschleier... Beide Augen sind gleich, dunkelblau, marineblau, wie das Meer an einem wolkigen Tag.

Ich habe Wolken schon immer geliebt, wie alle Kinder,

aber seit ich in den Süden Kaliforniens gezogen bin, liebe ich sie noch mehr, weil sie so selten an unserem gnadenlos blauen Himmel auftauchen. Ich denke an meinen ersten Solofallschirmsprung, an die Momente nach dem freien Fall, nachdem der Schirm sich geöffnet hatte und ich zur Erde schwebte. Worüber ich staunte, was mich schockierte, war die Stille, tiefste Stille, von keinem Geräusch unterbrochen, nicht von Mensch, Maschine oder Natur.

Es war diese Stille, die mich immer und immer wieder aus dem Flugzeug springen ließ; die sagenhafte Qualität des Sehens und Fühlens, ohne hören zu müssen. Ich wollte diese Stille besitzen, sie zusammenschrumpfen lassen und mitnehmen, um sie später wie einen zusammengefalteten Poncho herauszuholen und mich darin einzuhüllen, mich darin zurückzuziehen, wann immer ich es brauchte.

Als ich mich dem Boden näherte, schwebte ich in eine Wolke hinein. Das ging ganz glatt, war nicht holprig wie Turbulenzen auf einem Flug. Sie fühlte sich kalt an auf meinem Gesicht, aber nicht feucht.

Trotz des geblähten Fallschirms kam ich rasch herunter, doch die Wolke war schneller. Ihr pulvertrockener Nebel legte sich auf meine Haut. Diese graue Wolke, gleichgültig, ohne Zentrum und Substanz, staubte sich an mir ab. Ich flog nicht durch die Wolke hindurch; die Wolke flog durch mich hindurch wie ein Geist durch eine geschlossene Tür, mit derselben grauenerregenden Wirkung. Danach bin ich nie wieder Fallschirm gesprungen.

«Die durch die Chemikalien ausgelöste Trübung müßte innerhalb der nächsten Stunde verschwinden», sagt der Spezialist. «Sie müssen sich aber darüber im klaren sein, daß Ihr linker Sehnerv rasch anschwillt und Sie Ihr Sehvermögen nur vorübergehend wiedererlangen werden.»

«Was heißt vorübergehend? Wieviel Zeit habe ich noch?»

«Über den Zeitrahmen möchte ich lieber keine Vermutungen anstellen», weicht er aus.

Er weiß es besser und ich auch.

Wie viele Stunden oder Minuten mir mein Sehvermögen auch noch erhalten bleiben mag – es wird niemals genügen.

Zuerst auf Wiedersehen

~ 17 ~

Auf dem Heimweg verfahren wir uns in der Dunkelheit. Dad liest mir die Ortsnamen auf den Schildern vor, aber keiner davon kommt mir bekannt vor. Mit dem Autotelefon erreicht er Kenny, und dem gelingt es irgendwie, uns nach Manhattan Beach zurückzulotsen. Mein linkes Auge ist auf meinen Vater fixiert. Wenn die Wirkung der Tropfen nachläßt, soll es sein Gesicht sein, das ich als erstes sehe – nicht den schwarzen Tunnel, der vor uns liegt.

Aber es ist dann doch Kenny, den ich zuerst sehe. Er öffnet die Wagentür. Ich schaue in sein Gesicht. Ich muß ihn direkt ansehen, weil ich nur noch wie durch ein Teleskop sehen kann, aber ich erkenne sein Gesicht noch!

Während des Abendessens sitze ich nur da und starre das Essen an, statt es zu mir zu nehmen. Dann betrachte ich die Gesichter um mich herum, Dad, Kenny und Kelsey, starre sie so lange an, bis sie meinem Blick ausweichen, als würde ich sie damit verbrennen. Aber ich kann nicht anders, ich muß sie ansehen.

Später fixiere ich Kelseys zartes Profil, präge mir ihren Anblick ein, beobachte sie beim Schlafen. Ich streife durch das Haus, gehe zwischendurch immer wieder in ihr Zimmer, atme ihren Anblick ein wie Sauerstoff, kann nicht genug davon bekommen. Ich brauche die Lieblingsfotos meines ganzen Lebens. Verzweifelt suche ich danach. Ich kann jetzt nicht schlafen gehen. Wie könnte ich meine Augen schließen, solange ich noch etwas sehen kann?

Ich gehe durchs Haus, stolpere über Spielsachen, über den Hund, über alles, was mir vor die Füße kommt. Mein Gesichtsfeld wird enger – die Seitenränder waren heute morgen schon verschwunden, der obere und untere sind jetzt weg –, und was noch übrig ist, wird immer dunkler. Ich streife mit den Händen an der Wand entlang und schalte alle Lampen an, aber auch sie können die dunkle, schrumpfende Teleskoplinse in meinem linken Auge nicht erhellen.

Ich sammle all die Bilder ein, die ich finden kann, die gerahmten auf Regalen und Schreibtischen und alle Fotoalben. Ich öffne Schubladen und suche alte Fotos, die bisher noch nicht in die Alben geklebt wurden, und hole die Jahrbücher meiner Schule aus dem Regal. Ich breite alles im Wohnzimmer um mich herum aus.

Zwischen all diesen Bildern zu knien ist mir ein Trost. Das ist für mich wie eine letzte Zuflucht, mein Fuchsbau. Immer wenn ich an einem Projekt mit engem Termin arbeite und nervös werde, nehme ich die Papierstapel vom Schreibtisch, breite sie auf dem Boden aus und knie mich mitten hinein. Das habe ich mir schon als Kind angewöhnt. Ich glaube immer noch, daß wichtige Arbeit so gemacht werden sollte. Meine Eltern lasen die Tageszeitung immer am Frühstückstisch, aber die Sonntagszeitung, die Hintergrundberichte, die Essays und Rezensionen bedeckten die Fußböden unseres Hauses wie bunte Teppiche. Wenn wir aus der Kirche nach Hause kamen, hingen wir alle über dem Papier, in dieser Gebetshaltung fixiert, und erwiesen für den Rest des Tages dem geschriebenen Wort die Ehre.

Kenny und Dad haben mich angefleht, früh schlafen zu gehen. Sie meinten, es würde alles nur noch schlimmer werden, wenn ich weiter so wenig Schlaf bekäme. Ich habe sie nur stumm angesehen. Ich brauchte gar nichts zu sagen. Sie wußten selbst, wie lächerlich das klang. Wie könnte es noch schlimmer werden?

«Vielleicht hält dich das Prednison wach», vermutet Kenny.

Die Angst hält mich wach, nicht irgendwelche Medikamente. So, wie sie mich ein paar Nächte zuvor zur Bettnässerin gemacht hat. Er weiß es, aber er kann es nicht ertragen, dabei zuzusehen.

«Prednison hat ziemlich viele Nebenwirkungen, weißt du?» sagt er.

Natürlich weiß ich das. Diese Substanz hat Kelsey gegen ihr Asthma bekommen. Das war also die Tablette, die ich vorhin geschluckt habe. «Hier, nehmen Sie das», hatte der Spezialist gesagt. Er hatte mir das Glas an die Lippen gehalten, und Wasser war mir das Kinn heruntergelaufen. Ich dachte, er hätte mir ein Beruhigungsmittel gegeben.

«Möglicherweise hilft Ihnen das», hatte er gesagt und mir ein weiteres Taschentuch gereicht, damit ich mir das Gesicht abwischen konnte.

Möglicherweise. Vielleicht. Keine Versprechen. Keine Garantien.

Einige Farben kann ich immer noch sehen. Vor allem Blau- und Grautöne, einige Grünschattierungen. Ich weiß, welche Farbe das Wort *vielleicht* hat. Es ist grau. Ich sehe mit dem linken Auge direkt ins Licht der Lampe und dann an die Wand. Kein Unterschied. Derselbe graue Nebel. Ich halte das Bild ins Licht, aber es ist nicht besser zu erkennen.

Ich spüre, wie Kenny seinen Arm um mich legt.

«Jackie, du mußt ins Bett und ein bißchen schlafen.»

«Wieviel Uhr ist es?» Ich habe ihn das schon beim letzten Mal gefragt, als er hier war. Ich werde ihn immer fragen. Ich kann die Zahlen auf der Uhr nicht erkennen, und ich muß unbedingt wissen, wie spät es ist. Ich muß wissen, wann es draußen wieder hell wird, damit ich hinausgehen und auf das Meer sehen kann.

«Es ist spät», sagt er. «Zeit zum Schlafengehen.»

«Ich will nicht schlafen. Ich will hier bei meinen Fotos bleiben.»

Ich sehe zu ihm auf. Er ist eines meiner Lieblingsbilder. Ich betrachte sein Gesicht aus der Nähe. Es ist grau, so wie alles andere. Ich kann immer noch erkennen, daß es Kennys Gesicht ist, aber es besteht nur noch aus Schatten. Wie ein Negativ oder eine schlechte Kopie des Originals.

Er kniet sich nieder und nimmt mich in die Arme, aber ich lehne mich zurück, damit ich sein Gesicht noch einmal richtig ansehen kann. Dieses Bild darf nicht verschwinden, bevor ich es mir eingeprägt habe. Er schließt die Augen, wendet sich aber nicht ab.

Er würde sich niemals von mir abwenden.

Achtzehn Jahre ist es her, daß ich mich in ihn verliebt habe, in meinem ersten Collegejahr.

Wie sieht Kenny aus? hatte meine Mutter gefragt. *Ist er groß und blond? Was hat er für eine Augenfarbe? Sieht er gut aus?*

Meine beiden Freunde auf der High-School waren blond und blauäugig gewesen, Goldjungen. Kenny mit seinem satten, dunklen Teint war das genaue Gegenteil.

Ich weiß nicht, wie ich ihn beschreiben soll, aber ich liebe seinen Anblick.

Später erzählte sie mir, daß sie geweint hat, als ich das sagte. Sie wußte, daß ich mich diesmal ernsthaft verliebt hatte.

Ich habe geweint, weil du noch so jung warst und die Chancen schlecht standen, daß es etwas Dauerhaftes ist. Du warst nicht vorbereitet auf das, was alles passieren kann; wie anders alles aussieht, wenn die erste Leidenschaft einmal verflogen ist und man den anderen besser kennenlernt.

Aber es sah nicht anders aus. Ich lernte ihn besser kennen, und von Jahr zu Jahr liebte ich ihn mehr. Ich erinnerte sie daran.

Das war Glück, nicht Weisheit. Mit achtzehn weiß

niemand, was wahre Liebe ist. Kenny ist das Beste, was dir jemals begegnet ist.

Bis vor wenigen Tagen habe ich mich immer für ein Glückskind gehalten. Ich hatte Glück, nicht so geboren zu werden wie Robin. Wenn ich mir meine Familienmitglieder einzeln in Booten vorstelle, so wird jedes Boot immer wieder von einer Glückswelle getragen. Die ganze Zeit über, sechsunddreißig Jahre lang, habe ich den Atem angehalten, bin auf der Welle meines guten Schicksals geritten und wußte doch, daß es irgendwann zu Ende gehen würde, daß das Glück sich irgendwann gegen mich wenden würde. Es blieb mir bei der Geburt meines Kindes treu, bei ihrem ersten Eingriff. Oder war das Kelseys Glück? Kann man in diesem sturmgepeitschten Meer des Lebens überhaupt sagen, wo das Glück des einen aufhört und das des anderen anfängt?

Ich halte Kennys Gesicht, ein bewegungsloses Abbild, in beiden Händen, meine Daumen unter seinem Kinn, die Spitzen meiner Zeigefinger auf seiner Stirn. Ich kann mir dieses Gesicht so einprägen, wie es jetzt ist, mich so daran erinnern.

Ich lasse Kennys Gesicht los und betrachte das Foto, das in meinen Schoß gefallen ist. Ein altes Familienfoto, meine Schwestern und Robin und ich an irgendeinem Feiertag. Es ist ein Farbfoto, das weiß ich noch, aber die Farben sind nicht mehr zu erkennen. Ich mustere die Augen meines Bruders.

Robin war auf den Namen Arthur getauft, aber wir riefen ihn bei seinem Spitznamen, Rotkehlchen, weil seine Augen dieselbe Farbe hatten wie die Eier dieses Vogels im Frühling. Aber auf diesem Foto sind sie nicht mehr blau. Sie sind grau, wie der Rest des Bildes; wir alle sind nur noch in Graustufen zu sehen. Ich habe jetzt alle Farben verloren. Ich habe die Farbe Blau verloren.

Warum habe ich mir das nicht besser eingeteilt? Warum

habe ich die neueren Farbfotos nicht zuerst betrachtet und mir die Schwarzweißbilder meiner Kindheit für den Schluß aufgehoben?

Ich beuge mich über das Foto. Ich halte es so dicht vor mein Gesicht, daß Nase und Wimpern die kühle, glatte Oberfläche streifen. Ich schließe die Augen. Ich will nichts mehr sehen. Ich will nicht zusehen, wie meine Familie in dieser Wolke verschwindet, die sich auf mich gesenkt hat. Ich möchte sie in lebendigen Farben in Erinnerung behalten.

«Kenny, ich bin müde. Hilf mir bitte ins Bett.»

Kenny deckt mich zu und setzt sich zu mir. Er streichelt mein Gesicht, langsam und sorgfältig, als wolle er es sich durch Berührung einprägen, als verliere er das Augenlicht. Ich spüre, daß sein Körper neben mir bebt, aber ich kann nicht mit ihm weinen, sonst müßte ich die Augen öffnen und die Tränen herauslassen. Und ich muß meine Augen doch fest geschlossen halten, weil ich einfach nicht mitansehen kann, wie sein Gesicht verschwindet.

~ 18 ~

Als ich aufwache, zieht der Geruch von gebratenem Speck durch das Haus. Mein Vater macht wohl Frühstück, wie er es an jedem Samstagmorgen meiner Kindheit getan hat. Ich höre Schritte auf dem Flur. Ich richte mich auf und falle seitwärts aus dem Bett. Ich liege auf dem Fußboden, mit dem Gesicht nach unten. Meine Stirn brennt, weil ich damit über den Teppich gerutscht bin. Ich rolle mich auf den Rücken. Jake leckt mein Gesicht. Ich öffne die Augen, aber ich kann nichts sehen. Ich kann den Hund nicht sehen, aber ich spüre sein weiches Fell auf meiner Haut.

Ich kann riechen und hören und tasten. Aber ich kann nicht sehen. Ich bin blind erwacht.

Ich krieche in Richtung Bett und taste nach dem Bettüberwurf, aber meine Hand greift ins Leere. Ich falle wieder hin. Diesmal schlage ich mit der Schläfe auf etwas Hartes, ein Möbelstück. Ein Buch fällt herab, und eine Buchecke streift meine Schulter.

«Hilfe!» schreie ich.

Wenige Augenblicke später spüre ich Kennys Arme, die mich hochheben. Seine Wange liegt an meiner. Sie riecht nach Menthol, ein weiterer typischer Morgengeruch. Ich taste nach seinem Gesicht. Meine Finger spüren den kühlen Schaum hinter seinem Ohr; das kleine bißchen Rasiercreme, das er immer übersieht. Jetzt kann ich es nur noch riechen und ertasten.

«Ich dachte schon, du wachst gar nicht mehr auf», sagt er mit angestrengter Fröhlichkeit in der Stimme. «Du schläfst schon seit Stunden wie ein Murmeltier, beinahe rund um die Uhr. Komm mit in die Küche. Ich habe dir Eier mit Speck gemacht.»

«Ist der Morgen schon vorbei?»

«Das kann man wohl sagen. Aber ich habe dir dein Frühstück warmgehalten. Ich wollte dich nicht wekken.»

Seine Stimme klingt so ganz anders. Wenn er nicht röche wie immer, würde ich daran zweifeln, daß dieser Mann wirklich mein Ehemann ist. Er spricht laut, obwohl er nur wenige Zentimeter neben mir steht. Als müsse er gegen starken Wind anschreien. Das ist ganz und gar nicht Kennys Stimme. Er spricht so laut mit mir, wie die Schwestern im Aufwachraum mit Kelsey geredet haben, um sie aus der Narkose zu wecken.

«Gibt es irgendwas, wofür sich das Aufwachen lohnt?» schreie ich zurück.

«So etwas darfst du nicht sagen.»

«Kenny, ich bin gerade aus meinem eigenen Bett gefallen! So kann ich doch nicht weitermachen. Ich werde so lange in diesem Bett bleiben, bis ich wieder genug sehe, um nicht hinauszufallen.»

«Das ist doch lächerlich. Natürlich stehst du auf. Und zwar jetzt gleich.» Er zieht mich auf die Füße.

Ich lehne mich an ihn, schlaff, als wollten meine Beine mich nicht mehr tragen.

«Bitte», flehe ich. «Hilf mir wieder ins Bett.»

«Also gut.» Er läßt sich erweichen. Die Stimme wird sanfter, ist wieder seine eigene. «Ich bringe dir das Frühstück auf einem Tablett. Aber nur dieses eine Mal.»

Er packt mich an den Schultern und dreht mich um hundertachtzig Grad. Ich muß in die falsche Richtung gekrochen und gegen das Bücherregal an der gegenüberliegenden Wand gestoßen sein. Ich habe in meinem eigenen Schlafzimmer die Orientierung verloren. Ich ziehe mich unter die Bettdecke zurück. Ich werde erst wieder aufstehen, wenn ich gehen kann, ohne hinzufallen, und ich werde meine Augen erst wieder öffnen, wenn ich sehen kann. Und nichts wird mich davon abbringen. Na ja, jedenfalls fast nichts.

«Kenny?»

«Ich bin bei dir.»

«Ich muß auf die Toilette. Bringst du mich zur Badezimmertür?»

Wir gehen zum Bad, und Kennys Hände umfassen meine Hüfte. Sein schützender Griff macht mir bewußt, wie gefährlich dieses Zimmer geworden ist, als hätten sich Wände und Decke und Fußboden gegen mich verschworen.

Ich ergreife die Klinke der Badezimmertür und halte mich daran fest. Plötzlich gibt sie nach, und ich taumele ins Bad.

Kenny fängt mich auf. «Tut mir leid, Schatz. Ich wollte die Tür für dich öffnen.»

«Das kann ich allein.»

«In Ordnung», sagt er. «Aber ich warte hier vor der Tür. Klopf einfach, wenn du soweit bist.»

Ich verabscheue das zutiefst. Mein Mann bemuttert mich. Das ist für uns beide entwürdigend.

Ich klopfe mit dem ganzen Arm an die Tür. Kenny öffnet sie und stößt sie mir dabei so heftig an den Kopf, daß ich aufschreie. Ich hatte nicht mehr daran gedacht, daß die Tür nach innen aufgeht. Dabei bin ich noch vor wenigen Minuten durch genau diese Tür gegangen. Ich kann mir nicht vorstellen, wie ich jemals mit dieser Situation fertig werden soll.

«Bring mich wieder ins Bett.» Ich lehne mich wieder an ihn. Ich bin erschöpft, als wäre ich statt der wenigen Meter mindestens fünfzehn Kilometer gelaufen.

«Nein», erwidert er mit fester Stimme. «Wir holen dir jetzt etwas zu essen, und dann gehen wir auf die Terrasse. Du brauchst frische Luft.»

Ich protestiere, und dann höre ich Kelseys Schritte durch

den Flur auf uns zukommen. Mein Herz setzt einen Schlag aus. Nein. Ich kann ihr jetzt nicht gegenübertreten. Jetzt nicht.

«Ins Bett», flüstere ich gehetzt. «Sag ihr, daß ich noch schlafe.»

«Jackie, das kannst du doch nicht machen...»

«Mami, bist du jetzt wach?»

Ich klammere mich an Kenny. Er führt mich zum Bett hinüber.

«Ist die Mama krank?»

«Nein», sagt Kenny. «Sie ist nicht richtig krank. Sie hat ein bißchen Probleme mit den Augen – äh, dem Kopf... ihren Kopfschmerzen. Aber ansonsten geht es ihr gut.» Er stolpert über jedes Wort. Er weiß nicht, wie er es ihr sagen soll. Ich auch nicht. So etwas steht in keinem unserer Erziehungsratgeber.

«Mama, warum gehst du denn wieder ins Bett? Du hast doch schon so lange geschlafen.»

«Finde ich auch», sagt Kenny. «Sag Mama, daß sie nicht ewig weiterschlafen kann.»

Wie lange habe ich denn geschlafen? Ist es noch Tag, oder ist es schon Abend?

«Wie spät ist es?» frage ich und sehe automatisch nach rechts, wo meine Uhr steht, aber dort ist nichts zu sehen.

Ich muß aufhören hinzusehen. Ich muß die Augen geschlossen halten. Es ist einfach zuviel für mich, all die Dinge, die da sein sollten, aber über Nacht verschwunden sind.

«Der kleine Zeiger ist auf der Sechs, glaube ich. Nein – auf der Neun. Ach, ich weiß nicht.»

«Ist der Kreis oben oder unten?»

«Unten», sagt sie. «Das kann ich erkennen. Der Kreis ist unten.»

«Dann ist es sechs Uhr», sage ich.

Aber sechs Uhr wann? Morgens oder abends? Kenny

sagte, ich hätte beinahe rund um die Uhr geschlafen. Aber war es hell oder dunkel, als ich eingeschlafen bin?

«Kelsey, ist es draußen hell oder dunkel?»

«Irgendwie beides, Mama. Nicht richtig hell, aber auch nicht richtig dunkel. Warum setzt du nicht die Brille auf und siehst aus dem Fenster?»

«Die Brille nützt mir nichts», sage ich in zu scharfem Ton. Sogleich bedaure ich meine Worte. Was weiß sie überhaupt? Hat Kenny ihr etwas gesagt?

«Sag mal, Kelsey, ist es eigentlich Zeit zum Abendessen oder Zeit zum Frühstück?»

«Du stellst aber dumme Fragen, Mama.» Sie lacht. Das ist die Antwort. Sie weiß es noch nicht. «Zeit zum Abendessen. Daddy holt es dir gerade. Dein Lieblingsessen, Eier mit Speck.»

«Kenny, ich möchte nichts essen. Ich habe keinen Hunger.»

«Daddy ist nicht da, Mama. Hast du nicht gesehen, wie er in die Küche gegangen ist?»

Nein, ich habe nicht einmal gehört oder gespürt, daß er verschwunden ist.

«Kenny!» Wütend rufe ich nach ihm. Er kann doch nicht einfach verschwinden und mich hier wie eine Verrückte mit der Luft reden lassen! «Kenny!» Wie kann er mich nur in dieser Situation mit Kelsey allein lassen?

«Mama, *ich* bin doch hier. Hast du wieder Kopfschmerzen? Kneifst du deshalb die Augen so zu?»

«Ach, Kelsey.» Ich strecke meine Hand nach ihr aus. «Ich hab dich ja so lieb.»

«Ich dich auch, Mama. Und ich kann mich um dich kümmern», sagt sie. Ich spüre ihren Atem auf meinem Gesicht, ihre Hände, die mein Haar zurückstreichen, ihre Finger, die sanft meine Lider aufziehen, wie sie es immer macht, wenn ich schlafe und sie mich wecken will. Aber ich kann meine Augen nicht öffnen, nicht einmal für sie. Besonders für sie nicht. Ich kann es nicht ertragen, ihren Anblick auch noch zu verlieren. Ich fange an zu zittern, so wie Kenny heute nacht. Ich ziehe die Bettdecke bis zum Kinn hoch.

«Frierst du, Mama? Ich hole dir noch eine Decke.»

«Ich brauche keine Decke. Aber du mußt jetzt Daddy für mich holen», sage ich mit klappernden Zähnen. Aber als sie gehen will, nehme ich ihre Hände und ziehe sie zu mir. Plötzlich habe ich panische Angst davor, allein gelassen zu werden.

«Dein Abendessen ist fertig.»

Kennys Stimme.

«Kenny, warum hast du dich einfach davongeschlichen? Ohne etwas zu sagen!»

«Iß erst mal was, dann fühlst du dich gleich besser. Nur ein paar Happen.» Er hat wieder diese distanzierte Krankenschwesternstimme.

«Ich helfe dir dabei», sagt Kelsey. Sie hört sich Jahre älter an. Sie spricht mit einer Stimme, die alles im Griff hat, einer Elternstimme. «Ich füttere dich, Mama.»

Ich setze mich auf. Das geht zu weit – daß Kelsey mich füttert wie eine Behinderte im Pflegeheim.

«Gib mir einfach die Gabel mit Essen drauf», sage ich. «Meinen Mund finde ich dann schon selbst.»

Ich bin überrascht, wie gut das Essen schmeckt. Ich kann mich nicht erinnern, jemals etwas so Leckeres gegessen zu haben.

«Du hast fast alles aufgegessen, Mama», sagt Kelsey fröhlich, jetzt wieder ganz Kind. «Prima. Nur noch ein bißchen Brot ist übrig.»

Ich sinke in die Kissen zurück. Essen für die Seele. Toast mit Butter und Rührei, Hühnersuppe mit Nudeln, Pudding oder Grießbrei. Das könnte ich jetzt alles essen. Ich möchte den Teller gar nicht mehr loslassen, weil ich das Essen riechen kann, auch wenn ich es nicht mehr sehe.

Kelsey kichert laut.

«Was ist denn?»

«Du siehst so komisch aus, Mama. In deinen Haaren klebt Ei, und die Butter ist über –»

«Kelsey! Sprich nie wieder so mit deiner Mutter! Sie kann sich nicht sehen.» Kenny schreit sonst nie mit ihr. Sie taumelt gegen mich.

«Entschuldigung, Entschuldigung», schluchzt sie. «Ich wollte dich nicht auslachen.»

Ich weine mit ihr.

Kenny hält uns beide in den Armen. Er atmet schwer; seine Brust hebt und senkt sich. Ich weiß nicht, ob er tief ein- und ausatmet, um sich zu beruhigen, oder ob er selbst weint. Gut, daß uns niemand so sieht.

Sie kann sich nicht sehen.

Ich löse mich aus Kennys Armen und öffne schließlich doch meine Augen, um mich zu betrachten. Ich halte mir die Hand vors Gesicht und bewege sie langsam hin und her. Nichts. Ich sehe dorthin, wo meine Beine sein sollten, berühre die Knie, ziehe sie an den Körper und lege die Arme darum. Es ist ein Schock, zu spüren, daß ich noch da bin.

Ich hatte mir das Blindsein ganz anders vorgestellt. Meine Vorstellung davon war vermischt mit der Phantasie, unsichtbar zu sein – wie ich es aus den Fernsehsendungen meiner Kindheit kannte –, nichts sehen, also auch nicht gesehen zu werden. Statt dessen können alle mich sehen, aber ich sehe niemanden. Und mich selbst auch nicht. So ist es, wenn man blind ist.

«Wird Mama wieder sehen können?» fragt Kelsey plötzlich.

Ich weiß nicht, was wir ihr sagen sollen. Der Spezialist glaubt, daß ich irgendwann wieder sehen kann. Vielleicht nicht so gut wie zuvor, aber es wäre besser als nichts. Besser als jetzt. Ich fürchte mich immer noch, es zu glauben, und ich fürchte mich genauso, es nicht zu glauben. Ich weiß nicht, was ich sagen soll. Aber mich hat sie ja nicht gefragt.

«Daddy, sag schon», bittet Kelsey. «Sag mir, ob Mamas Augen wieder besser werden.»

Kenny räuspert sich und findet zu meiner Überraschung seine Stimme wieder.

«Heute morgen, als Mama noch geschlafen hat, habe ich mit dem Arzt gesprochen und ihn das auch gefragt. Ich habe ihn gefragt, wann genau Mamas Augen wieder besser werden.»

Das sieht ihm ähnlich. Anrufen und sich die Informationen aus erster Hand besorgen. Und er hatte auch noch die Nerven, nach Zahlen zu fragen.

«Und was hat er gesagt?» fragen Kelsey und ich gleichzeitig.

«Er hat gesagt, er glaubt, daß Mamas Augen in acht bis zehn Wochen wieder besser werden.»

Ich schnappe nach Luft. Das ist ein Wunder! Er hat mir nicht nur eine Zahl besorgt – er hat ein Datum für mich. Ein richtiges Kalenderdatum! Zwei Monate. Vielleicht weniger. Wir haben jetzt Mitte März. Am ersten Mai kann ich vielleicht schon wieder sehen. Ich brauche einen Kalender, hier bei mir im Bett, und ich lasse Kelsey jeden Abend einen Tag ausstreichen, wie die Gefängnisinsassen in den alten Filmen. Zwei Monate – das ist fast gar nichts.

«Mamas Augen sollen aber nicht so lange krank sein», sagt Kelsey. «Wenn dieser Arzt so schlau ist, warum bringt er Mamas Augen nicht im Krankenhaus in Ordnung? Warum operiert er sie nicht, damit sie wieder besser sieht? So, wie der Doktor meine Nase in Ordnung gebracht hat, damit ich besser atmen kann? Hast du das den Arzt gefragt?»

Ich höre kaum zu, so sehr hat mich diese neue Information in Aufregung versetzt. Nur zwei Monate?

«Daddy, kann Mama nicht eine Spezialbrille bekommen?» fragt Kelsey ungeduldig. «Hast du den Arzt danach gefragt?»

«Natürlich habe ich ihn gefragt. Und dein Großvater ist heute morgen mit einem ganzen Stapel Notizen losgefahren, um den Ärzten im Johns Hopkins alle auch nur denkbaren Fragen zu stellen.»

«Mein Vater ist schon weg? Er ist gefahren, ohne sich zu verabschieden?» Das macht mir angst.

«Er wollte dich nicht wecken.»

«Er wollte mich nicht sehen.»

«Natürlich will er dich sehen, Jackie, aber er will dir auch helfen.»

Wozu brauche ich Hilfe? Warum warten wir nicht einfach ab? Plötzlich bin ich mißtrauisch. Hat Kenny sich diese Zahl, diese acht bis zehn Wochen, nur für Kelsey ausgedacht? Wenn ich nur sehen könnte, was er beim Reden für ein Gesicht macht; ich wüßte ganz genau, was eigentlich dahintersteckt.

«Hör mir mal zu, Kelsey», sagt Kenny mit fester Stimme. «Du mußt dir das so vorstellen: Mamas Augen sind wie ein Fernsehschirm. Und dieser Bildschirm ist plötzlich dunkel geworden...» Er zögert bei dem Wort «dunkel». «Der Bildschirm hat also für eine kleine Weile das Bild verloren. Aber wir wissen, daß das Problem mit der Energieversorgung zu tun hat.»

«Was ist das?» fragt sie.

«Der Stecker», sage ich. Der Spezialist hat das gestern so erklärt. Ich finde dieses Bild abscheulich. Mein Hirn verglichen mit einem defekten Fernseher.

«Genau, Mama hat recht. Der Stecker. Genaugenommen gibt es zwei Stecker – Sehnerven –, die je ein Auge mit Strom versorgen.»

«Und die beiden Stecker sind jetzt rausgezogen?»

«So ähnlich. Eigentlich sind die Kabel geschwollen und verdreht, so daß sie nicht mehr funktionieren.»

«Sind ihre Augen deshalb so schwarz? Weil in Mamas Kopf kein Licht mehr brennt?»

«Das Licht ist immer noch da», wendet Kenny rasch ein. «Mamas Augen sind noch da, mit all ihren Bestandteilen.»

Ein Punkt für Kenny, der blitzschnell das Bild von einer Mutter verscheucht, die statt Augen schwarze Höhlen hat.

«Wenn der Stecker herausgezogen ist», erklärt er, «und du vorne am Fernseher auf die Knöpfe drückst, kommt das Bild dann wieder?»

«Nein, Daddy», sagt Kelsey. «Nicht, wenn es ganz weg ist.»

«Siehst du, deshalb nützt es nichts, wenn Mama eine Brille aufsetzt. Weil das Problem innen ist.»

Das Problem ist innen ... Er hat mehr Probleme, als in einem Mathematikbuch stehen. Er hat eine Schramme im Kopf, und niemand kann das in Ordnung bringen. Nicht einmal Doc.

«Aber wie kann ein Fernseher denn ganz von selbst wieder angehen? Ohne daß ihn jemand einsteckt?»

Gute Frage. Warum sollte es durch Abwarten und Wünschen besser werden?

«Die Stecker sind immer noch drin», sagt Kenny. «Wir warten darauf, daß der Strom wiederkommt, weißt du noch?»

«So wie damals in Baltimore bei dem Gewitter, wo alle Lichter ausgegangen sind und wir Kerzen angezündet haben und dann die Lichter auf einmal wieder angingen? Meinst du so?»

«Genau. So, und jetzt zieh deinen Schlafanzug an und warte in deinem Zimmer auf mich.»

Ich höre, daß sie mit raschen Schritten das Zimmer verläßt. Meine Chance ist gekommen.

«Kenny?»

«Ja, Schatz?»

«Hat er wirklich gesagt, daß es in zwei Monaten wieder besser wird?»

«Na ja, doch.» Er macht eine Pause.

«Es dauert nur zwei Monate, bis sich eine Besserung einstellt?»

«Ja.»

«Ganz sicher zwei Monate?»

«Na ja, so ungefähr. Vielleicht auch länger.»

«Kenny, erzähl mir ganz genau, was er gesagt hat. Seine exakten Worte. Bitte!»

«Er hat gesagt, wenn es sich bessert, dann wird es sich – wenn vielleicht auch nur langsam – ab dann bessern.»

«Wenn? *Wenn* es sich bessert? Es kann also auch sein, daß es sich überhaupt nicht mehr bessert?»

«Jackie, bitte, so weit darfst du gar nicht denken.»

«Aber so weit *ist* es doch schon, Kenny! Ich bin blind, verdammt noch mal, von Dunkelheit umgeben – für immer und ewig!» Ich schreie und weiß, daß Kelsey mich hören kann, aber ich habe meine Stimme nicht mehr unter Kontrolle. Ich kann anscheinend überhaupt keinen Teil meines Körpers mehr kontrollieren.

«Alles ist möglich, Jackie, das weißt du. Wir wissen nie, was auf uns zukommt. Ich könnte morgen von einem Auto überfahren werden und –»

«Hör auf!» Ich traue meinen Ohren kaum. Wie kann er nur so gedankenlos und unsensibel sein? «Verdammt, Kenny. Wie kannst du nur?»

«O Gott, entschuldige bitte. Das war das falsche Beispiel. O Gott.»

Er hält mich im Arm und flüstert mir ins Ohr. «Es tut mir leid, es tut mir so leid», flüstert er immer wieder wie ein Gebet. Ich stoße ihn weg und halte mir die Ohren zu. Ich rolle mich zusammen, die Stirn auf den angewinkelten

Knien, das Gesicht von ihm abgewandt, und schaukele mit geschlossenen Augen vor und zurück.

So weit darfst du gar nicht denken, Jackie.

Aber so weit ist es doch schon.

«Es war dumm von mir, so etwas zu sagen. Ich habe es nicht so gemeint. Ich kann nicht mehr klar denken. Ich habe seit – ich weiß nicht, wie lange ich nicht mehr geschlafen habe. Dein Vater und ich haben die ganze Nacht zusammengesessen und überlegt, wie es weitergehen soll... Ich tue wirklich mein Bestes, Jackie. Gib bitte nicht mir die Schuld. Tu das nicht.»

Er spricht immer weiter; seine Worte klingen hohl, als spräche er aus immer größer werdender Entfernung, als fiele ich in einen tiefen Schacht. Deshalb klingen ihre Stimmen so anders. Wir sind Lichtjahre voneinander entfernt.

«Mami? Was ist denn los? Tut dein Kopf immer noch weh?»

Kelsey versucht, meine Hände von den Ohren wegzuziehen. Aber ich lasse sie nicht. Ich schüttele sie ab. Ich will sie nicht zu mir herunterziehen. Ich will auch Kenny nicht herunterziehen. Sie sollen in Sicherheit bleiben – nicht in meine Nähe kommen und auch nicht in diese dunkle Wolke geraten, die jetzt ein Teil von mir ist, die ich jetzt bin.

Wir müssen den Rest der Familie schützen.

Ich hebe den Kopf und nehme die Hände von den Ohren.

«Kenny, bitte bring Kelsey raus. In ihr Zimmer. Ins Bett.»

«Es geht Mama nicht gut, mein Schatz. Ich bringe dich jetzt ins Bett, und dann schlafen wir alle drei. Morgen früh wird es uns allen bestimmt bessergehen.»

«Ich will hier schlafen, bei dir und Mama. Wie ein Sandwich. Ich in der Mitte. Davon wird immer alles gut.»

«Nein, mein Schatz. Heute nicht. Wir beide gehen jetzt und lassen Mama in Ruhe.»

«Ich hab dich lieb, Mama. Hoffentlich geht es dir bald besser.» Kelsey tätschelt mir zärtlich den Rücken, dann ist sie verschwunden.

Ich zittere am ganzen Körper. Mir ist eiskalt. Es fühlt sich an, als sei die Zimmertemperatur innerhalb von Sekunden unter Null gesunken.

Wie soll ich das nur überstehen? Ich bin nicht tapfer genug. Ich bin nicht stark genug.

Ich höre Kennys Schritte zurückkommen.

«Jackie, wir stehen das durch, glaub mir.»

«Wie denn?»

«Das weiß ich nicht genau. Aber wir schaffen es. Und jetzt laß uns schlafen gehen.»

Er kriecht zu mir unter die Decke und legt den Arm um mich; wir liegen wie die Löffel in der Schublade, sein Bauch an meinem Rücken. Sofort wird mir warm.

«Kenny?»

«Ja?» Seine Stimme ist schläfrig. Wie lange hat er wohl nicht mehr richtig geschlafen?

«Du kannst das Licht ausmachen, damit du besser schläfst.»

Ich merke, daß er sich versteift, und dann drückt er mich noch fester an sich.

«Ach, Jackie.» Mehr sagt er nicht.

Ich warte auf das Geräusch des Lichtschalters, aber es kommt nicht. Dann begreife ich es. Das Licht ist schon aus.

~ 19 ~

Januar 1963

Es war ein furchtbarer Tag. Zuerst wachte ich mit Halsschmerzen auf. Dann sagten Mama und Daddy, daß ich nicht mit meinen Schwestern zu den Großeltern ins Haus dürfe, weil ich krank sei. Ich fragte sie, warum Mary sich nicht um mich kümmern und mir heißen Tee und Zitrone bringen könne, so wie sie es sonst auch tut. Meine Mutter sagte nein. Polly sagte, ich solle den Mund halten, Mama würde sich sonst bloß aufregen. Sie verriet mir ein Geheimnis. Doc ist am Weihnachtsabend hingefallen, als er in einem Aufzug steckenblieb. Er hat sich am Knie weh getan, und jetzt glauben sie, daß er was am Herzen hat.

Was hat sein Knie mit seinem Herzen zu tun? habe ich gefragt. Polly fand es auch verwirrend. Jedenfalls lag Doc krank im Bett, und Mary half, sich um ihn zu kümmern. Sie sagte, es sei sehr wichtig, daß Doc sich nicht bei mir ansteckt, damit er nicht noch kränker wird.

Im Auto, auf dem Weg zu den Großeltern, war Polly traurig. Sie liebt Doc über alles. Sie wollte ihm etwas vorlesen. Sally sollte solange mit den alten Puppen von Großmutter Pyee spielen.

«Und dann macht Mary uns Tee mit ganz viel Honig, und wir essen selbstgebackene Plätzchen!» Sally streckt mir triumphierend die Zunge heraus, während sie den Weg zum Haus der Großeltern entlanghüpft.

Die Tür geht auf, und Mary beugt sich herab, hebt Sally hoch über ihren Kopf und setzt sie wieder ab. Dann kommt sie zum Auto.

«Da ist ja mein Goldstück», sagt sie.

Mary nennt mich immer so. «Mit dir haben wir ein richtiges Goldstück an Land gezogen», sagt sie. Ich kurbele das Fenster herunter.

«Mary, ich darf nicht reinkommen», sage ich. Meine Stimme ist ganz heiser.

«Ich weiß. Deine Mutter hat es mir gesagt. Wir beide machen uns später mal einen schönen Tag zusammen, Schätzchen», sagt sie.

Sie legt mir die Hand auf die Stirn und zieht die Augenbrauen hoch. Ihre Hand riecht nach Zitronen, aber der Geruch macht mich traurig, weil ich weiß, daß ich heute nichts von ihrem Zitronentee bekomme. Es ist gräßlich, krank zu sein.

«Ich hab dich lieb, Mary.»

Das wollte ich gerade sagen. Ich hatte den Mund schon auf, aber Robin ist mir zuvorgekommen. Ich hatte ihn dahinten im Wagen ganz vergessen. Aber jetzt ist er weiter nach vorn geklettert, hinter mich. Ich kann seinen Atem in meinem Genick spüren.

«Ach, mein süßer Junge», sagt Mary und lächelt breiter als je zuvor.

Sie greift um mich herum und nimmt Robins Gesicht in beide Hände.

«Ich hab dich lieb, Mary», sagt er noch einmal.

«Wie sehr?» fragt sie. «Wie sehr hat mein süßer Junge mich lieb?»

Dieses Spiel spielen sie immer.

«Mehr als den Himmel», ruft Robin und lacht.

«Ja.» Sie klatscht in die Hände.

«Mehr als alle Sterne am Himmel.» Er springt auf und ab und stößt dabei an meinen Sitz.

Mary lacht und berührt Robins Nasenspitze. «Und du bist der hellste Stern von allen.»

Robin setzt sich wieder. Das machen sie immer so. Egal, was passiert, so verabschieden sie sich immer.

Mary war früher Mamas Kindermädchen. Sie kam aus Irland und klopfte eines Tages, als meine Mutter noch ein Baby war, bei Pyee und Doc an die Tür und fragte, ob sie Hilfe bräuchten. Zufällig war Mama gerade krank, und sie haben Mary eingestellt, bis sie wieder gesund war. Aber Mary ist irgendwie geblieben. Wenn Mama und Daddy ausgehen und Robin zu Hause ist, paßt immer Mary auf uns auf. Sie ist die einzige Babysitterin, die es mit Robin aufnimmt. Die anderen haben alle Angst vor ihm.

Mary hat keine Angst. Sie liebt Robin so, wie Horace ihn liebt. Sie weiß, daß Robin niemals jemandem weh tun würde.

Heute bringen wir Robin nach Rosewood zurück. Ich muß mit Mama und Robin fahren, weil niemand zu Hause ist, der auf mich aufpassen könnte. Alle sind deshalb böse. Polly ist böse, weil sie schon immer Robins neue Schule sehen wollte, und jetzt bin ich es, die mitfährt. Mama ist böse auf Daddy, weil er Robin nicht zurückbringt und sie nicht mit mir zu Hause bleiben kann. Er hat gesagt, er müsse zur Arbeit, und sie hat gesagt, wenn irgend etwas passiert, wäre es seine Schuld.

«Laß sie nicht aus dem Wagen», sagte er.

«Natürlich nicht», rief Mama aus dem Wagenfenster, als sie ihn heute morgen am Büro absetzte.

Meine Mutter kommt aus Pyees und Docs Haus auf uns zu. Sie hat ein kleines Kissen in der Hand und reicht es mir durch das Fenster.

«Pah! Dieses alte Ding», sagt Mary.

«Das ist mein altes Babykissen», sagt Mama zu mir. «Ich möchte, daß du es bekommst, und ich möchte, daß du ein bißchen schläfst. Wir haben eine lange Fahrt vor uns.»

«Die kleine Jackie hat Fieber», sagt Mary.

«Das *weiß* ich, Mary!»

Mary zuckt, als wollte meine Mutter sie ohrfeigen.

Meine Mutter sieht Mary an und schlägt dann die Hände vors Gesicht.

«Es tut mir leid», sagt sie. «Ich schaffe es einfach nicht. Ich schaffe es nicht. Es ist zuviel.»

«Ich weiß», sagt Mary leise. «Armes Kind.» Mary redet mit meiner Mutter, als wäre sie noch ihr Kindermädchen. «Es kommt schon alles wieder in Ordnung.» Sie tätschelt meiner Mutter den Rücken. Mama legt den Kopf an Marys Schulter, bis Robin anfängt, an die Fensterscheibe zu klopfen. Dann steigt sie wieder ins Auto.

Es ist gar nicht so weit bis nach Rosewood. Ich weiß nicht, warum Robin nicht öfter nach Hause kommen darf. Es gibt da große Tore mit einem Schild, auf dem in großen Buchstaben ROSEWOOD HOSPITAL steht. Ich verstehe das nicht. Ich dachte, Robin geht auf eine Spezialschule.

Ich frage meine Mutter danach, aber sie schreit mich an: «Sei still und hör mir gut zu! Ich lasse den Wagen hier stehen, gleich hinter diesem Tor. Ich schließe alle Türen und Fenster. Dir kann gar nichts passieren.»

«Nein, Mama, kein Rosewood mehr, nie mehr», sagt Robin die ganze Zeit, während sie spricht, aber sie redet einfach weiter, immer lauter.

«Auf keinen Fall – ich sage es noch einmal –, auf gar keinen Fall darfst du die Fenster oder Türen öffnen, bevor ich zurückkomme.»

«Kann ich nicht mitkommen?» Ich habe Angst. Ich weiß nicht, warum. Ich bin noch nie allein im Auto gewesen. Es ist hell draußen, aber mir gefällt es hier nicht. Überall sind hohe Zäune, und vor uns steht ein riesiges Gebäude mit vielen Treppenstufen, die zu großen weißen Türen hinaufführen.

«Nein! Auf keinen Fall! Du wirst nicht dort hineingehen!»

«Aber Mami», bettle ich. «Ich möchte so gern sehen, wo

Robin zur Schule geht. Ich möchte sein Zimmer sehen und wissen, wo sein Bett –»

«Nein!» schreit sie, so laut sie kann.

«Nein!» Robin schreit genauso laut wie meine Mutter. «Kein Rosewood mehr, nie wieder!»

Ich halte mir die Ohren zu. Wenn ich die Ohren fest an den Kopf drücke, klingt der Lärm, als wäre er weiter weg, als käme er aus einer Höhle.

Ich bin nicht wie Robin. Ich mache in der Schule immer alles, was die Lehrer mir sagen. Wenn ich immer alles richtig mache, wenn ich immer nur Einser schreibe, dann darf ich weiter auf die Calvert School gehen und jeden Nachmittag nach Hause kommen. Ich muß nicht in diese Spezialschule, die eigentlich ein Krankenhaus ist. Aber wenn meinem Kopf etwas passiert, bin ich genau wie Robin. Ich presse die Hände fester auf die Ohren, damit dieses ganze Geschrei meinem Kopf nicht schadet.

«Nein! Nein! Nein!» Sie schreien beide dasselbe, und die Fenster im Auto laufen schon an. Schließlich geht ihnen die Luft aus. Im Auto ist es jetzt still. Feucht und still wie direkt nach einem Gewitter. Mama kurbelt das Fenster herunter und streckt den Kopf hinaus. Robin schaukelt vor und zurück, aber auch er ist jetzt still.

Schließlich kurbelt Mama das Fenster wieder hoch und steigt aus. Sie öffnet hinten die Autoklappe und beugt sich hinab, so daß sie Robin ins Gesicht sehen kann.

«Robin, mein Liebling, hör mir mal zu.»

«Ja, Mama», sagt er so leise, daß ich ihn kaum hören kann.

«Du möchtest doch im Februar an einem Wochenende nach Hause kommen, wie wir besprochen haben?»

«Ja, Mama, ja. Ich bin ein braver Junge. Ich verspreche es.»

«Dann laß uns jetzt gehen.» Sie nimmt ihn an der Hand

und schließt die Tür. Sie klopft an mein Fenster und zeigt auf die Türverriegelung. Ich drücke den Knopf runter.

Robin macht ein Geräusch, das wie Schluckauf klingt, aber er nimmt die Hand vor den Mund.

«Tschüs, Jackie», sagt er und sieht mich mit seinem traurigsten Gesicht an. Es ist immer noch ganz rot vom Weinen. «Ich hab dich lieb.»

«Ich dich auch, Robin», sage ich, aber meine Stimme ist zu leise, und durch die geschlossenen Scheiben kann er mich nicht hören. Ich will, daß er weiß, was ich gesagt habe. Da fällt mir etwas ein. Ich krabbele auf den Rücksitz. Mit den Händen in den Handschuhen schreibe ich ROBIN, ICH HAB DICH LIEB, damit er es sieht, wenn er sich umdreht. Mit den Fingerspitzen male ich große Buchstaben auf die angelaufene Scheibe.

Ich sehe ihnen zu, wie sie den langen Weg und die Treppenstufen hinaufgehen. Plötzlich bleiben sie stehen.

Es sieht aus, als würde Robin etwas sagen. Sein Mund steht offen. Er dreht sich um und will zum Auto zurückrennen. Meine Mutter erwischt noch den Zipfel seiner Jacke, aber er windet sich heraus, und sie steht mit der leeren Jacke in der Hand auf der Treppe.

Sie läuft Robin hinterher. Aber er ist schon am Auto.

Mit den Fäusten trommelt er gegen die Windschutzscheibe. Sein Atem bildet weiße Wolken. «Jackie!» schreit er. «Mach auf!»

Bestimmt ist ihm schrecklich kalt ohne seine Jacke. Ich will gerade die Tür öffnen, aber Mama kommt jetzt auch und schreit: «Nein, Jackie, nicht! Mach die Tür nicht auf!»

Ich kann einfach nicht glauben, daß sie das ernst meint. Meine Hand liegt immer noch auf dem Knopf, damit ich die Tür öffnen kann.

Zwei Männer in weißen Jacken kommen auf das Auto zugerannt. Sie sehen wie Ärzte aus. Einer von ihnen hat noch eine weiße Jacke dabei, eine sehr große. Gut. Sie haben bestimmt gesehen, daß Robin friert, und jetzt bringen sie ihm eine warme Jacke.

Jeder der Männer nimmt einen von Robins Armen. Sie zerren ihn vom Auto weg. Robin weint jetzt. Meine Mutter geht einfach weg.

«Beruhige dich, Arthur», rufen die Männer meinem Bruder zu.

Warum nennen sie ihn Arthur? Niemand nennt ihn so.

«Beruhige dich, dann tut es überhaupt nicht weh.»

Sie werfen ihm die Jacke wie ein Zelt über den Kopf. Sie hat ganz lange Ärmel, die die Männer auf seinem Rücken zusammenbinden. Er kann die Arme nicht mehr bewegen.

«Mama, hilf mir», schreit er.

Mama bleibt stehen und dreht sich um, gerade als einer der Ärzte eine große Spritze aus der Tasche nimmt. Er hebt den Arm und sticht Robin damit in die Schulter, einfach durch die Jacke hindurch.

Robin schreit noch einmal auf und fällt dann nach vorn. Er wäre auf den vereisten Boden gefallen, wenn die Männer ihn nicht an der Jacke festgehalten hätten. Sein Körper ist ganz schlaff, als die Männer ihn rückwärts an den Armen wegschleifen. Seine Beine sind ausgestreckt, und die Absätze hinterlassen tiefe Spuren auf dem vereisten Rasen, wie Eisenbahnschienen.

Mama steigt ganz schnell ins Auto ein. Bewegungslos sitzt sie da. Sie hält den Kopf gesenkt. Ich kann Robin und die Männer nicht mehr sehen.

Meine Mutter weint, wie ich sie noch nie zuvor habe weinen sehen oder hören. Sie verbirgt ihr Gesicht in Robins Jacke.

«Mama», flüstere ich.

Meine Kehle ist wund. Mir ist furchtbar heiß. Als ob überhaupt keine Luft mehr im Auto wäre.

«Mami, bitte.»

Sie hört mich nicht. Ich warte und warte. Langsam wird

es dunkel. Ich betrachte das Gebäude, in das sie meinen Bruder gebracht haben. Die Fenster im Erdgeschoß sind erleuchtet. Sie sind schmal und hoch, so groß wie Türen, und sie haben dicke Gitter, deren Schatten lange Streifen auf den weißen Rasen werfen.

Meine Mutter holt tief Luft. Sie streckt ihre Hand nach mir aus. Einen Moment lang starre ich auf ihre Handfläche. Sie bewegt ungeduldig die Finger. Ich weiß nicht, was ich ihr geben soll, also lege ich meine Hand in ihre.

«Ach, Schätzchen», sagt sie und drückt meine Hand. «Ich wollte eigentlich ein Taschentuch aus dem Handschuhfach», erklärt sie, aber ihre Stimme klingt nicht ärgerlich. Sie legt meine Hand an ihr verweintes Gesicht. «Aber diese kleine Hand ist tausendmal besser.»

Sie küßt meine Hand und hinterläßt überall kleine rote Lippenstiftspuren.

Es klopft ans Fenster.

Ich zucke zusammen – vielleicht ist es Robin. Ich hoffe, er ist irgendwie da rausgekommen.

Ein Mann klopft auf meiner Seite an das Fenster, ein kleiner Mann, und er trägt keine weiße Jacke. Ich drücke meine Nase ans Fenster, um sicherzugehen, daß es nicht Robin ist. Als ich ihn aus der Nähe sehe, fange ich an zu schreien.

Mama läßt den Motor an und fährt rasch zum Tor hinaus.

«Sieh nicht hin», ruft sie. Sie hält mir ihr kleines Kissen vor die Augen. Ich halte es dort fest, aber ich kann das Gesicht des Mannes immer noch sehen.

Es war ein Ballongesicht, aufgebläht und voller Luft, wie kurz vor dem Explodieren, mit riesigen Blasen, die aussahen, als würden sie jeden Augenblick platzen. Aber er lächelte mich an, und seine Zähne waren schwarz. Ein häßliches Kürbisgesicht.

Sein Ballongesicht war so viel größer als der Rest. Er

war sogar kleiner als ich. Ich glaube, das war gar kein Mann. Vielleicht ein kleiner Junge, vielleicht sogar jünger als ich, vielleicht war er auch sieben. Aber sein Kopf war so groß wie der eines Monsters. Monsterkinder werden in Rosewood verwahrt.

Mein Bruder ist kein Monster! Er gehört nicht hierher. Er muß hier raus; ich muß mir unbedingt etwas einfallen lassen. Er kann nicht nach Hause kommen, weil immer jemand auf ihn aufpassen muß und weil Doc glaubt, er wäre eine Gefahr für uns Schwestern. Und Mary muß sich jetzt um Doc kümmern. Ich denke angestrengt nach. Schließlich fällt mir etwas ein.

«Mama, ich weiß, wo Robin hin kann.»

Sie seufzt. Seit wir das Tor hinter uns gelassen haben, hält sie meine Hand. Ich genieße das; ihre weichen Finger, die sanft mit meinen spielen. Ich will eigentlich nicht reden, weil ich fürchte, daß sie dann meine Hand losläßt, aber ich muß ihr etwas sehr Wichtiges sagen. Wenn wir uns beeilen, können wir noch umdrehen und Robin abholen, bevor wir zu weit weg sind. Ich rede, so schnell ich kann.

«Horace hat mal gesagt, daß er Platz für Robin hat. Horace und Lucy haben es beide gesagt. Wir können Robin nach Virginia bringen und ihn dort besuchen. Horace und Lucy können auf ihn aufpassen, weil es Winter ist und wir nicht dort sind. Sie haben genug Zeit, und sie haben Platz.»

Sie sagt überhaupt nichts. Ich hoffe, sie denkt darüber nach. Hoffentlich sagt sie mir, daß ich das klügste Mädchen auf der ganzen Welt bin, weil mir das eingefallen ist. Aber es vergeht viel Zeit, ohne daß sie auch nur ein Wort sagt. Sie fährt einfach weiter.

«Mama, hast du mich gehört?»

Sie drückt meine Hand so fest, daß ihr Ring in meine Finger schneidet. Der Wagen hält an. Wir sind zu Hause.

«Jackie, Liebling», fängt sie an, aber dann verstummt sie wieder. Ihre Stimme klingt müde. Sie holt noch einmal tief Luft. «Jackie, ich weiß, daß das alles für dich sehr schwer zu verstehen ist.»

Ich nicke.

«Der Platz, den Horace für Robin hat – der ist nicht in seinem Haus in Virginia.»

«Wo denn?»

Sie sieht aus dem Fenster auf unser Haus. Das Erdgeschoß und der erste Stock sind hell erleuchtet; der zweite Stock ist dunkel. Robins Zimmer ist im zweiten Stock. Er ist gern so hoch wie möglich, damit er alles von oben betrachten kann. Er sieht die Welt gern so wie die Vögel, wenn sie fliegen.

«Der Platz, den Horace und Lucy für Robin haben...» Sie fängt wieder an zu weinen.

«Wo ist der?»

«In ihren Herzen, Liebling. Er ist in ihren Herzen.»

Sie zieht ihre Hand weg und legt sie auf das Lenkrad.

«Also, ich gehe jetzt hinein und hole Daddy. Er wird dich ins Haus tragen, und dann wirst du schlafen», sagt sie. «Und bei deinem Fieber ist das alles nur ein böser Traum.»

Ich lege das Kissen an das dunkle Fenster, lehne meinen Kopf dagegen und schließe die Augen. Ich spüre die kühle Luft draußen durch das Kissen, und das tut meinem brennenden Gesicht gut.

Es spielt keine Rolle, ob es ein böser Traum war oder nicht. Ich habe ständig böse Träume, und sie sind genauso beängstigend wie Dinge im wirklichen Leben, weil sie sich echt anfühlen, wenn ich sie träume. Mir wäre lieber, dieser schreckliche Tag wäre Wirklichkeit, weil ich die Wirklichkeit besser vergessen kann.

Ich höre die fröhliche Stimme, mit der Robin Mary heute nachmittag gesagt hat, wie lieb er sie hat. Mehr als alle Sterne am Himmel.

Aber Sterne sterben. Die Sonne ist ein großer Stern, und sie wird auch sterben. Das habe ich in einem Buch gelesen. Die Sonne ist der größte Stern, den wir sehen können, und in Milliarden von Jahren wird sie sterben.

Mary hat mir gesagt, daß eine Milliarde Jahre für Gott gar nichts ist. Daß Gott blinzelt, und eine Milliarde Jahre ist um. Wenn Gott jetzt gleich blinzelt, stirbt die Sonne, und es ist für immer und ewig Nacht.

Ich habe eine Entscheidung getroffen. Ich kann Gott nicht leiden. Ich kann ihn nicht leiden, weil er Robin nicht in Ordnung bringt. Ich kann ihn nicht leiden, weil er den kleinen Jungen mit dem Ballonkopf nicht in Ordnung bringt. Weil er zugelassen hat, daß Doc im Aufzug hingefallen ist. Ich kann ihn nicht leiden, weil er zugelassen hat, daß diese Männer Robins Arme festbinden.

Ich denke so angestrengt darüber nach, daß ich es ausspreche.

«Ich kann Gott nicht leiden.»

«Ach, meine kleine Fiebermaus», sagt Daddy, als er mich hochhebt und ins Haus trägt. «Was hast du da gesagt?»

Ich werde es ihm nicht erzählen. Es ist mein Geheimnis.

Er trägt mich die Treppe hinauf. Ich bin jetzt so müde, daß ich nicht einmal mehr die Augen öffnen kann. Mein Vater legt mir die Hand auf die Stirn.

«Aspirin», sagt er, und dann ist seine Hand wieder weg.

Etwas Süßes mit Orangengeschmack wird mir in den Mund geschoben. Das Bett sinkt ein. Daddy setzt sich zu mir, stützt meinen Kopf und flößt mir Wasser ein. Ich will die Augen immer noch nicht öffnen. Ich trinke, und etwas Flüssigkeit läuft an meinem Kinn herunter.

Mein Vater bleibt bei mir, bis er denkt, daß ich eingeschlafen bin. Er steht auf und läßt einen Schmerzensschrei los, weil er sich am oberen Bett gestoßen hat, wie immer.

Ich schlafe immer noch unten, weil ich Alpträume habe.

Meine Eltern fürchten, daß ich aus dem Bett fallen könnte, wenn ich im Schlaf schreie. Deshalb schlafe ich unten, obwohl ich älter bin als Sally.

Meine Eltern stehen vor der Tür und flüstern. Ich kann jedes Wort verstehen, weil sie so laut flüstern.

«Du holst sie, Aubrey. Ich kann mich nicht mehr in dieses Auto setzen. Wenn sie schon schlafen, laß sie dort übernachten. Sag Mary, ich komme morgen früh als erstes rüber, sehe nach Vater und hole die Kinder ab.»

«Es tut mir leid», sagt mein Vater. «Ich hätte dabeisein sollen.»

«Deine siebenjährige Tochter war dabei. Sie hat heute gesehen, wie ihr Bruder in eine Zwangsjacke gesteckt wurde.»

«Sie hat Fieber. Sie wird sich nicht daran erinnern.»

«Dieses Kind erinnert sich grundsätzlich an alles.»

Er seufzt. «Großer Gott. Eine Zwangsjacke. Lieber Himmel.»

«Und eine Spritze», sagt sie. Sie flüstert jetzt nicht mehr. «Zwei Pfleger, eine Zwangsjacke und eine Spritze. Sonst hätte ihn nichts in diese Anstalt gekriegt.»

«Und Jackie hat das gesehen?»

«In allen Einzelheiten.»

«Kannst du mir das jemals verzeihen?»

Ich warte auf die Antwort meiner Mutter. Mein Vater auch. Aber sie sagt nichts mehr. Ich höre die Schlafzimmertür zuknallen. Dann wird Wasser in die Badewanne eingelassen.

Meine Tür öffnet sich mit einem Quietschen. Daddy sitzt wieder an meinem Bett. Ich setze mich auf und lege ihm die Arme um den Hals. Ich brauche jetzt nicht mehr so zu tun, als würde ich schlafen. Es tut mir leid, daß Mama böse auf ihn ist. Ich werde ihm einen Zettel schreiben und auf sein Kopfkissen legen, wenn er weg ist. Für mich ist er immer noch der liebste Vater der Welt.

Er umarmt mich fest.

«Daddy», flüstere ich.

«Ja, Knöpfchen.»

«Wir müssen alle ganz fest nachdenken und etwas anderes finden, wo Robin zur Schule gehen kann.»

Er lehnt sich zurück und sieht mich an. Ein Dreieck aus Licht fällt durch die geöffnete Tür und scheint auf sein Gesicht. Seine Augen leuchten wie die einer Katze. Er schüttelt den Kopf.

«Es gibt keinen anderen Ort, wo sie ihn nehmen, Knöpfchen.»

«Es muß aber!»

Mein Hals tut beim Sprechen weh. Ich kann nicht weiterreden. Es muß aber doch einen Platz für Robin geben, will ich sagen. Wenn wir uns nur genug anstrengen, werden wir schon etwas finden.

«Knöpfchen, es ist schon sehr spät. Wir reden ein andermal darüber. Du mußt jetzt schlafen, und ich muß deine Schwestern abholen.»

«Muß das sein?»

Das bringt Daddy zum Lachen. Er glaubt, daß ich das sage, weil Sally und ich uns immer streiten. Aber das ist es nicht. Es gibt nur so viel, worüber ich nachdenken muß. Deshalb hätte ich das Zimmer gern ruhig und ganz für mich.

«Ja. Wenn sie wach sind, bringe ich sie mit. Kein Streit, in Ordnung? Du weißt, daß eure Mutter das nicht verkraften kann, jedenfalls nicht heute abend. Ihr seid mucksmäuschenstill, ja?»

Ich nicke. Er will aufstehen, aber ich nehme seine Hand. «Daddy, ich bin eine schreckliche Schwester.»

«Weil du dich mit Sally streitest?»

Nein, nicht deswegen. Sally wehrt sich. Einmal hat sie mich so gebissen, daß ich ins Krankenhaus mußte und eine Spritze bekommen habe, weil sie Keime im Mund hat.

«Nein, Sally ist selbst schrecklich», sage ich.

Er lacht. «Warum glaubst du dann, daß du eine schreckliche Schwester bist?»

«Ich hab nichts getan.»

«Na, dann ist doch alles in Ordnung.»

«Nein, Daddy – das ist doch gerade das Schlimme. Ich hab nichts für Robin getan. Noch nie. Ich habe ihm nie etwas zu Weihnachten geschenkt. Ich habe schon ganz lange nicht mehr mit ihm und seiner Eisenbahn gespielt. Ich habe heute das Auto nicht aufgemacht, um ihn hereinzulassen und...»

Daddy legt mir einen Finger auf die Lippen.

«Dein Hals ist vom vielen Reden schon ganz wund», sagt er. «Außerdem würde das ja bedeuten, daß ich ein schrecklicher Vater bin. Bin ich ein schrecklicher Vater?»

«Nein, Daddy, du bist so lieb, aber...»

Die Liste der Dinge, die ich nicht für Robin getan habe, ist lang, zu lang, um alles an einem Abend zu erzählen.

«Gute Nacht, Knöpfchen. Wir reden morgen früh darüber.» Er zieht die Decke bis zu meinem Kinn hoch.

Ich schließe die Augen, aber ich muß ständig an Robin denken. Robin ist jetzt dreizehn. Ist das das Problem? Ist es mit ihm wie mit dem dreizehnten Stock? Wenn die Zahl 13 nicht da ist, sagt Polly, vergißt man sie. Die Leute halten nicht mehr danach Ausschau. Sie vermissen sie nicht einmal.

Aber ich suche diese Zahl immer, wenn wir in den Aufzug steigen. Sie ist das erste, wonach ich Ausschau halte. Und ich vermisse Robin, wenn er nicht da ist. Ich vermisse sein albernes Lachen und daß ich ihn nicht singen höre, hoch und quietschig in der Badewanne. Robin badet sehr gern.

Robin nimmt alle möglichen Spielsachen mit ins Bad. Sogar eine Tauchermaske und einen Schnorchel. Er zappelt so in der Wanne herum, daß das Wasser auf den

Fußboden schwappt. Einmal ist es sogar durch die Decke nach unten gelaufen. Mama sagte, er dürfe nicht mehr in der Badewanne schwimmen, und Robin fing an zu weinen.

«Brille gelb, Mama», sagte er. «Ich brauche Brille gelb.»

So nennt er seine Tauchermaske. Brille gelb. Ich frage mich, was er mit der Maske wohl in der Badewanne sehen kann. Es sind ja keine Krebse drin. Er rennt mit der Maske und in der Badehose die Treppe rauf und ist so glücklich. Er muß die Badehose anziehen, damit wir ihn im Flur nicht nackt sehen, bevor er in die Wanne steigt.

Ich möchte ihm gern beim Baden zusehen. Ich möchte sehen, was er mit seiner gelben Brille betrachtet. Ob sie wie die rosa Brille bei Alice im Wunderland ist? Ob Robins gelbe Brille ihn nur die guten Dinge sehen läßt? Ich finde, das sollte eine gelbe Brille tun. Gelb ist die Farbe des Sonnenlichts, also sollte alles, was man durch eine gelbe Brille sieht, sonnig sein. Hoffentlich hat Robin seine gelbe Brille mit nach Rosewood genommen.

~ 20 ~

«Jackie, es tut mir leid, dich zu wecken, aber ich weiß nicht, was ich tun soll.»

Kenny sitzt auf dem Bett und rüttelt sanft an meiner Schulter. Ich spüre seinen Blick auf meinem Gesicht, aber ich will die Augen nicht öffnen. Dabei bin ich schon einige Zeit wach. Ich habe die Morgengeräusche gehört: Kenny unter der Dusche, der Haartrockner, entferntes Telefonklingeln, Kelsey, die «auf Wiedersehen» ruft, bevor sie in die Vorschule geht, die Tür, die hinter ihr ins Schloß fällt, ein Wagen, der aus unserer Einfahrt fährt. Ich habe all diesen Geräuschen gelauscht, ohne die Augen zu öffnen. So kann ich eine Weile versuchen, die Tatsachen zu leugnen.

«Jackie, sieh mich an. Bitte.»

Ich öffne die Augen und sehe in die Richtung, aus der seine Stimme kommt. Whamm! Mir ist, als würde ich gegen eine Stahlwand laufen; mein Gesicht trifft auf eine harte, unnachgiebige Oberfläche, und ich habe nur meine papierdünnen Augenlider, die mich vor ihrer Gewalt schützen. Deshalb zucke ich mit dem Kopf vor dem undurchdringlichen Grau zurück. Ich schließe die Augen ganz fest. *Was fehlt auf dem Bild?* Alles. Ich brauche eine feste schwarze Augenmaske, die meine Lider zuhält, damit ich nicht aus Gewohnheit oder Hoffnung die Augen öffne.

«In Ordnung, ich weiß jetzt, daß du wach bist. Hör mal, das Telefon klingelt schon den ganzen Morgen ununterbrochen. Nur Anrufe für dich. Deine Schwestern, Freunde, die Kanzlei, alle wollen wissen, was los ist, wie sie dir helfen können, was sie tun können. Was soll ich ihnen sagen?»

«Sag ihnen, sie können überhaupt nichts tun.»

«Sie haben angeboten, Besorgungen zu machen, Lebensmittel einzukaufen, etwas mit Kelsey zu unternehmen, dir vorzulesen, dich zum Arzt zu fahren, mit dir rauszugehen, damit du mal was anderes siehst... ich meine, auf andere Gedanken kommst.»

Es ist erstaunlich, wie oft das Wort «sehen» in ganz gewöhnlichen Gesprächen vorkommt. Kennys Stimme senkt sich um eine Oktave, nachdem er es gesagt hat, aber es ist zu spät.

«Ich wüßte nicht, wo ich hingehen sollte.»

«Bitte sag mir, was ich den Leuten sagen soll.» Er holt tief Luft. «Bitte.»

«Ich weiß nicht.»

«Jackie, wir müssen einen Plan aufstellen. Wir brauchen Hilfe. Ich muß wieder zur Arbeit. Ich könnte unbezahlten Urlaub nehmen, aber ich weiß nicht, ob unsere Krankenversicherung dann weiterläuft. Jemand muß bei dir und Kelsey bleiben, wenn ich wieder arbeite.»

«Teresa kann ja ganztags kommen und sich um Kelsey kümmern.»

«Und was ist mit dir?»

«Ich brauche keine Hilfe. Das habe ich dir schon mal gesagt. Ich werde diesen Raum erst verlassen, wenn ich soweit bin. Ich habe hier alles, was ich brauche.»

«Und was soll ich jetzt tun?»

«Dein Leben ganz normal weiterleben, wie du gesagt hast.» Es sollte eigentlich gar nicht neidisch klingen.

«Die Leute wollen dich sehen, dich besuchen.»

«Nein.» In diesem einen Punkt bin ich ganz sicher. «Ich will nicht, daß die Leute mich sehen, wenn ich sie nicht sehen kann.»

«Nicht einmal deine Schwestern? Sie stehen schon in den Startlöchern, bereit, sich ins nächste Flugzeug zu setzen. Was soll ich ihnen denn sagen?»

«Sag ihnen, sie sollen zu Hause bleiben, Kenny. Sag ihnen, daß ich sie anrufe. Ganz ehrlich.»

Sofort geht es mir besser. Das Telefon! Daran hat sich nichts geändert. Der große Gleichmacher. Wir können einander nicht sehen. «Ich werde meine Besucher telefonisch empfangen. Aber ich brauche eines dieser Telefone mit den großen Tasten.»

«Gut, ich besorge dir eines.» Er atmet erleichtert auf. Ich höre einen Bleistift über Papier gleiten. Er macht sich Notizen. «Ich gehe jetzt einkaufen. Teresa ist da. Ich lasse dich nicht allein im Haus. Ich gebe dir solange dieses Telefon hier und schalte den Anrufbeantworter wieder ein. Du brauchst also nicht dran zu gehen, aber du kannst wenigstens, wenn du möchtest.»

Er legt meine Hand auf den Hörer. Ich will die Finger um den Hörer legen, werfe ihn aber statt dessen vom Bett. Kenny hebt ihn auf.

«Entschuldige, ich bin so ungeschickt.»

«Nein, bist du nicht. Hör zu, wenn wir das richtige Telefon installiert haben, kannst du wieder viel mehr tun. Du kannst anrufen, wen du willst, vom Supermarkt Lebensmittel liefern lassen, Essen bestellen und sogar bei diesen Versandhäusern einkaufen, deren Kataloge du dir so gern ansiehst.»

Er ist ganz begeistert von diesen Aussichten, aber beim letzten Satz senkt seine Stimme sich wieder.

«Kenny, ich kann nicht lesen.»

Stille. «Ich besorge dir Bücher auf Kassetten. Ich kaufe gleich auch noch einen Kassettenrecorder.» Er notiert das.

«In Kelseys Zimmer liegt ein Walkman. Ich kann mir die Kassetten doch damit anhören. Und das Radio – genau.» Die Nachrichten. Viel besser als die Fernsehnachrichten, weil sie sich nicht auf Bilder verlassen.

«Gut, das hole ich dir gleich. Aber ich dachte an einen Kassettenrecorder mit Mikrofon, damit du etwas diktieren kannst. Wenn du etwas aufschreiben möchtest, eine Nachricht, etwas, was du brauchst, eine Frage an den Arzt, irgendwas, dann diktierst du es einfach.»

Stimmt. Er ist mir einen Schritt voraus. Ich kann nicht schreiben. Ich kann weder schreiben noch lesen. Aber ich kann sprechen und hören.

«Ich bin Schriftstellerin. Und Anwältin. Ich kann weder schreiben noch lesen.»

«Jackie, es gibt auch andere Möglichkeiten. Aber selbst wenn dem nicht so wäre – es ist schließlich nur vorübergehend. Ein paar Wochen.»

Bei ihm klingt das so einfach. Bei ihm klingt es, als könnte es wahr sein.

«Glaubst du das wirklich, Kenny?» Bisher habe ich nicht gewagt, ihm diese Frage zu stellen.

«Natürlich tue ich das.»

Die Antwort kommt zu schnell.

«Wie kannst du dir so sicher sein? Nicht einmal die Ärzte sind sich sicher. Wieso du?»

«Ich bin sicher», sagt er mit fester Stimme. Ich würde alles darum geben, jetzt sein Gesicht zu sehen. Er kann seine Stimme verstellen, aber nicht seinen Gesichtsausdruck. Seine Augen würden ihn verraten, genau wie bei meinem Vater. «Ich kann nicht erklären, warum ich so sicher bin; es ist einfach so. Ich weiß, was ich glaube. Basta. Wenn du es nicht hören willst, frag mich nicht danach.»

Natürlich hat er recht. Was erwarte ich denn von ihm? Was soll er denn sonst antworten? Er hat keine Wahl. Er liebt mich zu sehr, um irgendwelche Zweifel aufkommen zu lassen. Ich taste nach ihm, aber meine Hand greift ins Leere.

«Kenny?»

Er ist weg. Verdammt! So kann das nicht weitergehen. Er muß mir doch sagen, wenn er geht. «Kenny!»

«Ich bin wieder da», keucht er. «Ich bin nur schnell in Kelseys Zimmer gelaufen und habe das Radio geholt.»

«Aber du hast nichts gesagt...»

«O Gott. Tut mir leid. Ich hab's vergessen.»

«Du bist so verdammt leise. Kelsey sagt wenigstens immer tschüs. Und der Hund hat diese klimpernden Hundemarken am Halsband. Aber du kommst und gehst wie ein Gespenst.»

«Ich könnte Glöckchen an den Füßen tragen.»

«Tu das.»

Ich höre Papier rascheln.

«Was machst du denn da?»

«Ich habe es auf meine Liste geschrieben.»

«Was denn – Glöckchen für deine Zehen?»

«Immerhin besser als ein Hundehalsband.»

«Wie wäre es mit einer langen Leine?»

«Haben wir doch schon. Man nennt das Ehe.»

Ich muß lachen. Ein merkwürdiges Gefühl, lachen zu wollen.

«So, und jetzt gehe ich und erledige die Einkäufe. Alles klar?»

«Ja.» Ich lächele.

«Dann laß uns das mit dem Telefon noch mal probieren.»

Ich strecke beide Hände aus, und er legt mir das Telefon auf den Schoß.

«Wenn du mich brauchst oder dir noch irgendwas einfällt, sag Teresa Bescheid. Sie kann mich übers Autotelefon erreichen.»

«In Ordnung.»

«Ich bleibe bestimmt nicht länger als eine Stunde weg.»

Da fällt mir noch etwas ein. «Kenny?»

«Ja?»

«Ich brauche eine Uhr. Eine, die ich ablesen kann. Ich meine, eine, die spricht.»

«Eine sprechende Uhr?»

«Ja, ich habe so was schon mal irgendwo gesehen. Man drückt auf einen Knopf, und eine Stimme sagt die Zeit an.»

«Brauchst du sonst noch was?»

«Nein. Das heißt ja. Bevor du gehst, muß ich noch mal.»

«Okay.»

Ich setze mich auf und lasse die Beine über den Bettrand gleiten. Meine Knie sind weich, als hätte ich tagelang mit Grippe im Bett gelegen. Kenny zieht mich hoch und geht mit mir zum Badezimmer. Diesmal denke ich daran, daß die Tür nach innen aufgeht.

«Ich komme jetzt zurecht. Ehrlich.»

«Ich warte sicherheitshalber.»

Die ganze Zeit über habe ich eine Hand auf der Türklinke wie in einer öffentlichen Toilette, bei der das Schloß kaputt ist. Es ist gar nicht schwierig. So ähnlich wie aufstehen mitten in der Nacht, im Dunkeln und ohne Brille. Meine freie Hand tastet nach der Spülung. Gar nicht so übel. Ich komme zurecht. Keine Bettpfanne. Gott sei Dank gehe ich schon aufs Klo.

Auf dem Rückweg zum Bett zähle ich die Schritte. Vom Bad zum Bett – elf Schritte.

«Wenn du wieder da bist, Kenny, bringst du mich dann bitte zum Waschbecken und legst meine Sachen raus – die Zahnbürste und so? Und ich würde gern duschen. Nein – vielleicht doch nicht. Baden wäre besser.»

«Natürlich. Aber du brauchst nicht so lange zu warten. Ich kann es jetzt gleich machen, oder ich kann Teresa rufen, damit sie dir hilft.»

«Ich möchte lieber auf dich warten», sage ich leise.

Die Erkenntnis, wieviel Hilfe ich brauche, ist wie ein Schlag in den Magen. Es ist alles so schwierig. Als Kenny geht, springt der Hund aufs Bett. Ich lasse den Tränen freien Lauf, und schon bald werde ich von heftigem

Schluchzen geschüttelt. Ich weine um meinen Bruder. Ich weine um meine Mutter. Ich weine um jeden Menschen, der je krank war und sich einsam fühlte. Ich spüre das Gewicht des Hundes an meiner Seite; er leckt meine Tränen ab. Jake, der Golden-Retriever-Husky-Mischling, der Kenny und mich nun schon seit fünfzehn Jahren begleitet, ist taub und fast blind – eine Alterserscheinung. Ein schönes Paar geben wir ab. Ich schlinge meine Arme um ihn und weine in sein dichtes Fell.

~ 21 ~

24. Dezember 1964

Heute ist ein doppeltes Fest. Der Geburtstag meiner Mutter und Heiligabend. Aber der ganze Tag und der Abend gehört Mama. Das ist bei uns so. Sie hat erzählt, daß sie als kleines Mädchen an Heiligabend von jedem ein Geschenk bekam und alle sagten, es wäre gleichzeitig ihr Geburtstagsgeschenk, nur größer. Es war immer in Weihnachtspapier eingewickelt. Es kam ihr vor, als hätte sie gar keinen eigenen Geburtstag. Deshalb trennen wir an Weihnachten immer alles ganz genau.

Geburtstage sind in unserer Familie sehr wichtig. An unserem Geburtstag sind wir für einen Tag Königin. Man bekommt alles, was man sich wünscht, die Leibspeise, man darf sich aussuchen, was man unternehmen will, und alle müssen einen behandeln, als wäre man der tollste Mensch auf der ganzen Welt. Mir fällt das sehr schwer, wenn Sally Geburtstag hat. Aber bei Mama nicht. Da sind sowieso alle fröhlich, weil es doch schon fast erster Weihnachtstag ist, und wir können es kaum erwarten, am anderen Morgen unsere Geschenke zu bekommen.

Meine Mutter hat ihre Geburtstagsgeschenke heute morgen beim Frühstück aufgemacht, nachdem sie sich mal so richtig ausgeschlafen hatte. Wir haben sie in Geburtstagspapier verpackt, nicht in Weihnachtspapier. Sie braucht den ganzen Tag nichts in der Küche zu tun, das war einer ihrer Wünsche. Wir haben ihr Tee und Sandwiches mit Brunnenkresse und kleinen Gurken gemacht, die mag sie besonders gern.

Mein Vater hat gekocht und – das ist das beste daran – den Geburtstagskuchen besorgt. Jetzt stehen wir in der Küche, um ihn richtig zu dekorieren. Polly hat versucht, einen Kuchen zu backen, aber er ist ihr verbrannt. Also ist Daddy schnell in einen Laden gefahren, als Mama schlief, und hat einen Kuchen gekauft. Wir nehmen die Weihnachtsdekoration runter. Statt roter Weihnachtssterne stecken wir gelbe Zuckerrosen darauf. Sie sind hart wie Würfelzucker. Die Seiten schmieren wir mit Schokoladenglasur zu, damit man die grünen Stechpalmenblätter nicht sieht.

Jetzt zählen wir die Kerzen. Es ist Robins Aufgabe, die Kerzen auf den Kuchen zu stecken. Er hat die richtige Anzahl Kerzen für Mamas Alter abgezählt. Wir haben versucht, ihm zu erklären, daß sie nicht auf den Kuchen passen, aber er meint, er würde sie schon alle unterbringen. Es dauert eine Ewigkeit, weil er alles noch einmal zählen muß und sich unterbricht, wenn er unser Alter erreicht hat. Ich weiß nicht, warum er es unbedingt so machen muß, aber wenn Robin sich in den Kopf gesetzt hat, etwas auf eine bestimmte Art zu tun, können ihn keine zehn Pferde davon abbringen.

«Okay, Robin.» Polly holt tief Luft. «Jetzt sind die Kerzen dran.»

Er zählt bis sieben. «Sieben für Sally!»

Sally lächelt und zeigt ihre Grübchen. Ich wünschte, ich hätte auch Grübchen. Sallys blondes Haar glänzt im Licht der Küchenlampe, dasselbe leuchtende Gelb wie die Zuckerrosen. Alle reden davon, wie schön Sallys Haar ist, genauso wie sie immer über Robins Augenfarbe reden.

Letztes Jahr an Weihnachten habe ich Sally die Haare abgeschnitten. Ich hatte es satt, daß alle sie ständig «kleiner Weihnachtsengel» nannten. Schade, daß es so schnell wieder nachgewachsen ist. Die Erwachsenen reden bei unseren Familienfesten immer noch davon, wie die arme Sally monatelang eine Skimütze tragen mußte, damit man die Stellen nicht sah, an denen ich zu dicht am Kopf abgeschnitten hatte. Lange Zeit sah sie aus wie eine Puppe, auf der ein Hund herumgekaut hat. Aber jetzt lockt sich ihr Haar wieder perfekt um ihr Gesicht.

«Acht, neun für Jackie!» ruft Robin. Ich beobachte, wie er die Kerze reinsteckt. Der Abstand zwischen den Kerzen ist genau gleich.

«Zehn, elf, zwölf, dreizehn, vierzehn. Vierzehn für Polly!»

Polly nickt ernst. «Richtig, Robin», sagt sie. «Gut gemacht.»

«Fünfzehn für Robin!» Er kreischt jetzt, so aufgeregt ist er.

Die fünfzehnte Kerze hat er fest in der Hand. Polly tippt ganz vorsichtig seine Faust an. Sie behandelt Robin, als wäre er aus Glas. Sie behandelt ihn so, seit er in Rosewood ist.

Robin läßt sich lautstark über die Zahl Fünfzehn aus. Polly kann ihn nicht dazu bewegen, leiser zu sein. Seit er nach Rosewood geht, benimmt er sich ganz anders.

Er sieht mich nie an, auch nicht, wenn er mir etwas sagen will. Er vermengt Wörter und tut so, als müßte jeder sie verstehen, obwohl nur er sie versteht. Jetzt finde ich das nicht mehr so lustig wie früher. In Calvert, wo Polly, Sally und ich zur Schule gehen, wäre so etwas nicht erlaubt, keine Sekunde lang.

In meiner Familie sind alle auf die Calvert School gegangen. Ich streiche mit dem Finger über ihre Namen auf den Metalltafeln im Gang. Fünf Gormanjungen sind auf dieser Schule gewesen, bis sie zwölf waren. Mein Vater war der jüngste und damit auch der letzte. Ich kenne all meine Onkel, außer Onkel Petey, der im Krieg umgekommen ist. Er hieß auch Arthur; Daddy hat Robin nach ihm benannt. Wenn mich jemand fragt, wo mein Bruder zur Schule geht, gebe ich keine Antwort, weil niemand je von Rosewood gehört hat. Polly sagt, für besondere Kinder wie Robin sollte es eine besondere Schule geben, und wenn sie groß ist, wird sie eine suchen und dann dort Lehrerin sein.

Es gibt viele Dinge, die Robin besser kann als alle anderen, wie Zahlen zusammenzählen, Krebse fangen und tolle Sachen mit seinen Bausteinen bauen. Wenn er seine alten Spielsachen satt hat, bastelt er sich aus ausrangierten Dingen neue, die viel besser sind als die aus dem Spielzeugladen.

Robin kann auch alles wieder zusammensetzen. Er kann sein Radio auseinandernehmen, bis nur noch ein Chaos aus Metalldrähten, kleinen Schrauben und glänzenden runden Knöpfen übrig ist, und in ein paar Minuten setzt er alles wieder zusammen. Er kann unsere Riesenpuzzles zusammensetzen, für die die Erwachsenen Tage brauchen. Er braucht sich nur die Rückseite der Teile anzusehen, die Seite ohne Bilder.

Aber es gibt Dinge, die Robin einfach nicht hinbekommt, sosehr er sich auch anstrengt. Er kann nicht richtig sprechen, und er hat keine Manieren. Niemand weiß, was in seinem Kopf vorgeht.

Ich weiß nicht mehr, wie ich mich Robin gegenüber verhalten soll. Ich versuche, nett zu ihm zu sein, aber irgendwie gelingt es mir nicht, und manchmal sage ich gemeine Sachen und benehme mich fies zu ihm. Ich gehe nicht in seine Nähe, auch wenn wir im selben Raum sind und er mir etwas erzählen will. Er kann sich nicht verständlich ausdrücken. Es ist, als ob er es nicht einmal versuchen würde. Das stört mich. Er muß versuchen, sich zu benehmen wie wir anderen. Er kann sich doch wenigstens *bemühen,* sich nicht so verrückt aufzuführen.

«Okay, Robin, wir wissen es jetzt ja!» schreie ich, reiße ihm die Kerze aus der Hand und stecke sie neben Pollys Kerze in den Kuchen. «Fünfzehn. Echt toll. Das sind genug Kerzen. Mama wird sie ja wohl kaum zählen. Sie will ja keine Kerzen essen, sondern Kuchen.»

Sie können alle nicht fassen, daß ich schreie, weil ich sonst immer so still bin.

Robins Gesicht fällt zusammen. «Nein!» schreit er dann.

Polly reibt ihm den Rücken, aber er schüttelt sie ab. Dann zieht sie die fünfzehnte Kerze aus dem Kuchen. Sie ist mit Guß beschmiert und hinterläßt ein großes Loch. Ich habe sie zu tief hineingedrückt. Jetzt ist die Schrift auf dem Kuchen kaputt. Polly will Robin seine Kerze zurückgeben, aber er schreit immer noch.

«Nein! Robin weg! Kein Robin. Keine fünfzehn. Nie wieder!»

Er hält sich die Augen zu und schüttelt heftig den Kopf.

Polly starrt mich finster an, das Kinn vorgereckt. Wir sind jetzt alle völlig aufgelöst; Robin benimmt sich wie ein Baby und Polly wie seine Mutter. Sie tritt mir ans Schienbein.

Ich habe einen großen Fehler gemacht. Ich habe Robins besondere Art, etwas zu tun, unterbrochen. Ich wollte doch bloß, daß er sich ein bißchen beeilt, aber ich habe den anderen alles verdorben. Mir ist übel. Wenn ich den Kuchen noch länger ansehe, muß ich mich übergeben. Alles ist verdorben.

Robin hört auf zu schreien, aber sein Gesicht ist noch ganz rot, und er schlingt die Arme um sich. Er sieht den Kuchen an, als wäre der der Grund für seinen Zorn und nicht ich. Sally ist zu Mama und Daddy gelaufen, um alles zu petzen. Wir werden Ärger bekommen.

Polly schlägt mir so fest auf die Hand, daß mir Tränen in die Augen schießen. Ich weiß nicht, was sie jetzt von mir will. Ich weiß überhaupt nicht, was ich tun soll. Es ist sowieso zu spät: Daddy kommt herein, und Mama ist dicht hinter ihm. Alle erstarren. Sogar Robin erstarrt; sein Rücken ist so gerade wie ein Telefonmast.

«Aufhören», sagt Daddy sehr leise. Wenn seine Stimme so kalt und leise ist, ist er sehr böse auf uns. «Hört sofort auf!»

Robin dreht sich zu Daddy um und bildet mit erhobenen Händen eine merkwürdige, spitze Figur, sein eigenes Stopschild. Er sieht albern aus, aber wenigstens lächelt er wieder. Sally muß deswegen kichern. Aber Daddy sieht nicht Robin an, er sieht Polly an.

«Wie könnt ihr nur am Geburtstag eurer Mutter einen solchen Streit anfangen?»

Pollys Kinn zittert, aber sie sagt nichts. Sie hält sich die Hand vor den Mund. Sie würde mich nie verpetzen.

«Ich wollte doch nur, daß wir alle zusammen sind, wollte alle meine Kinder fröhlich sehen – nur diesen einen Abend», sagt Mama.

Sie schüttelt den Kopf, kommt näher und betrachtet den Kuchen. Sie steht zwischen Robin und Polly und legt die Arme um die beiden. Zwischen ihnen sieht sie richtig klein aus. Beide sind schon größer als sie.

«Mama, was wünschen», sagt Robin.

«Erst wenn die Kerzen brennen», kräht Sally.

«Kein Feuer. Nicht gut», erwidert Robin. «Mama wünschen.»

Robin darf nicht mit Feuerzeugen oder Streichhölzern spielen, seit er einmal mit einer Lupe und Papier auf seinem Fensterbrett Feuer gemacht hat. Wenn meine Mutter den Rauch nicht gerochen hätte, wäre das ganze Haus abgebrannt.

«Richtig. Kein Feuer, Robin», sagt Mama. «Jeder darf sich was wünschen.»

Wir schließen die Augen.

Eine Minute lang ist es still. Dann fängt Robin an zu reden.

«Kein Rosewood. Nie mehr. Kein Rosewood. Nie mehr.»

Wir öffnen die Augen, aber seine sind noch geschlossen. Er schreit seinen Wunsch heraus, lauter und lauter, bis er abrupt abbricht. Er öffnet die Augen und lächelt uns an.

Hoffentlich geht sein Wunsch in Erfüllung. Hoffentlich kommt er auf eine besondere Schule, wo alle so nett zu ihm sind wie Polly. Und ich hoffe, daß er morgen doppelt so viele Geschenke bekommt. Das ist mein Wunsch. Ich wünsche mir, daß er die schönsten Geschenke bekommt, alles, was er je in seinem Leben wollte.

Aber jetzt habe ich Angst, daß unsere Wünsche nicht in Erfüllung gehen, weil er das Schweigen gebrochen hat. Damit es funktioniert, muß man den Wunsch geheimhalten. Aber Robin weiß das wohl nicht. Er lächelt, und Mama umarmt ihn. Sally streckt die Hand aus und fährt mit dem Finger unten um den Kuchen herum. Sie saugt schmatzend daran, und Robin muß lachen.

Wir setzen uns an den Küchentisch und essen Mutters Geburtstagskuchen. Ich sitze neben Robin, damit ich ihm sagen kann, wie leid es mir tut, daß ich ihm die Kerze abgenommen habe. Ich beuge mich zu seinem Ohr hinüber, und mein Gesicht berührt seines. Es fühlt sich kratzig an. Wie kann er sich nur so kindisch aufführen, wenn auf seinem Gesicht schon Haare wachsen wie bei einem Mann?

«Es tut mir leid, Robin», flüstere ich. «Ich hab dich lieb.»

Ich weiß nicht, ob er es gehört hat, denn er nimmt sich einfach das nächste Stück Kuchen. Aber Mama hat mich wohl gehört. Hinter seinem Rücken nimmt sie meine Hand und hält sie fest.

~ 22 ~

«Wann haben Sie das Sehvermögen auf dem zweiten Auge verloren?»

«Vor etwa einer Woche, glaube ich», sagt Kenny.

«Vor genau neun Tagen», erwidere ich.

«Aha», sagt der Spezialist mit seinem höflichen britischen Akzent. «Die Ergebnisse der klinischen Untersuchung sind so, wie ich erwartet habe. Sie haben auf beiden Augen Ihr funktionelles Sehvermögen verloren. Dieser Zustand kann mehrere Wochen anhalten. Ich werde Ihre Prednison-Dosis erhöhen, vielleicht beschleunigt das Ihre Genesung.»

«Sie erwarten also immer noch eine Besserung?» fragt Kenny. «Ich sage ihr das ständig, aber vielleicht muß sie es einmal von Ihnen hören.» In seiner Stimme liegt ein Flehen.

«Ja, ich erwarte eine Besserung. Deshalb würde ich Ihnen gern die Maximaldosis an Steroiden verordnen, die Ihr Körper verkraften kann, aber ich bin mir darüber im klaren, daß es zu erheblichen Nebenwirkungen kommen kann.»

Es gibt Nebenwirkungen, und es gibt erhebliche Nebenwirkungen. Nebenwirkungen sind die Wassereinlagerungen, die meine Hände und Füße auf ihre doppelte Größe anschwellen lassen, so daß ich beim Gehen über die geschwollenen Zehen stolpere und kaum etwas in meinen geschwollenen Fingern halten kann.

Und dann die Achterbahn der Gefühle, die mich innerlich aufschreien läßt, mich dazu bringt, zur falschen Zeit zu lachen und zu weinen, den Hund anzuschreien, Kelsey mit einer bissigen Bemerkung das Wort abzuschneiden. Ich kenne mich selbst nicht wieder.

Ich erzähle dem Spezialisten davon. Kenny murmelt zustimmend im Hintergrund.

«Wir haben verschiedene Möglichkeiten», sagt der Spezialist. «Wir können die Prednison-Dosis herabsetzen und das Beste hoffen. Oder wir bleiben bei der jetzigen Dosis und warten ab, ob Sie sie mit der Zeit besser vertragen. Die dritte und riskanteste Möglichkeit ist, die Dosis zu erhöhen und den Stimmungsschwankungen mit anderen Medikamenten entgegenzuwirken.»

«Mit was für anderen Medikamenten?»

«Zum einen ein starkes Antidepressivum, um die emotionalen Höhen und Tiefen auszugleichen, und dazu ein Schlafmittel, um dem Aufputscheffekt gegenzusteuern. Dazu käme Valium bei unerwartet auftretenden Gefühlsausbrüchen, wenn sie etwas Schnelles, Effektives brauchen.»

«Dann wäre ich ja eine wandelnde Apotheke.»

«Natürlich müßte das alles noch mit Ihrem Internisten und Ihrem Therapeuten abgesprochen werden. Ich zeige ja auch nur ganz grundsätzliche Möglichkeiten auf.»

«Ich habe keinen Therapeuten.»

«Ach nein? Das wußte ich nicht. Möchten Sie ein paar Empfehlungen?»

Zum ersten Mal höre ich Überraschung in der Stimme dieses Mannes. Bin ich die einzige seiner Patientinnen und Patienten, die sich nicht in irgendeiner Art von Psychotherapie befindet?

«Nein, das möchte ich nicht», sage ich. Ich kann den Gedanken an ein weiteres Trauerspezialistenfiasko nicht ertragen. «Ich möchte meine Probleme, diese ganzen Träume und Ängste und was mich sonst noch bewegt, nicht einem Fremden erzählen, dessen Gesicht ich nicht sehen kann.»

«Ja, das verstehe ich. Wenn Ihnen allein der Gedanke schon unangenehm ist, würde es Ihnen auch nicht helfen. Wie sieht es denn mit den anderen Medikamenten aus?»

«Ich will nicht soviel Chemie-Zeug einnehmen», sage ich.

«Ich akzeptiere das, aber dann sind uns die Hände gebunden. Im Moment können wir medikamentös nicht mehr machen.»

«Meinst du nicht auch, wir sollten ein Rezept für Schlaftabletten mitnehmen?» fragt Kenny. «Nur für den Fall der Fälle.»

Armer Kenny. Er ist es, der die Schlaftabletten eigentlich braucht. Das Prednison hält mich – und damit auch ihn – bis in die späte Nacht wach. Ich habe Angst, ihn in einem anderen Zimmer schlafen zu lassen, außer Reichweite. Er hat mir erzählt, daß ich, wenn ich dann endlich einschlafe, im Schlaf schreie und um mich schlage und trete. Er muß Nacht für Nacht seine ganze Kraft einsetzen, um mich festzuhalten, damit ich nicht aus dem Bett falle.

Eigentlich hatte ich gedacht, daß unser Bett eine Art Refugium vor unseren Ängsten sein würde, ein weich gepolstertes Netz, in das wir uns jeden Abend fallen lassen könnten. Ich klammerte mich daran fest, daß das Wohlbehagen, in seinen Armen einzuschlafen, etwas war, das ich nicht verlieren würde. Aber wenn ich dann in meinem unruhigen Schlaf allein mit meinen Träumen kämpfe, entferne ich mich immer weiter von ihm.

«Würden die Träume aufhören, wenn ich Schlaftabletten nähme?»

«Ich glaube schon. Haben Sie Alpträume?»

«Nicht direkt. Nur ein paar traurige Erinnerungen.»

«Ja, das habe ich auch schon von anderen Patienten gehört, die ihr Sehvermögen so plötzlich verloren haben.»

«Wirklich? Was für Träume haben sie denn?»

«Sie erzählen oft, daß sie Tag und Nacht mit belastenden Erinnerungen zu kämpfen haben. Es ist ziemlich ungerecht. Man sollte doch eher annehmen, daß die schönen

Erinnerungen zuerst hochkommen, so wie Rahm, der sich oben auf der Milch absetzt.»

«Ja, genau. Und ich habe schon gedacht, mit mir stimmt irgend etwas nicht – daß ich mich einfach nicht genug auf die positiven Dinge konzentriere.»

«Nein, es liegt nicht an Ihnen», sagt der Spezialist und erfüllt damit meine unausgesprochene Bitte, mich vor Kenny zu rehabilitieren. «Es liegt in der Natur der Krankheit, gegen die Sie kämpfen.»

Es ist wirklich ein Kampf. Deshalb bin ich auch immer so müde, versuche mit aller Kraft, diesem dunklen Ort zu entkommen.

«Ich glaube nicht, daß mir Schlaftabletten helfen», erwidere ich. «Außerdem weiß ich nicht, ob ich meine Träume aufgeben möchte. Sie sind voller leuchtender Farben. Dieses ganze Licht und die vielen Details, das ist sehr schön. Ich würde das nicht eintauschen wollen, auch nicht, wenn ich dann eine ganze Nacht durchschlafen könnte.»

Ein langes, unbehagliches Schweigen folgt. Schließlich höre ich das Rascheln von Papier aus der Richtung des Spezialisten und wie Kenny sich auf seinem Stuhl bewegt.

«Tja, dann sind wir wieder dort, wo wir begonnen haben, oder? Es tut mir leid, daß ich nicht mehr für Sie tun kann. Vielleicht haben wir in ein paar Wochen bei Ihrem nächsten Termin ein paar bessere Ideen.»

Kenny entschlüpft ein verärgertes Seufzen.

«Danke, daß Sie sich soviel Zeit genommen haben, Doktor», sage ich rasch und hoffe, damit Kennys offensichtliche Erbitterung zu überdecken. «Ich weiß, daß Sie Ihr Bestes tun.»

«Noch eins, bevor Sie gehen. Einfach, aber wichtig: Ich möchte, daß Sie eine dunkle Brille tragen, wenn Sie aus dem Haus gehen.»

«Sie geht nicht aus dem Haus», faucht Kenny. «Sie hat keinen Fuß vor die Tür gesetzt, seit sie vor neun Tagen aus

Ihrer Praxis zurückgekommen ist. Das ist heute das erste Mal.»

«Das tut mir leid. Sicher ist das sehr beängstigend.»

«Das ist die Untertreibung des Jahrhunderts», sagt Kenny. Der für ihn untypische Sarkasmus läßt mich zusammenzucken. Sind die Auswirkungen des Prednisons etwa ansteckend? Oder hat ihn dies alles schließlich doch in die Knie gezwungen?

«Ich gehe in die Sonne, auf unsere Terrasse», widerspreche ich – ein Versuch, Konversation zu machen, die Praxis mit einem positiven Ausklang zu verlassen. «Die Sonne fühlt sich auf meinem Gesicht so gut an. Ich sitze mit meinem Radio und meinen Hörbüchern draußen. Aber ich habe dabei die Augen geschlossen.»

«Deshalb sind Sie so schön braun», sagt er. «Es mag widersinnig klingen, aber es kann gut sein, daß Ihre Augen jetzt wesentlich lichtempfindlicher sind als zuvor. Nehmen Sie sich in acht.»

«Das tue ich immer.» Ich bin viel zu ängstlich, um mich jemals nicht in acht zu nehmen. Ich strecke meine Hand aus, um mich zu verabschieden. Sein Griff ist fest und ruhig wie seine Stimme, und mit einer mühelosen, geübten Bewegung zieht er mich auf die Füße.

Sobald wir nach Hause kommen und ich wieder sicher unter der Decke liege, erledige ich meine Anrufe. So verbringe ich meine Tage: Das Telefon in der einen Hand, das Radio in der anderen, drücke ich Tasten und drehe an Knöpfen, wechsele zwischen aufgezeichneten und live hörbaren Stimmen ab. Ich rufe zuerst meinen Vater und meine Schwestern an, um ihnen von meinem Arztbesuch zu erzählen. Ihre Enttäuschung ist so deutlich hörbar wie das Rauschen in der Fernleitung.

Sie hatten gute Neuigkeiten erwartet. Sie hatten gehofft, der Spezialist würde vor mir feststellen, daß mein Sehvermögen bald wiederhergestellt ist, so wie er auch vor mir festgestellt hat, daß ich es verliere. Mir wird klar, daß wohl auch Kenny darauf gehofft hatte. Ich hatte nicht so große Erwartungen.

Ich schließe die Augen und versuche zu schlafen, aber ich höre Teresa in der Küche mit Töpfen und Pfannen klappern. Sie hält Abstand und versucht nicht einmal, ihre Furcht zu verbergen. Anders als viele meiner Freunde, die ihr Unbehagen anfänglich zu vertuschen suchten, sich dann aber nicht mehr blicken ließen. Zuerst hatten sie Fragen über Fragen, erkundigten sich atemlos nach all den schaurigen Details. Vielleicht suchten sie einen Beweis dafür, daß diese Krankheit eine Laune der Natur war oder ein genetischer Defekt, etwas, was ich schon lange mit mir herumgetragen hatte, meine ganz persönliche Sehnervenbombe. Sie wollten hören, daß die Krankheit genau zu mir paßte. Ich kann es ihnen nicht einmal verdenken, schließlich hätten sie sich sonst damit auseinandersetzen müssen, daß ihnen dasselbe passieren konnte.

Ungeduldig wähle ich die Nummer des Spezialisten. Mehrere Minuten lang hänge ich in der Warteschleife. Als ich plötzlich seine Stimme höre, platze ich mit der Frage heraus, die ich ihm heute morgen schon hatte stellen wollen.

«Sagen Sie mir Bescheid, wenn es Zeit ist aufzuhören?»

«Aufzuhören? Ich weiß nicht, wie ich Ihre Frage verstehen soll. Meinen Sie, wenn es Zeit ist, das Prednison abzusetzen?»

«Nein. Sagen Sie mir Bescheid, wann ich aufhören soll zu hoffen, daß ich mein Sehvermögen wiedererlange? Sie müssen mir sagen, wenn es keine Hoffnung mehr gibt. Ich möchte es wissen, wenn ich mit dem Warten aufhören soll und einen Schritt weitergehen muß, wenn ich tun muß, was in solchen Fällen eben nötig ist.» Ich zögere, meine Stimme wird spröde, verrät mich. «Ich will wissen, wann es Zeit ist, Blindenschrift zu lernen, die Busfahrpläne auswendig zu können, einen Blindenhund zu beantragen, all diese Dinge eben.»

«Jackie, bitte hören Sie mir jetzt gut zu. Sobald ich der Auffassung bin, daß Sie klinisch kaum noch eine oder gar keine Chance mehr auf Genesung haben, werde ich mit Ihnen darüber sprechen. Aber so weit ist es noch nicht, und ich glaube immer noch, daß es so weit gar nicht kommen wird. Aber falls es der Fall sein sollte, aber nur falls, werden Sie die erste sein, der ich es mitteile.»

«Sofort? Sobald Sie es wissen?»

«Selbstverständlich. Das ist meine Pflicht und Schuldigkeit.»

«Ich dachte nur... weil doch mein Mann heute dabei war, Sie wollten es nicht so direkt sagen.»

«Sie sind meine Patientin. Auch wenn ich für Ihren Mann und Ihre Familie Verständnis habe – übrigens habe ich in der Zwischenzeit nicht nur mit all Ihren Familienmitgliedern, sondern auch mit all Ihren Freunden und Bekannten im Johns Hopkins gesprochen –, können Sie ganz sicher sein, daß ich Sie als erste informiere. Sie zuerst. Haben Sie mich verstanden?»

Ich atme erleichtert auf. Ich bin dankbar, daß er Verantwortung übernimmt. Dieser Morgen war keine Zeitverschwendung.

«Ja, Doktor. Vielen herzlichen Dank.»

«Noch etwas, Jackie.»

«Ja?»

«Sie müssen Mut fassen. Sie müssen einfach. Fassen Sie Mut.»

«In Ordnung», sage ich. «Das mache ich.»

Ich beende das Gespräch und stehe auf. In den vergangenen Wochen habe ich das Gebiet um unser Schlafzimmer in Schritten ausgemessen. Ich weiß, wie viele Schritte es vom Bett zur Tür und von der Tür zum

Liegestuhl sind. Da wir im Süden Kaliforniens leben, kann ich mich darauf verlassen, daß draußen die wärmende Sonne auf mich wartet. Ich lege mich auf die Liege, Augen geschlossen, Sonnenbrille auf der Nase. Meine Haut absorbiert die Sonnenstrahlen, ich lausche der Meeresbrise, die in den Palmen raschelt, und stelle mir das Blau des Pazifischen Ozeans vor, der nur ein paar Straßen entfernt rauscht.

Ich konzentriere mich auf positive Gedanken, versuche, die Bilderwelt des bevorstehenden Schlafes in eine hoffnungsvolle Zukunft zu dirigieren. Aber ich bleibe an der Vergangenheit kleben, so wie Robin in all den Jahren, wenn wir Virginia wieder verließen, stets nach hinten geblickt hat. Er machte das Beste aus seinem Blick zurück. Er legte ein Stück blaue Plastikfolie auf die Heckscheibe und tönte damit alles in seiner Lieblingsfarbe. Wenn ich im Traum zurückblicke, steht mir das ganze Farbspektrum zur Verfügung.

Man sollte doch eher annehmen, daß die schönen Erinnerungen zuerst hochkommen, so wie Rahm, der sich oben auf der Milch absetzt.

Aber genau so ist es eigentlich. Das Schöne, das mein Bruder verkörperte, in all seiner Unschuld, ist aufgetaucht.

In der Nacht, in der ich die sichtbaren Erinnerungen meiner Kindheit zusammentrug, suchte ich verzweifelt und vergeblich nach mehr Fotografien von ihm. Meine Suche wäre weniger intensiv gewesen, wenn ich gewußt hätte, wie klar und deutlich sein Gesicht in meinen Träumen erscheinen würde. In derselben Nacht war mir noch eine Eigenart meiner Familie eingefallen. Wir versteckten die Fotos, die wir nicht mehr betrachten wollten. Wir warfen sie nicht weg, um Himmels willen, oder nahmen sie etwa aus den Rahmen. Wir legten einfach ein anderes drüber, ein neueres Foto, eine glücklichere Erinnerung.

Die Fotoalben in diesen alten Rahmen offenbaren unsere Familiengeschichte wie die Tapetenlagen in einem alten Haus. Wenn ich im Haus meiner Eltern die alten Bilderrahmen öffnete, quollen alte Fotos heraus; eine Pandorabüchse der Erinnerungen. Bilder von Robin als kleiner Junge in Virginia, wie er all seine Utensilien hochhielt: Zahlen aus Holz, bunte Plastikfolien. Aber Robins Fotos waren nicht die einzigen, die im Inneren der mattierten Rahmen versanken. Jedes Foto, das einen tragischen Aspekt unserer Familiengeschichte zeigte, wurde zu einem Dasein im Dunkel verdammt.

Unter einem Foto der frisch geschiedenen Polly mit ihren beiden Söhnen fand ich ihr Hochzeitsbild, das Relikt einer gescheiterten Ehe. Unter einem Farbfoto meines Vaters mit seinen drei Brüdern war ein Schwarzweißfoto desjenigen Bruders verborgen, der im Krieg umgekommen war; jung und frech in seiner Fliegeruniform. So muß es auch mit dem menschlichen Gehirn sein; keine Erinnerung wird je gelöscht, nur von anderen überlagert.

Als ich die vergrabenen Bilder zum ersten Mal sah, taten mir die Augen weh. Das Foto vom verlorenen Bruder meines Vaters schmerzte mich genauso wie das Bild meines eigenen Bruders im Alter von achtzehn Monaten. Er war ein hübscher Junge, mit leuchtenden Augen, blonden Locken und einem strahlenden, hoffnungsvollen Lächeln.

Der Schatten meines Bruders fiel auf viele Bilder, die er mit seiner eigenen Kamera gemacht hatte; er stand mit dem Rücken zur Sonne und fotografierte seine Lieblingsansichten. Wenn Robins Schatten einmal nicht über die Kameralinse fiel, war er dennoch sichtbar – über den Augen meiner Mutter, über Marys Brust, als Spiegelung im Fenster hinter uns.

Als mein Augenlicht schwand und ich in völliger Panik durch das Haus rannte, fürchtete ich mich vor den falschen Dingen. Ich glaubte, die Blindheit würde den Anblick aller

Dinge auslöschen, die mir so viel bedeuteten, wie ein riesiger Radiergummi in der grausamen Hand eines strafenden Gottes. Aber ich habe mich geirrt. Das Ausradieren geschieht, wenn ich wach bin. Im Schlaf zeigen sich die alten Bilder in einem neuen Licht, wie das unwirkliche Licht, das auf einen heftigen Sturm folgt. Für diesen Blick auf meine Kindheit habe ich einen schrecklichen Preis bezahlt, aber ich möchte ihn nicht mehr rückgängig machen. Ich klammere mich jetzt an diese Träume.

~ 23 ~

Juni 1973

Du bist jetzt in deinem besten Alter – du wirst nie schöner sein als jetzt und nie die Herzen der anderen mehr berühren.»

Ich habe hinten im Garten in der Sonne gelegen. Die Worte meiner Mutter scheuchen mich auf. Ich setze mich hastig hin. Sie muß schon eine Weile hier gestanden und mich beobachtet haben. Sie hält mir ein Handtuch hin, wie sie immer getan hat, wenn ich als kleines Mädchen aus der Badewanne stieg. Ich trage einen knapp geschnittenen rosa-weiß-karierten Bikini, der an den Rändern mit Spitze verziert ist. Sogar vor meiner Mutter bin ich gehemmt. Ich nehme ihr das Handtuch ab und wickele mich fest hinein, bedecke mich vom Kinn bis zu den Knien.

«Sei vorsichtig.» Sie sieht mir in die Augen. «Sei vorsichtig mit den Herzen der anderen.»

Sie nimmt meine Hände. Wir sehen auf unsere ineinander verflochtenen Finger. Meine Mutter hat große, warme Hände, genau das Gegenteil von meinen. Meine sind klein und kalt, sogar jetzt, nachdem ich in der Sonne gebraten habe.

«Sieh dir nur den Goldton deiner Haut an», sagt sie. «Wenn du diesen Farbton annimmst, fühle ich mich zehn Jahre zurückversetzt. Als wären wir wieder in Virginia – in diesem letzten Sommer, in dem wir alle zusammen waren. Du warst ständig in der Sonne, hast jede Minute draußen ausgekostet, mit Doc oder Horace oder...»

Sie bricht ab.

Ich drücke ihre Hände, dränge sie weiterzureden. Aber

sie kann nicht. Das ist typisch für unsere Familie. Wir haben Schwierigkeiten, die wichtigsten Sätze zu Ende zu bringen. In meiner Familie kann niemand einen Satz beenden, der mit «Robin» beginnt.

«Was meinst du mit ‹bestes Alter›?» frage ich sie.

«Ach, das ist so eine Vorstellung von mir», sagt sie und seufzt. «Als ich klein war, habe ich mich gefragt, wie die Menschen wohl aussehen, wenn sie in den Himmel kommen. So wie in dem Moment, in dem sie starben, oder jünger? Ich wollte gern glauben, daß Gott jeden von uns in seinem besten Alter lassen würde, in dem Körper und Gesicht so schön waren wie nie zuvor oder danach.»

Wir gehen zum Haus hinauf und in die Küche, und ich denke ein paar Minuten darüber nach.

«Mama, was war Robins bestes Alter?»

Ich erwarte eigentlich, daß diese Frage sie vor den Kopf stößt, aber sie dreht sich um und lächelt mich an. Sie hat offensichtlich schon darüber nachgedacht.

«Ich glaube, Robins bestes Alter war mit achtzehn Monaten. Du kennst doch dieses Bild von ihm, das im Wohnzimmer, wo er den Ball hochhält? Ich war so stolz, als er ihn für das Foto hochhielt. Es war ein solcher Triumph, das kannst du dir gar nicht vorstellen.»

Natürlich kenne ich dieses Foto. Es ist eines der wenigen Fotos von Robin, die wir vorzeigen. Aber ich sage nichts, weil ich nach ihren Worten hungere. Sie spricht sonst nie über Robins Kindheit.

«Das ist natürlich nur ein Schwarzweißfoto», fährt sie fort. «Aber ich glaube, man kann es trotzdem sehen. Seine Augen waren so strahlend und auf einen Punkt fixiert – nicht so wie später, wo sie immer sagten, er würde keinen Blickkontakt suchen. Sie waren vollkommen, und wenn er mich mit diesen Augen ansah, kam ich mir vor, als stünde ich im gleißenden Scheinwerferlicht.» Sie schaut zum Küchenfenster hinaus. «Und damals war sein Haar blond, nicht so dunkel, wie es jetzt ist. Er hatte einen Heiligenschein weicher Locken. Wie ein Engel. Die Leute haben mich auf der Straße angehalten, so hübsch war er – ja, das war er wirklich. Und niemand hätte es ihm ansehen können. Wie hätten wir es wissen sollen? Damals war er vollkommen. Ja, das war er.»

Ich warte darauf, daß sie weiterspricht, aber sie geht zum Kühlschrank hinüber und fängt an, den Proviant für unseren Nachmittagsausflug zum Strand zusammenzupacken.

«Mama, woran hast du gemerkt, daß etwas nicht stimmt?»

Sie kehrt mir gerade den Rücken zu, aber ich sehe, wie ihr Körper sich bei der Frage versteift. Sie schüttelt den Kopf und dreht sich um; ihr Gesichtsausdruck ist schmerzlich.

«Ach, Jackie, das habe ich erst bemerkt, als Polly auf die Welt kam und ich ein Kind hatte, mit dem ich ihn vergleichen konnte. Erst da habe ich die Unterschiede erkannt.» Sie seufzt. «Polly kam nur neun Monate nach Robin auf die Welt. Meine irischen Zwillinge. Sie war so unausgereift und sah so krank aus. Ganz schrecklich. Ein langer, magerer Körper, ein kluges, kleines Gesicht, haarlos und weiß wie die Laken in ihrer Wiege. Ich dachte, ich hätte eine Zigarette zur Welt gebracht.»

Wir müssen beide laut lachen. Die arme Polly. So groß und dünn, und niemals fühlt sie sich wohl in ihrer Haut und ihrem Körper. Dabei hat sie ein Gesicht und eine Figur wie ein Mannequin: Beine bis zum Hals, hohe Wangenknochen, mandelförmige Augen und klare, fotogene Gesichtszüge, die zu ihrer Größe und Eleganz passen. Und doch hat sie keinen Funken Selbstbewußtsein, ist sich keine Sekunde lang ihrer natürlichen Schönheit bewußt. Sie zieht die Schultern nach vorn, als wollte sie sich zu der Größe zusammenschrumpfen, die sie als angemessen empfindet.

«Aber da war Polly, neun Monate, dann ein Jahr alt, und plötzlich tat sie Dinge, die ihr älterer Bruder nicht konnte, und sie tat sie so selbstverständlich wie atmen: einen Löffel halten und allein essen, neue Wörter lernen, anstatt immer nur das Echo zu spielen. Es war so wunderbar, zu sehen, wie sie sich entwickelte, und so schrecklich, wenn man Robin mit ihr verglich. Ihr Fortschritt unterstrich sein Versagen.»

«Ach, Mama...» Ich warte darauf, daß sie weiterspricht.

«An einen Nachmittag kann ich mich noch ganz genau erinnern. Ich versuchte Robin beizubringen, wie man einen Keks festhält und in den Mund steckt. Er war damals zwei Jahre alt, Polly eins. Immer und immer wieder gab ich ihm den Keks, damit er ihn festhalten und hineinbeißen konnte. Er schaffte es nicht. Er ließ ihn fallen, zerkrümelte ihn in der Hand oder drückte ihn auf seine Augen. Schließlich gab ich auf und machte die Keksdose wieder zu.»

Sie schüttelt den Kopf, und ihre Augen füllen sich mit Tränen. «Und dann kam Polly herüber – sie konnte sogar besser laufen als er – und öffnete allein die Keksdose, nahm sich einen Keks und steckte ihn in den Mund. Einfach so. Und da wußte ich, daß irgend etwas nicht in Ordnung war und daß es immer schlimmer wurde.»

«Und dann habt ihr ihn zur Untersuchung ins Johns Hopkins gebracht?»

«Oh, ja. Bei den anderen Fachärzten war er schon gewesen. Es blieb also nur noch Dr. Kanner, der weltbekannte Kinderpsychiater. Und er hat mir gesagt, ich soll Robin wegsperren und vergessen...»

«Wie hast du das nur ausgehalten, Mama? Was hast du gemacht?»

«Nichts – nicht vor diesem berühmten Arzt, der uns einen Gefallen damit tat, Robin überhaupt zu untersuchen, wo er ihn doch für einen hoffnungslosen Fall hielt.

Ich habe natürlich gewartet, bis dein Vater und ich wieder zu Hause waren, bevor ich zusammengebrochen bin. Nach zwei oder drei Martinis habe ich nur noch dagesessen und geweint. Ich ließ den Kopf hängen und schluchzte wie ein kleines Kind.» Sie windet sich bei dem Gedanken, aber ihre Augen bleiben trocken, und sie erinnert sich. «Ich *war* damals auch noch ein Kind, erst zweiundzwanzig. Als erstes tat ich mir furchtbar leid.» Sie schließt die Kühlschranktür und setzt sich an den Küchentisch. Ich nehme ihr gegenüber Platz. «Ich wußte nicht, wie ich damit zurechtkommen sollte. Ich konnte nicht für beide Mutter sein, nicht Robins spezielle und Pollys zum Glück ganz normale Bedürfnisse gleichzeitig erfüllen. Die einen oder die anderen. Aber nicht beide gleichzeitig.»

«Es muß sehr schwer für dich gewesen sein, ganz allein mit den beiden zu Hause, ohne Hilfe.»

«Ja, das stimmt.» Sie nickt. «Ein behindertes Kind wie Robin, das nicht allein essen konnte, bis zu seinem siebten Lebensjahr in die Windeln machte und nicht sprach. Er war wie vier oder fünf Kinder zusammen, alle mit einem schwerwiegenden Problem.»

«Und Polly? Wie hat sie sich als kleines Kind Robin gegenüber verhalten?»

Mama schüttelt den Kopf. «Die arme Polly. Sie durfte kein Problem haben. Sie mußte perfekt sein, kein perfektes Kind, sondern eine perfekte kleine Erwachsene. Mit drei oder vier fing sie an, sich um ihn zu kümmern – ihn zu beschützen, seine verrückten Laute zu übersetzen. Polly war immer seine zweite Mutter und oft eine viel bessere als ich.»

Ich nicke. So kenne ich Polly, stets erwachsen und klug.

«Ich weiß, daß ich viel falsch gemacht habe. Aber ich konnte ihn nicht einfach weggeben. Nicht mit zwei Jahren. Und ich habe ihn immer geliebt.»

«Natürlich hast du das.» Ich bin überrascht, daß sie etwas so Offensichtliches ausspricht.

Sie sieht mich durchdringend an.

«Das haben die Ärzte damals aber anders gesehen, Jackie. Angeblich war alles mein Fehler. Mütter von autistischen Kindern bekamen die Schuld. Sie stempelten uns als ‹Kühlschrank-Mütter› ab. Ich habe so dagegen angekämpft, wollte es diesem berühmten Arzt und allen anderen zeigen. Ich liebte meinen Sohn. Natürlich hätte ich gern gehabt, daß er normal ist, aber vor allem anderen wollte ich, daß er glücklich ist. Aber er war ein so schwieriges Kind. Keine Schule wollte ihn aufnehmen. Er verletzte sich ständig selbst, war zerstörerisch. Du kannst dich nicht erinnern, du warst noch zu klein, aber...» Sie schlägt die Hände vors Gesicht, und ihre Schultern beben.

«Ich erinnere mich gut», sage ich leise.

Mein Herz zieht sich bei diesen Erinnerungen schmerzlich zusammen. Die vielen Fahrten meiner Mutter nach Rosewood, wo sie ihn für das Wochenende, für Ferien und Geburtstage abholte. Die Nachmittagsfahrten mitten in der Woche, um ihn mit dem zu versorgen, was er nötig brauchte; seine Kameras, Filmmaterial, Schulbücher, bunte Decken und gemusterte Bettbezüge. Sie bemühte sich, aus dem Zimmer im Hospital ein Heim zu machen. Sie versuchte immer, ihn glücklich zu machen.

«Jedenfalls ist das alles lange her», sagt Mama. «Wir werden ein großartiges Wochenende miteinander verbringen, wir alle zusammen. Robin kommt mit seiner neuen Arbeit gut zurecht. Wenn es so weitergeht, wird er offiziell aus Rosewood entlassen. Er kommt mit dem Bus – er ist so stolz darauf, daß er sich mit dem Bus in der Stadt zurechtfindet. Und Polly kommt morgen früh aus Philadelphia. Alle meine Kinder zusammen.»

«Fahren wir heute mit zwei Autos?»

«Ja. Robin müßte gleich hier sein. Ich nehme ihn und Mary Clark mit. Wir holen Sally von der Schule ab. Ich dachte, du könntest mit Daddy in seinem Wagen nachkommen, wenn er von der Arbeit heimkommt. Ihr könntet die Hunde mitbringen.»

«Kann Robin nicht mit Daddy und mir fahren?»

«Ich denke schon, Schatz. Wenn du das gern möchtest. Aber Robin sitzt nicht gerne mit den Hunden im Auto, und bei mir ist es schon so voll.»

«Das macht nichts. Ich setze mich mit den Hunden nach hinten, und Robin kann vorne bei Dad sitzen.»

«Gut. Du sagst es deinem Vater bitte selbst. Er kann Robins Musik zwar nicht ausstehen, aber dir wird er es nicht abschlagen.» Sie sieht auf die Uhr und springt auf. «Es ist schon nach zwölf. Geh doch schon mal nach oben und mach dich fertig. Sag Mary Clark, sie soll ihre Sachen packen. Ich hupe, wenn sie kommen kann. Sie soll sich beeilen.»

Ich gehe nach oben, um zu duschen und mich umzuziehen. Das weiße Kleid mit den Spitzen und Puffärmeln, das ich gestern bei der Abschlußfeier getragen habe, hängt noch an meinem Kleiderschrank. Ich halte es mir an und sehe in den Spiegel. Es sieht nicht aus, als hätte es mir jemals gepaßt, nicht einmal gestern. Mein ganzes Leben paßt mir plötzlich nicht mehr.

Ich gehe in Sallys Zimmer und hänge das Kleid in ihren Schrank. In zwei Jahren wird sie ihren Abschluß machen. Das Kleid wird ihr wunderbar stehen, wie alle meine Sachen, die sie trägt. Es macht mir eigentlich nichts aus, daß sie meine Kleider trägt, aber es stört mich, daß sie darin immer soviel besser aussieht als ich.

An ihren Wänden klebt eine Tapete mit weißen und rosa Blüten, am Fenster hängen getupfte Vorhänge. Das ganze Zimmer ist so mädchenhaft und niedlich wie eine Puppenstube. Alle Stofftiere, die sie seit ihrer Kindheit bekommen hat, liegen auf ihrem Bett. Ich betrachte den rosa Hasen und sehe sie vor mir, mit sechs, in diesem letzten glücklichen Sommer in Virginia; ihr Grübchenlächeln, die Sonne, die auf ihrem maisblonden Haar glänzt.

Sie hat sich in den vergangenen zehn Jahren kaum verändert. Sie betritt immer noch den Raum wie sonst niemand. Ihr Gang ist immer noch so beschwingt, als wäre die Erdanziehungskraft in ihrem kleinen Orbit geringer. Meine Mutter lächelt, wenn sie nur hereinkommt, Fröhlichkeit verbreitet, mit ihrer hohen Elfenstimme muntere Worte wie Zauberstaub verstreut. Meistens macht es mich wahnsinnig, wenn ich sie mit Mama und Dad plaudern, die beiden mit ihr lachen höre. Ihre Stimme ist wie die Musik auf der Eisbahn, sie hört nie auf, ist immer munter und beschwingt, sie geht einfach weiter, selbst wenn ich auf die Nase falle.

Gestern bei der Abschlußfeier ging ich mit einem Arm voll akademischer Auszeichnungen von der Bühne – silberne Pokale und Trophäen und Bücherstapel. Nachdem mir alle meine Mitschüler und Lehrer und die andern Eltern gratuliert hatten, blieb bei mir immer noch das Gefühl haften, daß ich das einzige nicht erreicht hatte, was meine Eltern immer für mich wollten – unbeschwerte Fröhlichkeit.

Ich höre Musik aus Mary Clarks Zimmer. Ich gehe hinein und finde sie vor dem Spiegel, wo sie zu «Superkalifragilistisch...» aus *Mary Poppins* tanzt. Sie schneidet beim Singen Grimassen und hält sich einen rosa Schirm über den Kopf. Sie wurde vor sechs Jahren geboren, als glückliches Finale unserer Familiengeschichte.

Auch Mary Clark war ein hübsches Baby wie mein Bruder. Sie wurde zwei Tage vor meinem zwölften Geburtstag geboren, im Februar 1967. Ich habe sie immer als verfrühtes Geburtstagsgeschenk betrachtet, Sonderzustellung, in dicke Lagen Liebe verpackt. Polly, Sally und ich waren ganz verrückt nach ihr. Wir küßten sie so oft, daß sie an den Schläfen kahle Stellen bekam, so groß wie Fünfundzwanzig-Cent-Stücke.

Sie lächelt ihr albernes schiefes Lächeln, als sie mich im

Spiegel entdeckt. Ihr Haar ist rotblond, das Gesicht klein und zart, die Augen groß und marineblau. Ist das ihr bestes Alter?

«Hallo, meine Schöne, du mußt packen und dich fertig machen. Mama hupt gleich nach dir. Du fährst in ihrem Wagen mit.»

Sie dreht sich um und sieht mich mit gerunzelter Stirn an.

«Kommst du denn nicht mit?»

«Doch, natürlich. Aber ich komme später, mit Daddy. Wir warten auf Robin und bringen die Hunde mit.»

«Gut.» Sie lächelt mich an. «Dieses Mal bin ich es, die zuerst auf Wiedersehen sagt.»

«Wie meinst du das?»

«Ich will es zuerst sagen. Ich bin die Kleinste, und deshalb bin ich immer die letzte, die irgendwo hingeht. Ich bin die letzte, die aufs College geht. Aber heute kann ich als erste auf Wiedersehen sagen. Und du bleibst hier und winkst mir nach und siehst ganz traurig aus.»

Mama hupt. Ich helfe Mary Clark, ein paar Kleidungsstücke in einer Baumwolltasche zu verstauen; ihr kleines Kissen liegt ganz obenauf. Das Hupen wird lauter, als würde Mama mit beiden Händen auf die Hupe drükken.

«Zuerst auf Wiedersehen!» ruft Mary Clark und stürmt die Treppe hinunter.

Ich folge ihr nach unten, stehe vor dem Eingang und winke ihr nach, sehe traurig aus und fühle mich auch so. Der schale Nachgeschmack des Abschieds klebt in meiner Kehle. Ein Abschied tut immer weh – ob man geht oder zurückbleibt.

Es war schon beinahe Vollmond, als ich mich nachts aus dem Haus schlich. Ich wollte ihn noch einmal sehen. Ich wollte ihn im Mondlicht sehen. Er blieb bis zu seinem

Abschluß allein in dem leeren Haus; dann zog er nach Baltimore zu seiner Familie.

Er schlief unter dem Fenster des leeren Eßzimmers. Er sah genauso aus, wie ich es mir vorgestellt hatte; die untere Hälfte seiner Einsachtzig steckte in einem Schlafsack, die obere Hälfte war bleich, vom Mond beleuchtet, und seine helle Haut spannte sich straff und schimmernd über der Brust. Er lächelte im Schlaf, genau wie Sally, wie alle blonden Menschen wohl im Schlaf lächeln. Ich dagegen habe immer noch Alpträume.

Lange Zeit stand ich so im Flur und nahm seinen Anblick in mich auf. Als ich das Zimmer betrat, sah ich den Zettel, den er für mich am Reißverschluß seines Schlafsackes befestigt hatte. Zwei Worte, in Großbuchstaben, mit neongrünem Textmarker geschrieben, leuchteten im Dämmerlicht: *Weck mich!*

Ich weckte ihn nicht. Ich setzte mich neben ihn und sah ihm beim Schlafen zu, speicherte sein Bild in meiner Erinnerung, meine erste Liebe, in ihrem besten Alter.

Ich kann mich noch an alle Einzelheiten unserer ersten Verabredung erinnern. Ich ging auf eine Privatschule für Mädchen und er auf die dazugehörende für Jungen. Wir lernten uns in der zehnten Klasse kennen. Rasch fanden wir unsere Gemeinsamkeiten heraus: Wochenendhäuser am Atlantik, nicht weit voneinander entfernt; wir waren beide das mittlere von fünf Kindern, zwei über uns, zwei unter uns. Ich sagte, daß mir diese Position gut gefiel, wie ein Absatz zwischen zwei Treppen. Er lächelte traurig und erzählte, daß es in seiner Familie anders sei – seine ältere Schwester sei geistig behindert, Sauerstoffmangel bei der Geburt, und hätte auch einige schwere körperliche Behinderungen. Sie lebte nicht zu Hause bei der Familie, sondern in einem Heim. Rosewood? fragte ich. Nein, erwiderte er und sah mich erstaunt an. Eine Einrichtung für geistig Behinderte, wie Rosewood, aber weiter weg.

Als er mir davon erzählte, drückte ich seine Hand so fest, daß ich glaubte, die Knochen knirschen zu hören, aber er schien es nicht einmal zu spüren. Nichts konnte ihm mehr weh tun als seine eigenen Worte. Er weinte, als er mir davon erzählte. Bis zu diesem Zeitpunkt hatte ich erst zwei Männer weinen sehen. Horace und Robin. Ich hatte Horace nur einmal weinen sehen, als Robin sich so verletzt hatte. Ich hatte Robin schon unzählige Male weinen sehen, wenn er sich verabschieden mußte. Aber mein erster Freund weinte nicht wie diese beiden. Er weinte wie ich.

Ich erinnere mich noch an meinen ersten richtigen Liebesbrief. Ich trug die Worte an meinem Körper wie Mutpflaster. Ich riß den Schluß des Briefes ab, wo «Jackie, ich liebe dich» stand, und trug ihn in der Brusttasche meiner Schuluniform mit mir herum, über dem Herzen, ließ die Worte mich wärmen wie eine Berührung von ihm. Nachts legte ich die zerknitterten Seiten unter mein Kopfkissen, als könnten die füllergeschriebenen Worte in meinen Kopf eindringen, mich mit ihrem Zauber umgeben und die Alpträume verscheuchen.

Wußte ich mit sechzehn schon, was Liebe bedeutet? Als das Buch *Love Story* erschien, sagte ich beim Frühstück, es sei das beste Buch, das ich je gelesen hätte. Ich hatte endlich die perfekte Definition des Wortes Liebe gefunden. Mama stürzte sich auf das Buch und hatte es bis zum Abendessen verschlungen.

Das letzte Kapitel las sie in der Küche, wobei sie das Buch vorsichtig aus der Reichweite des Bratfettes hielt. Mama hat immer alle Bücher gelesen, die ihre Kinder gelesen haben, von Mary Clarks Bilderbüchern aus dem Kindergarten bis zu den Lehrbüchern, mit denen Polly auf dem College arbeitete. Sie sagte, unsere Bücher seien die einzigen Fenster, durch die sie noch in unsere Herzen und Gedanken sehen könne.

Später beim Abendessen sagte sie, daß sie *Love Story*

ganz entsetzlich fand. Sie wetterte gegen das Buch und schimpfte, sprach von der geschmacklosen Darstellung von Jennys Todesszene, aber allein der Gedanke daran versetzte mich schon in Tagträume. Ich erinnerte mich, wie Oliver Jenny in diesem Krankenhausbett in den Armen hielt. Wie wundervoll wäre es, so geliebt zu werden. Ich fragte mich, ob jemand mich jemals so lieben würde.

Damals wußte ich aber schon, daß er mich nicht so liebte. Einige Monate zuvor hatte er mir den Beweis geliefert, obwohl ich einmal lieber nicht recht gehabt hätte. Während ich das Wochenende im Strandhaus verbrachte und meine Bewerbungen fürs College schrieb, ging er zur größten Party des Jahres, und das mit einer meiner besten Freundinnen. Jedenfalls hatte ich geglaubt, sie wäre meine Freundin. Alle Schüler aus unseren beiden Schulen sahen, wie sie sich leidenschaftlich küßten. Der Doppelhammer. Zwei völlig unerwartete Schläge, die mich lähmten. Ich konnte nicht auf Wiedersehen sagen, weil ich mir auf die Lippen biß, bis sie bluteten.

Sie haben nicht einmal gesagt, daß es ihnen leid tut.

Mama hielt die Definition von Liebe in dem Buch für völlig falsch. An diesem Abend warf sie beim Essen empört die Gabel auf den Teller.

«Das ist der absolut dümmste und gefährlichste Satz, den ich jemals in einem Buch gelesen habe!» rief sie.

«‹Liebe heißt, niemals um Verzeihung bitten zu müssen?›» fragte ich. «Was ist daran denn so dumm?»

«Um Himmels willen, Liebe heißt, *immer* um Verzeihung bitten zu müssen! *Immer!* Wenn man jemanden wirklich liebt, kann man es gar nicht oft genug tun.»

In unserer Familie hatte Liebe wirklich immer damit zu tun, um Verzeihung zu bitten. Deshalb gefiel mir das Buch so gut, weil es eine Art von Liebe zeigte, die so mühelos schien. Sie schien schmerzlos, ruhig und ernst, wie Jennys unblutiger Tod.

Anstatt ihn also zu wecken, um mich zu verabschieden, schrieb ich «Auf Wiedersehen» auf den Zettel, den er mir geschrieben hatte. Und dann fügte ich noch zwei Worte hinzu.

Denn Liebe heißt, immer um Verzeihung bitten zu müssen.

Ich höre zwei Männerstimmen und hebe den Kopf. Dads Auto steht in der Einfahrt. Mein Vater und mein Bruder kommen auf das Haus zu. Dad muß Robin wohl an der Bushaltestelle aufgelesen haben.

Ich laufe hinauf in mein Zimmer und werfe meine Kleider und ein paar Bücher in einen Koffer, damit wir rasch losfahren können, um die Chesapeake Bay Bridge vor dem Stau zu passieren.

Als ich herunterkomme, verstaut Dad schon die ersten Sachen im Auto, Megan, unser Golden Retriever, hat die Leine im Maul und tanzt vor Aufregung an der Haustür herum. Sie will nicht allein zurückbleiben. Der andere Golden Retriever ist noch ein Welpe; er wedelt so heftig mit dem Schwanz, daß er sich dabei halb überschlägt. Vorsichtig steigen wir über die beiden und tragen die Taschen zum Auto.

«Ruf deinen Bruder», sagt Dad. «Er ist hinten in der Kühlkammer und bringt den Müll raus.»

Ich rufe, bekomme aber keine Antwort.

Ich gehe hinaus, und da sitzt er auf dem Boden der Kühlkammer. Sein Gesicht ist blaß, und er trägt eine Skimütze. Er nimmt die Kühlkammer ziemlich wörtlich, sogar im Juni. Als ich die Tür öffne, sieht er mich an, als hätte ich ihn bei etwas Verbotenem erwischt.

«Robin, wir müssen fahren.»

Er senkt den Kopf, konzentriert sich auf den Karton auf seinem Schoß.

Er sieht meine alten Schulunterlagen, meine Klausuren und Notizbücher durch, die ich zum Altpapier getan habe.

«Kann ich diesen Karton haben, Jackie?»

«Klar, Robin.»

«Oh, danke, Jackie. Nehm ihn mit. Werd das ganze Wochenende lernen. Muß viel lernen.»

«Nach Spaß und Freizeit klingt das aber nicht.»

«Kein Spaß.» Er schüttelt den Kopf. «Keine Zeit mehr verlieren.»

Er nimmt den Karton, und ich halte die Tür auf. Wir stellen ihn in den Kofferraum, und ich bitte Robin, sich zu Dad zu setzen. Er ist nicht gerade begeistert, aber dann sage ich, daß ich hinten bei den Hunden sitzen will.

Ich schlüpfe auf den Rücksitz und knuddele den Welpen. Er riecht nach Gardenien, weil er jede Nacht neben Mamas Bett schläft und sich der Duft ihres Parfums in seinem Fell festsetzt.

«Was ist denn in dem Karton?» Mein Vater wirft mir im Rückspiegel einen fragenden Blick zu.

«Meine alten Schulsachen.»

«Kannst dich wohl nicht davon trennen, hm?»

«Robin wollte sie haben.»

Robin nickt heftig, wie immer, wenn er aufgeregt ist. Ich kann mir kaum vorstellen, was an meinen alten High-School-Unterlagen so aufregend sein soll. Meinetwegen könnte man sie in Röhrchen füllen und in der Apotheke als Schlafmittel verkaufen.

«Wozu brauchst du Jackies Schulunterlagen, Robin?»

«Ich bin nicht mehr zurückgeblieben, Daddy», sagt Robin. «Nie mehr.»

Dad sagt kein Wort, hebt aber überrascht eine Augenbraue.

«Mein Freund Mr. Citron hat mir das heute erklärt. Nein, Sir. Ich bin nicht mehr zurückgeblieben. Nur unverstanden. Arbeite mit Jackies Unterlagen – mache Abschluß wie Jackie. Ja, Daddy. Abschluß auf Rosewood. Kein Rosewood. Nie mehr.»

Dad und ich wechseln einen Blick im Rückspiegel. Ich betrachte Robins Profil im Seitenspiegel des Beifahrersitzes.

Er setzt die Skimütze ab. Einen Augenblick lang bin ich schockiert; sein Haar ist militärisch kurz geschnitten. Als ich ihn Ende März sah, trug er die gleiche Skimütze, und dicke Strähnen langen blonden Haares lugten auf beiden Seiten hervor. Ich erinnere mich daran, wie er im Wohnzimmer saß und darauf wartete, mit Mama einkaufen zu gehen. Er lächelte vor sich hin, mit geschlossenen Augen, und die langen gebogenen Wimpern warfen fächerartige Schatten auf seine blasse Haut. Einen Moment lang sah er aus wie ein kleines Mädchen, nicht wie ein dreiundzwanzigjähriger Mann.

Jetzt sieht er ganz anders aus. Ich betrachte sein weiches Profil, während er aus dem Fenster sieht. Es bildet einen scharfen Kontrast zu seinem kurzgeschorenen Haar.

«Robin, wann hast du dir denn die Haare schneiden lassen?»

«Gestern», sagt er und berührt schüchtern seinen Nakken. «Bin ganz alleine gegangen.»

«Aber warum denn so kurz?»

«Mußte mich nach einem neuen Job umsehen. Mußte ordentlich aussehen. Ich bin jetzt Tellerwäscher, Jackie. Sauber arbeiten. Sauber aussehen.»

Ein Tellerwäscher. Doc, unser Großvater, würde sich im Grab umdrehen. Er hatte so gehofft, daß einer seiner Enkel Arzt werden würde.

«Suchst du dir jetzt auch Arbeit, Jackie?» Robin dreht sich zu mir um; er sieht wißbegierig aus. «Du machst dich nützlich?»

Dad und ich brechen in Gelächter aus, und Robin lacht mit; er freut sich, einen guten Witz gemacht zu haben.

«Ich werde das Nützlichmachen noch ein paar Jahre hinausschieben, Robin.» Ich lache immer noch. «Ich gehe aufs College.»

«College, ja», sagt Robin, jetzt wieder ernst. «Mußt klug sein fürs College. Ich arbeite hart, werde klug, gehe eines Tages auch aufs College. Wie meine Schwestern, Polly und Jackie.»

«Es ist viel besser, sich nützlich zu machen und Geld zu verdienen, Robin.»

«Ja», sagt er, aber er legt den Kopf schief, als hätte er seine Zweifel.

«Was willst du dir von deinem Geld kaufen?»

«Den größten Fernseher der Welt, Jackie. Einen riesigen Farbfernseher, nur für mich.»

«Das klingt aber teuer, Robin.»

«O ja», sagt er. «Viele Teller.»

Ich lache und sehe zu Dad hinüber, aber er hat uns nicht zugehört. Er dreht an den Radioknöpfen.

«Suche den Wetterbericht», brummelt er.

«Hurrikane», meint Robin.

«Das glaube ich nicht.» Dad schüttelt den Kopf. «Dann könnten wir ja gar nicht angeln gehen.»

«Angeln, ja, gut, gut, gut. Angeln.»

Robin schaukelt vor und zurück, und sein Kopf hüpft auf und ab. Er geht genauso gern angeln wie mein Vater und ich. Ich sehe sie beide an; ihre Nacken sehen genau gleich aus, dieselbe Form, derselbe Hautton. Das ist mir nie zuvor aufgefallen.

«Angeln ist gut. Gut für Robin!» Seine Stimme wird vor Begeisterung höher und lauter. Dad dreht die Lautstärke des Autoradios hoch.

Robin holt sein Transistorradio hervor und setzt den Kopfhörer auf. Dad hört sich ein paar Minuten Rauschen im Radio an und schaltet es wieder aus. Er seufzt und fängt dann im Rückspiegel meinen Blick auf.

«Knöpfchen, ich war gestern sehr stolz auf dich. Diese vielen Auszeichnungen.»

«Danke, Dad.»

«Du mußt dich in der Schule doch furchtbar gelangweilt haben. Du hättest irgendwann eine Klasse überspringen sollen – vielleicht auf der Calvert School.»

«Vielleicht kann ich auf dem College ein Jahr überspringen. Ich glaube, ich habe meine Aufnahmetests alle gut bestanden.»

«Das ist noch besser», sagt er. «Dann muß ich weniger Teller abwaschen.»

Er hatte also doch zugehört.

Robin gibt jetzt Geräusche von sich; merkwürdige Laute zu der Musik, die er hört, und ich versuche, eine Melodie herauszuhören. Ich erkenne eine elektrische Gitarre. Dad sieht zu Robin hinüber, und Gereiztheit zieht über sein Gesicht wie eine Gewitterwolke. Aber er sagt nichts, denn er weiß, daß Robin nicht bewußt ist, daß er jemanden stört.

«Eat a Peach», murmele ich. *Iß einen Pfirsich.*

«Was hast du gesagt?»

«Es ist ein Stück aus dem *Eat a Peach*-Album von den Allman Brothers, Dad. Was Robin gerade hört.»

«Na, da bin ich aber froh, daß ich es nicht hören muß. Ich finde das furchtbar. Diese neuen Sänger haben entsetzliche Stimmen – wie streunende Katzen.»

Ich versuche, mich an den Text des ersten Liedes auf dem Album zu erinnern: «Ain't Wasting Time No More.» *Keine Zeit mehr verlieren.*

Mein Vater steuert eine Tankstelle an und drosselt die Geschwindigkeit. Robin nimmt den Kopfhörer ab und springt aus dem Auto. Er ist gern an Tankstellen. Dad tankt den Wagen auf, und Robin macht die Windschutzscheibe sauber. Ich betrachte meinen Bruder durch die Scheibe und winke ihm, aber er sieht mich anscheinend gar nicht. Sein Gesicht zeigt volle Konzentration.

Er beugt sich vor, um mit einem Papiertuch quietschend einem Fleck zu Leibe zu rücken. Etwas an seinem Hemd schlägt wieder und wieder gegen das Glas, und ich beuge mich vor, um es mir anzusehen. Eine Anstecknadel. Eine große hölzerne 4, gelb bemalt, mit einem fröhlichen Gesicht im Dreieck. Die Anstecknadel erinnert mich an etwas. Ich taste in der Tasche meiner Jeans nach etwas Metallenem.

«Hübscher Anstecker, Robin», sage ich, als er wieder ins Auto steigt.

«Danke, Jackie. Die Vier mag ich gern», sagt er.

«Warum magst du die Vier gern?»

«Gute Zahl, die Vier mag ich gern», wiederholt er.

Er hat auf diese Frage noch nie anders geantwortet, aber ich gebe nicht auf; eines Tages werde ich das Rätsel vielleicht lösen. All seine Obsessionen sind rätselhaft – seine Zahlenanstecker, seine bunten Glasscherben, seine selbstgemachten hölzernen Vogelkäfige mit Glaswänden und ohne Dach.

«In Japan ist vier eine Unglückszahl. Sie steht für den Tod», sagt Dad, als er einsteigt und den Motor anläßt.

«Daddy, du lieber Himmel», sage ich und werfe Robin einen Blick zu; er hat leider jedes Wort gehört. «Wie kannst du so was sagen!»

Robin legt den Kopf zur Seite.

«Daddy, muß dir was sagen.»

«Was denn, Robin?»

«Japan hat den Krieg verloren, Daddy. Für nichts und wieder nichts. Und du hast deinen Bruder im Krieg verloren. Für nichts und wieder nichts.»

«Vielen Dank für dieses Nachrichtenbulletin, Robin.»

Robin holt einen Bleistift und ein Blatt graues Papier hervor und schreibt etwas auf. Ich beuge mich vor. Mit großen sauberen Druckbuchstaben schreibt er «BULLETIN» unter B auf seine Liste.

«Robin, darf ich das mal kurz haben?»

Er zögert einen winzigen Augenblick und gibt es mir dann, seinen kostbaren Besitz, seine Wörterliste.

«Hier ist ein Geschenk für dich», sage ich und gebe ihm die Lateinauszeichnung des Staates Maryland, die ich gewonnen und gerade mit der Post bekommen habe.

«Deine, Jackie? Eine Auszeichnung? Gratuliere.» Er lächelt.

«Jetzt ist es deine, Robin», sage ich. «Für den Abschluß in Rosewood.»

Er steckt sie direkt über die große Vier, nahe an seinem Herzen; ein Ehrenplatz.

Ich betrachte das Papier, das er mir gegeben hat. Eigentlich ist es ein Stück graue Pappe. Es sieht aus wie die Pappe, die in Daddys Hemden steckt, wenn sie aus der Reinigung kommen. Die Pappe ist in Robins sorgfältiger Handschrift mit Wörtern vollgeschrieben, mindestens hundert Stück. Robin schreibt täglich alle Wörter auf, die er hört oder liest und nicht versteht. Dann schreibt er sich die Erklärung aus dem Wörterbuch dazu und prägt sie sich ein. Oft bleibt er bis weit in die Nacht auf, um sich die Wörter des Tages einzuprägen. Er geht erst ins Bett, wenn er damit fertig ist.

Ich überfliege die Liste und bleibe in der Spalte S hängen. «Superkalifragilistisch» steht dort und noch keine Erklärung daneben. Er hat sich bestimmt Mary Clarks Lieder angehört.

Ich zeige auf das Wort.

«Robin, das ist kein richtiges Wort. Es ist ein Blödelwort.»

«Ein Blödelwort? Was ist das? Ein zusammengesetztes Wort?» Er zückt seinen Bleistift. «Ich schreibe es in die M-Spalte, unter ‹mißverstanden›.» Er sieht mich an. «Satz: *Robin hat das Wort superkalifragilistisch mißverstanden.*»

«Schon, aber vergiß die M-Spalte im Moment, Robin.» Nach so vielen Jahren kann er immer noch nicht mehrere Dinge gleichzeitig tun. «Ich rede über dieses Wort superkalifragilistisch. Du hast es nicht im Wörterbuch gefunden, weil es kein richtiges Wort ist. Es ist ein Zauberwort.»

«Alle Wörter sind Zauberwörter», sagt er. «Gute Wörter lassen gute Dinge geschehen. Wußtest du das etwa nicht, Jackie?»

Ich sehe ihn verblüfft an.

«Doch, Robin. Du hast recht.»

«Dann lern am besten gute Wörter auf dem College.» Robin nickt wieder heftig. «Gute Wörter sind nützlich, wie gute Zahlen.»

Mein Vater lächelt mich im Rückspiegel an.

«Stimmt, Robin», sagt er. Er zwinkert mir zu.

Wir fahren durch das verschlafene kleine Nest Neavitt, in dem es nur einen Laden gibt. Noch ein paar Meilen, und wir sind am Ziel. Ich kann es kaum erwarten. Ich liebe dieses Haus, als wäre es ein Familienmitglied. Auch Robin freut sich. Er hält die Kamera ans Fenster und macht Fotos. Wir biegen auf einen Kiesweg ab und nehmen dann den unbefestigten Weg, der direkt zum Haus führt. Dad hält den Wagen an und legt den Finger an die Lippen.

Der große blaue Reiher ist da, diese scheue Kreatur, die man nur selten zu Gesicht bekommt. Wir halten alle den Atem an, aber er hat uns schon entdeckt. Er fliegt auf, über den Bach und den See hinweg, und seine großen, weit ausgebreiteten Flügel werfen einen Schatten auf das stahlblaue Wasser. Vom Auto aus kann ich Mary Clark und Sally im Swimmingpool sehen und Mama und Polly auf der Veranda. Sie decken den Tisch zum Mittagessen. Ich atme die salzige Luft tief ein, blicke zum Wasser hinüber, den Steg entlang, der dem am Haus meiner Großeltern in Virginia gleicht, und sehe dort das Boot liegen, mit dem wir immer zum Angeln fahren. Ein Tag wie aus dem Bilderbuch. Kein Wölkchen am Himmel.

«Kein Hurrikan heute», sagt Robin. «Guter Tag zum Angeln.»

«Ja, Robin, du hast schon wieder recht», sagt Dad und läßt seine Hand ein paar Sekunden lang auf Robins Schulter liegen.

Robin betrachtet Dads Hand und strahlt ihn dann an, wie er mich angestrahlt hat, als ich ihm meine Lateinauszeichnung gab.

Da wird mir klar, wie selten Dad meinem Bruder zuhört, ihm lange und aufmerksam genug zuhört, um etwas zu finden, bei dem sie einer Meinung sind. Von Tür zu Tür sind wir zwei Stunden gefahren. Ich wußte nicht genau, warum ich wollte, daß wir drei im selben Auto fahren, aber jetzt weiß ich es. Es ist der letzte Sommer, den ich zu Hause verbringe, bevor ich weggehe, um ein anderes Leben anzufangen. Und ich wollte dieses Bild gern mitnehmen – wir alle zusammen, an diesem wundervollen Junitag und alle glücklich.

Das Seh-Glas

~ 24 ~

15. April 1991

In den Abendnachrichten um elf höre ich, daß sich rings um den Flughafen Autoschlangen mit Menschen gebildet haben, die im einzigen noch offenen Postamt ihre Briefe mit den Einkommensteuererklärungen abgestempelt haben wollen. Es ist ein beruhigender Gedanke, wenn man davon ausgeht, daß geteiltes Leid halbes Leid ist. Heute nacht sind viele Menschen so nervös, frustriert und hellwach, wie ich es in den vergangenen vier Wochen gewesen bin.

Ich höre das Rascheln der Tageszeitung. Kenny liest die Nachrichten, ich höre sie mir an. Ich würde ihn gern bitten, sie mir vorzulesen, aber es kommt mir sowieso schon vor, als würde ich ihn am laufenden Band um etwas bitten.

Ich stehe auf und gehe langsam, mit ausgestreckten Armen, in Kelseys Zimmer. Ich verbringe meine Zeit mit ihr, wenn sie schläft. Immer noch zerreißt es mir beinahe das Herz, wenn ich ihre Stimme höre, ohne sie sehen zu können. Also gehe ich zu ihr, wenn sie still ist.

Meine verpflasterten Knöchel streifen an den Wänden des Flures entlang. Ich stoße mir den Zeh an der halboffenen Tür. Verdammt.

Sechs Schritte zu ihrem Bett. Ich taste nach ihr und spüre das samtige Fell des riesengroßen Stoffhasen, den meine Mutter ihr zum zweiten Geburtstag geschenkt hat. Das letzte Geschenk von ihrer Großmutter. Ich schiebe den Hasen beiseite und lege mich neben sie, Schulter an Schulter. Mit den Fingerspitzen zeichne ich die Konturen ihres

Gesichts nach, ganz vorsichtig, damit ich sie nicht aufwecke.

Sie schläft immer noch mit offenem Mund. Ihr Haar bedeckt die Augen. Wie lange ist es her, daß ihr Pony geschnitten wurde? Ich muß Kenny daran erinnern, einen Termin beim Friseur für sie auszumachen. Dabei fällt mir ein, daß ich keine Ahnung habe, wie mein Haar überhaupt aussieht. Na, ist ja auch egal. Ich gehe sowieso nirgendwo hin.

Kelsey murmelt im Schlaf unverständliche Worte. Ich höre Kennys Schritte im Flur. Sie bleiben stehen, und ich höre Jakes Halsband rasseln, höre seinen Schwanz rhythmisch auf die Fliesen schlagen. Ich weiß, daß Kenny die Arme um den Hals des Hundes gelegt hat und sein Gesicht im Fell vergräbt. Er stößt einen langen Seufzer aus. Ich frage mich, ob er eigentlich weiß, wie oft er seufzt, ob Menschen überhaupt bemerken, wenn sie seufzen. Ich höre wieder Schritte. Er bleibt im Türrahmen stehen.

«Ach, Jackie.» Seine Stimme bricht.

Kelsey bewegt sich. Sie wacht auf. Ich schlüpfe aus ihrem Bett und gehe auf Kenny zu. Ich laufe direkt in seine offenen Arme. Ich weiß, daß sie offen sind und immer offen für mich sein werden, wenn ich auf ihn zugehe; immer bereit, mich zu umarmen. Ich lehne mich an ihn, atme ihn tief ein.

«Kelsey muß zum Friseur», sage ich, merkwürdig stolz darauf, daß ich bei unserer Tochter etwas gesehen habe, was er nicht gesehen hat.

«Sie sieht prima aus.»

«Ja, wirklich? Wie sieht sie aus? Erzähl's mir.»

«Genau wie immer. Stell dir das hübscheste kleine Mädchen der Welt vor, das ist sie. Genau wie immer.»

«Ach, Kenny, das genügt nicht. Hat sich ihr Gesicht verändert? Hat ihr Haar immer noch die vielen Gold- und Kupfertöne? Haben ihre Augen immer noch diese bernsteinfarbenen Flecken? Sind ihre Backen, wenn sie etwas leuchtend Gelbes trägt, immer noch so wunderschön rot? Erzähl mir das alles.» Ich weiß, daß meine Stimme lauter wird, aber ich kann nichts dagegen tun.

«Mama?»

Ich fahre vor Schreck zusammen. Ich versuche, mich von Kenny loszureißen, aber er läßt mich nicht gehen. Er zieht mich in die andere Richtung, zum Bett unserer Tochter. Dann erst läßt er mich los.

«Mama, bitte erzähl mir eine Gutenachtgeschichte. Bitte.»

«Daddy ist doch da, mein Schatz», erwidere ich. «Er kann dir etwas vorlesen.»

«Nein, ist er nicht, Mama. Er ist gegangen. Du brauchst mir nichts vorzulesen, du kannst dich einfach neben mich legen und eine Geschichte erfinden.»

Ich schlüpfe zu ihr unter die Decke, verberge mein Gesicht in ihren Locken und atme den Geruch ihres Haares, den Aprikosen-Honig-Duft ihres Shampoos ein. Ich höre sie schnüffeln und spüre, daß ihr Körper bebt. Als ich ihr Gesicht berühre, rutschen meine Finger über die nasse Wange.

«Was ist denn los, Schatz?»

«Du willst mich nicht mehr bei dir haben, Mama. Du willst nicht mehr mit mir spielen. Ich vermisse dich so.»

Nicht das noch. Wo ist Kenny?

«Ich möchte schon mit dir spielen, Kelsey, aber ich kann die Spiele nicht sehen. Ich kann dir keine Geschichten vorlesen.»

«Du brauchst doch gar nichts *zu tun*, Mama. Ich will doch bloß bei dir sein, und wir können uns unterhalten, so wie sonst auch immer.»

Ich halte sie fest, und sie klammert sich an mich. Wie soll ich ihr das alles nur erklären? Mir fehlen die Worte.

«Ich weiß, daß es schwer zu verstehen ist. Aber für mich ist es auch sehr schwer, Kelsey. Ich höre deine Stimme und möchte dich gern sehen, und wenn ich daran denke, wie gern ich dich sehen möchte, werde ich immer trauriger.»

«Aber du kannst mich doch sehen, Mama.»

«Nein, das kann ich nicht.» Ihr Einwand kränkt mich so tief, als hätte sie mir vorgeworfen, ich würde mich nicht genug anstrengen oder ich würde es nur nicht genug wollen.

«Du kannst mich anders sehen, Mama. Nicht mit deinen Augen. Du kannst mich mit deinem Herzen sehen.»

«Kelsey, wovon redest du da? Wer hat dir das erzählt?» Jetzt bin ich zornig. Wer hat ihren kleinen Kopf mit solchen verschwommenen Worten und kitschigen Vorstellungen vollgestopft, die sowenig Substanz haben wie Zukkerwatte? «Wer hat dir das erzählt?»

«Du, Mama.» Sie drückt meine Hände. «Du hast mir diese Geschichte erzählt, als die Oma gestorben ist und ich so geweint hab, weil ich sie im Himmel nicht sehen konnte, und da hast du gesagt, ich könnte sie immer mit meinem Herzen sehen.»

«Ja, daran erinnere ich mich. Aber das ist etwas ganz anderes, Kelsey.»

«Nein, ist es nicht. Du hast gesagt, ich könnte die Augen zumachen und sehen, wie Oma mich anlächelt. Und das kannst du auch machen. Du kannst mich immer mit dem Herzen sehen, auch wenn deine Augen nicht funktionieren. Du kannst es.»

«Kelsey, ich weiß nicht, ob ich das kann, ich –»

«Doch, du kannst es. Du hast mir das erzählt, und du lügst mich nicht an.»

«Nein...»

«Nein, du kannst mich nicht mit dem Herzen sehen?»

Ich seufze. «Nein, ich würde dich nie anlügen. Und ja, Kelsey, du hast recht. Ich kann dich mit meinem Herzen sehen – ich kann dich sehr deutlich sehen, sogar im Dunkeln.»

Ich lege mich auf die Seite, mit dem Gesicht zu ihr. Ich blinzele in die Dunkelheit, starre unverwandt in die Richtung, wo ihr Gesicht sein müßte.

«Kannst du mich jetzt lächeln sehen, Mama?»

«Ja», lüge ich.

Dann schließe ich die Augen. Das halte ich nicht aus.

«Kelsey, ich bin wirklich sehr müde. Ich muß wieder ins Bett.»

«Bitte bleib bei mir, Mama. Ich kraule dir den Rücken, wie du es früher immer bei mir gemacht hast, dann kannst du besser einschlafen.»

Mir ist, als würde mir ein Messer ins Herz gestoßen – diese kleine Stimme, die von der Vergangenheit spricht. *Wie du es früher immer bei mir gemacht hast.*

«Das ist eine prima Idee, Kelsey, aber wir machen es umgekehrt: Ich kraule deinen Rücken, damit du besser einschlafen kannst. Und ich bleibe bei dir, bis du tief und fest schläfst.»

Die Sprungfedern quietschen, als sie sich auf den Bauch dreht, und ich fange an, ihr langsam und mit kreisenden Bewegungen den Rücken zu kraulen.

«Mama, ich will nicht mehr in die Schule gehen», sagt sie nach einer Weile. «Ich will morgen zu Hause bleiben.»

Ich hatte das Wunder der abendlichen Geständnisse vergessen, bei denen sie mir vor dem Einschlafen die Sorgen des Tages erzählte.

«Warum nicht? Ärgert dich in der Schule jemand?»

«Nein. Meine Freundinnen und die Lehrer sind immer nett. Aber ich vermisse dich, Mama. Ich will nicht, daß du ganz allein zu Hause bist und einsam.»

«Mir geht es gut. Ich möchte aber auch nicht, daß du einsam bist. Du solltest aus dem Haus gehen und mit deinen Freundinnen spielen.»

«Dann bring mich wenigstens in die Schule.»

«Ich kann dich nicht zur Schule fahren, Kelsey. Das weißt du doch.»

«Du sollst doch gar nicht das Auto fahren, Mama. Du kannst hinten bei mir auf dem Rücksitz sitzen, ganz dicht bei mir, oder nicht?»

«Möchtest du das wirklich?»

Ich höre, daß sie sich umdreht, und spüre ihre Arme um meinen Hals. Ihr Atem streift sanft meine Wange.

«Ja, das möchte ich. Daß du bei mir bist, immer.»

Ich kann bei ihr sein. Ich kann mich mit ihr bewegen, auch wenn ich nicht sehen kann, wie sie sich bewegt. Das ist das Schlimmste: die Bewegungen zu verlieren, die unsere Gegenwart ausmachen. Plötzlich kommen Erinnerungen, und ich spüre schmerzhaftes Bedauern darüber, daß ich einer anderen Mutter durch mein Schweigen dieses Recht verwehrt habe.

Vor vielen Jahren habe ich diese Dinge mit den Augen einer Krankenhausanwältin betrachtet, nicht mit denen einer Mutter. Und ganz sicher nicht mit denen einer Frau, die einmal ihr Augenlicht verlieren wird.

Bei einem entstellten, todkranken Neugeborenen sollten die lebenserhaltenden Systeme abgeschaltet werden, und die Eltern wollten ein Video vom letzten Tag des kurzen und tragischen Lebens ihres Kindes machen. Ein anderer Krankenhausanwalt befürchtete, der Film könne als Beweismaterial für einen späteren Kunstfehler-Prozeß gegen das Krankenhaus verwendet werden. Er war der Meinung, daß überhaupt keine Bilder gemacht werden dürften. Ich war anderer Meinung und stellte mich auf die Seite der Eltern. Er hörte mir geduldig zu und vereinbarte dann mit den Eltern einen Kompromiß. Er sagte den Schwestern auf der Neugeborenenstation, die Eltern dürften Fotos machen, aber keine Videoaufzeichnung. Ich wußte, was meine Mutter darum gegeben hätte, ein farbiges Video von ihrem Sohn in seinem besten Alter zu haben. Aber ich habe mich damals mit dem Kompromiß zufriedengegeben. Heute bedauere ich das. Der Anwalt hatte das Ganze als vernünftigen Kompromiß bezeichnet. Heute weiß ich es besser und würde anders argumentieren. Das Leben ist immer ein Kompromiß, würde ich anführen, aber Zeuge beim Tod eines Kindes zu sein, ohne das Leben dieses Kindes aufzeichnen zu dürfen, ist eine wirkliche Tragödie.

Ich schaudere bei dem Gedanken, als hätte mich plötzlich ein kalter Luftzug gestreift. Ich halte Kelsey fest im Arm und lausche ihren ruhigen, gleichmäßigen Atemzügen. Plötzlich hebt sie den Kopf und schlägt ihn mir dabei ans Kinn.

«Mama?»

«Ich dachte, du schläfst schon.»

«Fast. Aber mir ist etwas eingefallen, was ich dir noch erzählen muß. Wir haben heute mit der Post ein Geschenk bekommen, von einer deiner Schwestern. Ein Bilderbuch. Sag Daddy, er soll es dir vorlesen.»

«Wie heißt es denn?»

«Das ist ja das Tolle daran. Es heißt *Wenn du dich vor der Dunkelheit fürchtest, denke an den Regenbogen der Nacht*. Es gefällt dir bestimmt.»

«Gut, Kelsey. Daddy soll es uns beiden morgen zusammen vorlesen.»

«Ich hab dich lieb.»

«Ich dich auch.»

Sie kuschelt sich wieder in meine Arme. Gleich darauf ist sie eingeschlafen.

Ich habe meinen eigenen Regenbogen der Nacht. Deshalb fürchte ich mich zwar nicht weniger vor der Dunkelheit, aber nicht mehr so sehr vor der Nacht. Ich sehe vor dem Einschlafen ein Kaleidoskop. Die Farben, die über die Innenseite meiner Augenlider rollen, sind leuchtend und faszinierend – wogende Farbwellen in einem psychedelischen Wasserfall spülen über mich hinweg und reinigen mich vom schmutzigen Grau des Tages.

Ich schließe die Augen und warte auf den Regenbogen der Nacht, der meine Technicolorträume ankündigt.

~ 25 ~

Juni 1989

Meine Schwestern und ich sitzen im Warteraum für Familienangehörige. Mein Vater ist bei meiner Mutter im Zimmer. Jede von uns hat einen Notizblock dabei. Sally betrachtet das Blatt vor ihr. Es ist blaues, liniertes Schreibpapier von der Größe eines Briefbogens, und oben sind Stiefmütterchen aufgedruckt. Sie ähneln den Blumen auf der Tapete ihres alten Zimmers in dem Haus, in dem wir aufgewachsen sind. Es ist schon lange verkauft.

Morgen früh wird unsere Mutter dieses Krankenhaus zum letzten Mal verlassen.

«Ich kann einen Teil dieser Sachen morgen früh in der Apotheke besorgen. Sachen, die die Krankenschwester zu Hause braucht.» Sally sieht Polly an. «Die Plastikschüssel, die Bettpfanne, Einmalhandschuhe, Hautcreme und all das. Ich kann dabei auch gleich die Medikamente mitbringen, die sie zu Hause braucht.»

Polly nickt und schaut auf ihren Block. Es ist liniertes gelbes Papier, wie es Juristen benutzen. Jeder Tag der Woche hat eine eigene Spalte.

«Ich habe hier einen Plan mit allen Krankenschwestern in unserer Gegend, die ambulante Pflegedienste übernehmen. Die nächsten sieben Tage sind abgedeckt», sagt sie. Ihre Stimme wird leiser. «Ich hab noch welche in Reserve, falls bei diesen hier etwas nicht klappt oder Mama sie nicht mag.»

«Ich fahre morgen früh gleich ins Strandhaus», meint Mary Clark, das Nesthäkchen der Familie. Sie hat gerade ihren Collegeabschluß gemacht, die Feier aber sausen lassen, um Mama bei der letzten Chemotherapie beizustehen. «Und ich beziehe ihr Bett mit ihrer Lieblingsbettwäsche und lege ihre Lieblingskissen hinein. Ich werde ihr im Garten einen Blumenstrauß pflücken und ihn so hinstellen, daß sie ihn auch im Liegen sehen kann.» Sie schaut uns der Reihe nach an. Ihr Gesicht ist blaß. «Ich kaufe Vorräte ein, damit wir nicht zwischendurch extra noch in den Laden müssen, und ich koche Pudding – vielleicht verträgt sie den ja.»

Es folgt eine lange Stille, in der alle auf ihre Notizen starren. Ich krame in meiner Handtasche nach Papier und Stift. Ich klappe mein kleines Notizbuch auf. «Und was soll ich übernehmen?» frage ich, als ich endlich ganz unten in meiner Handtasche einen abgebrochenen Bleistift finde.

Sie sehen mich überrascht an. Sie haben es mir bestimmt schon gesagt, und ich war mit meinen Gedanken woanders, wie üblich.

«Also, was?»

«Weißt du es noch nicht?» fragt Sally. «Mama hat uns gesagt, sie möchte, daß du mit ihr fährst. Du sollst sie auf der Fahrt im Krankenwagen begleiten.»

«Wirklich?»

«Ja», sagt Polly.

«Aber warum ich?»

Sie zucken die Schultern.

«Nur ich?»

«Es darf nur ein Familienmitglied mitfahren», erklärt Polly. «So lauten die Bestimmungen.»

Ich stehe auf und klopfe an die Tür meiner Mutter. Nach ein paar Sekunden rufen meine Eltern, daß ich reinkommen soll.

«Ich werde noch ein paar Anrufe erledigen.» Dad erhebt sich von dem leeren Bett, das neben dem meiner Mutter steht. «Du kannst deiner Mutter ja solange Gesellschaft leisten.»

Ich gehe zu ihr hinüber und ziehe einen Stuhl so dicht wie möglich an ihr Bett. Am liebsten würde ich mich auf das Fußende setzen und mich wie Danny, unser Golden Retriever, zu ihren Füßen zusammenrollen, aber da sie noch am Tropf und an anderen Schläuchen hängt, würde ihr jede Bewegung des Bettes weh tun.

Sie lächelt mich an und streckt die Hand aus. Ihre Fingerspitzen sind kalt. Ich bin erschrocken. Die Hände meiner Mutter, die immer warm waren, sind plötzlich kalt.

«Mama, soll ich wirklich morgen bei dir im Krankenwagen mitfahren?»

«Ja, aber nur wenn du willst.»

«Natürlich will ich. Es ist nur so, daß...» Ich will mich nicht beschweren oder undankbar erscheinen, deshalb breche ich den Satz ab und nehme ihre Hand in meine, reibe sie, versuche, uns beide zu wärmen.

«Was ist los, Schatz?»

«Ich komme mir schon die ganze Zeit so nutzlos vor, Mama. Ich wünschte, ich hätte ein Krankenschwesternexamen statt eines juristischen, dann könnte ich wenigstens helfen und all diese Dinge erledigen... du weißt schon...»

«Das möchte ich aber nicht», sagt sie. «Ich brauche dich als Tochter, nicht als Krankenschwester.»

«Aber wie kann ich dir als Tochter helfen? Ich lasse dich morgen bestimmt im Stich. Wenn irgend etwas passiert...» Ich zögere.

Ich bin so ziemlich das Schlimmste, was man in einem Notfall um sich haben kann. Ich gerate in Panik. Ich schreie. Ich erstarre. Ich kann nicht klar denken, nicht einmal Anweisungen befolgen. Ich kann das nicht. Ich bin wirklich die letzte, die meine Mutter morgen bei dieser Fahrt im Krankenwagen brauchen kann.

«Du hast mich noch nie im Stich gelassen», sagt sie.

Ich starre sie an. Natürlich habe ich das, unzählige Male sogar. Ich bin immer diejenige von uns, die nicht genug auf Kleinigkeiten achtet, Sachen vergißt, immer noch nicht weiß, wie man eine anständige Mahlzeit kocht oder den Weg zum Arzt findet oder die richtige Vorhanggröße aussucht. Bei jeder einzelnen dieser simplen Aufgaben habe ich in den vergangenen Wochen versagt, wo es doch so wichtig war, simple Dinge korrekt zu erledigen – besonders weil es um meine Mutter ging, die sich so unfehlbar kompetent und effizient um andere zu kümmern versteht.

«Aber Mama, ich weiß nicht, was ich tun soll, wenn etwas schiefgeht.»

«Die Sanitäter sind dabei. Die kümmern sich um alles.»

«Warum möchtest du denn, daß ausgerechnet ich mit dir fahre?»

«Nur damit du bei mir bist, Schatz. Damit du neben mir sitzt und ich dein liebes Gesicht betrachten kann. Du kannst mir was erzählen.»

«Was denn?»

«Alles! Beschreibe mir, was du siehst. Erzähl mir von den Dingen, die du durch das Fenster siehst und die ich nicht sehen kann. Ich möchte alles über die Landschaft wissen. Wann das Meer zum ersten Mal zu sehen ist, wann wir über die Bay Bridge fahren, wie viele Boote draußen sind, ob Wellengang ist, welche Farbe das Wasser hat und der Himmel. Mal du die Bilder für mich, mit diesen großen Augen, die alles sehen... Du hast schon immer mit Worten Bilder gemalt. Sogar als du noch sehr klein warst, hast du immer die richtigen Worte gefunden.»

«Was für Worte? Meine kleinen Gedichte damals auf der Grundschule?»

«Ja, die auch. Aber ich dachte gerade an etwas anderes, auch aus der Zeit. Ich dachte an den schrecklichen Tag, an dem wir Robin zurückgebracht haben. Erinnerst du dich daran?»

«Ja, Mama.»

Ich bin diejenige, die sich immer an alles erinnert. Wer wüßte das besser als sie? Zum ersten Mal spricht sie mit mir über diesen Tag; über das, was ich für Robin an die Scheibe geschrieben habe. Er sollte sie sehen, er sollte wissen, was ich fühlte. Ich hatte gerade erst gelernt, diese Wörter zu schreiben. Es war furchtbar kalt. Ich malte die Wörter mit meiner Fingerspitze auf die beschlagene Heckscheibe, während meine Mutter und mein Bruder sich vom Wagen entfernten.

ROBIN, ICH HAB DICH LIEB. Große Buchstaben, damit er sie aus der Entfernung lesen konnte.

Ich dachte, er würde zum Auto zurückblicken. Robin warf immer noch einen Blick zurück, immer noch einen letzten Blick.

«Mama, ich wußte nicht, daß du das gesehen hattest.»

«Das weiß ich, Schatz.» Sie schließt die Augen, als könne sie den Anblick immer noch nicht ertragen. «Ich weiß, daß du sie für deinen Bruder geschrieben hast. Aber er hätte sie sowieso nicht lesen können, weil sie falsch herum zu sehen waren. Wenn man sie von draußen las, waren sie spiegelverkehrt.»

Ich schüttele den Kopf. Bis zu diesem Augenblick war mir das nicht klar gewesen. Es stimmt. Ich hätte sie in Spiegelschrift schreiben müssen, aber mit sieben wußte ich noch gar nicht, wie man das macht.

«Ich war ein dummes Kind, Mama. Ich habe immer alles falsch gemacht.»

«Nein, Jackie – du hast es nicht falsch gemacht!» Sie nimmt jetzt meine Hand. Ihre Augen sind weit offen, und sie sieht mich an. «Verstehst du das denn nicht, Jackie? *Ich konnte sie lesen!* Ich stieg wieder ins Auto und sah in den Rückspiegel, und da standen deine Worte auf der Scheibe. Ich konnte sie im Spiegel nicht lesen. Also drehte ich mich um und las sie direkt.» Sie stöhnt vor Schmerz und zieht ihre Hand aus meiner, um sie auf ihre rechte Seite zu legen. «Ich betrachtete diesen Ort, an dem ich meinen Sohn zurücklassen mußte, sah ihn mit deinen Augen. Es war dieser letzte Blick zurück, der mir irgendwie die Kraft gab, den Wagen zu starten und loszufahren – mit dir nach Hause zu fahren...»

Ohne ihn. Die Kraft, ohne ihn nach Hause zu fahren. Sie braucht diese Worte nicht auszusprechen. Wir wissen beide, was an diesem Tag geschah.

«Du warst so klein und so verängstigt. Und doch hast du mir diese Worte geschenkt. Das ist deine Begabung, deine Stärke», sagt sie.

«Jetzt verstehe ich, was du meinst, Mama. Aber ich habe diese Begabung von dir geerbt.»

«Nein.» Sie schüttelt den Kopf.

«Doch, Mama. Du hast dasselbe für mich getan, als ich glaubte, es gäbe keine Worte mehr, die mir helfen könnten. Du hast diese Worte gefunden, vor neun Jahren, als Robin starb.»

«Ich bin so froh. Du warst so allein und traurig, wie du da in dieses öffentliche Telefon geheult hast. Niemand war da, der dir hätte beistehen können.»

Die Nachricht erreichte mich in Atlanta, am Ende meines ersten Studienjahres. Kenny war bereits wegen eines neuen Jobs nach Kalifornien gezogen. Ich wohnte in einem möblierten Zimmer und wollte ihm wenige Tage später folgen. Am Schwarzen Brett meines Verfassungsrecht-Seminars hing eine dringende Mitteilung für mich: RUFEN SIE SOFORT IHREN MANN AN.

Als ich Kenny endlich erreichte, weinte er.

«Robin hatte einen Autounfall», schluchzte er ins Telefon.

Ich begriff es zuerst nicht. Ich dachte, er müsse etwas mißverstanden haben. Robin hatte keinen Führerschein. Er ging zu Fuß oder nahm den Bus.

«Nein», sagte ich. «Robin fährt doch gar nicht Auto. Er kann gar keinen Autounfall gehabt haben.»

«Jackie – er wurde überfahren.»

Mir blieb die Luft weg. Ich sank in der Eingangshalle zusammen, vor der Bibliothek der Juristischen Fakultät. Da saß ich also auf dem Fußboden und schrie immer und immer wieder *Nein* ins Telefon.

«Es tut mir leid, es tut mir so leid», wiederholte Kenny ununterbrochen. Ich ließ den Hörer sinken, aber ich konnte immer noch hören, wie er «Es tut mir leid, es tut mir so leid» flüsterte, wie ein Gebet.

«Schon wieder eine Erstsemesterin, die wegen der Prüfung ausflippt», hörte ich irgendwann jemanden sagen. Da bemerkte ich erst, daß sich hinter mir eine Schlange von Leuten gebildet hatte, die auch telefonieren wollten. Eine Hand griff nach dem Hörer, aber ich war schneller. Ich rappelte mich auf und legte die Arme beschützend um das Telefon. Dann würgte ich Kenny ab – zum ersten und einzigen Mal in meinem Leben –, indem ich einfach die Verbindung unterbrach.

Ich meldete ein R-Gespräch mit meiner Mutter an.

«Mama», brachte ich noch heraus, bevor ich hysterisch wurde.

«Hör mal, Jackie. Ich weiß, daß du dich erinnern wirst. Er ist jetzt in Sicherheit. Er ist dort, wo er immer am glücklichsten war, wieder zurück in Virginia – unten am Ende des Stegs, morgens in aller Frühe, mit Horace, und sein Krebsnetz liegt bereit. Und niemand kann ihm mehr weh tun. Er ist endlich in Sicherheit, es droht ihm keine Gefahr mehr.»

Ihre Stimme war so fest und beruhigend gewesen. Ich wickelte mich in ihre Stimme, als ich zu Robins Beerdigung nach Hause flog.

Mein Bruder starb mit einunddreißig Jahren; zwölf davon hatte er in einer psychiatrischen Einrichtung verbracht. Aber die Kirche war bis zum letzten Stehplatz gefüllt mit seinen Freunden und mit Menschen, die ihn bewundert hatten. Und alle trauerten sie um ihn. Die einzige, die lächelte, war Mary – sogar als ihr die Tränen über die Wangen liefen.

«Weißt du noch, was Mary gesagt hat, als Robin starb?» frage ich meine Mutter.

«Nein, Schatz, was denn?»

«Du weißt doch, wie sehr Robin seine Eisenbahn liebte. Und sie sagte, er sei mit dem Schnellzug unterwegs zum Himmel, und er sei glücklich, so schnell zu reisen und an all den Sternen des Himmels vorbeizusausen.»

Und du bist der hellste Stern von allen.

Mama lächelt, ihre Augen sind geschlossen.

«Ach ja, die gute alte Mary. Sie hat das bestimmt geglaubt. Ihr irisch-katholischer Glaube war so fest verankert, so tröstlich. Sie glaubte, daß für Unschuldige, leidende Kinder und Behinderte ein ganz besonderer Platz im Himmel reserviert sei.»

«Ich glaube das auch, Mama», flüstere ich und beuge mich über sie. «Du nicht?»

Sie lächelt, antwortet aber nicht. Ihre Augen sind immer noch geschlossen.

«Jackie, weißt du noch, wie sehr Robin Farben liebte?»

«Ja, Mama, das weiß ich noch.»

«Natürlich.» Sie nickt, und ein schwaches Lächeln huscht über ihr immer noch schönes Gesicht.

Was ist das beste Alter meiner Mutter? Ist sie jetzt in ihrem besten Alter? In diesem Augenblick, am Ende ihres langen Kampfes, ist sie alterslos, sieht sie gleichzeitig unglaublich jung und unglaublich alt aus. Sie ist ganz still, ihr Atem ist kaum noch zu hören.

«Mama?»

«Ja, Schatz. Ich bin noch da. Ich bin nur so müde. Aber ich wollte dir noch sagen, was ich über den Himmel denke.

Ich glaube, daß der Himmel voller wunderschöner Farben ist. Und daß Robin dort ist und seine Augen sich an ihnen erfreuen. An dieser Vorstellung halte ich mich fest, seit wir ihn verloren haben.»

«Ja, Mama», flüstere ich. «Und du wirst bei ihm sein.»

Sie drückt meine Hände, ihre sind jetzt wieder warm.

«Bleib bei mir, bis ich eingeschlafen bin», sagt sie schließlich.

«Das mache ich, Mama. Und ich werde morgen für dich dasein.»

«Das weiß ich doch.»

~ 26 ~

Sehr interessant», sagt der Spezialist, nachdem ich ihm am Telefon meinen Regenbogen der Nacht in aller Ausführlichkeit geschildert habe.

Ich kann an seiner Stimme hören, daß er es überhaupt nicht interessant findet. Aber ich bleibe hartnäckig.

«Hat das denn nicht irgend etwas zu bedeuten – diese Farbexplosion, bevor ich einschlafe?»

«Nein», erwidert er. «Klinisch hat das keinerlei Bedeutung. Gibt es tagsüber irgendeine Veränderung Ihres Sehvermögens, wenn Sie die Augen offen haben?»

«Nein.» Meine Stimme ist jetzt genauso flach wie seine.

«Das tut mir leid. Haben Sie sonst noch eine Frage?»

Das fragt er mich immer, bevor er auflegt, sogar wenn ich im Hintergrund die Sprechanlage und das Telefon quäken höre, und ich verneine gewöhnlich höflich, aber heute morgen platze ich mit der Frage heraus, die schon ungeduldig in der ersten Reihe steht und hektisch mit beiden Armen winkt.

«Doktor, glauben Sie, ich werde verrückt? Weil ich mich so vor all dem fürchte – ich meine, spielt sich das alles nur im Kopf ab?» Ich stolpere über die Wörter. «Wenn Sie wissen, was ich meine», füge ich hinzu und hoffe, daß er mich versteht, obwohl es wohl nicht viel Sinn ergibt, was ich da rede. Womit wir beim Thema wären.

«Fragen Sie mich gerade, ob es sich dabei um eine Art Halluzination handelt? Fürchten Sie, daß Sie unter Wahnvorstellungen leiden?»

«Ja», erwidere ich. «Ich weiß nicht, wo die Grenze verläuft – zwischen Traum und Halluzination, zwischen Wahnvorstellung und Geisteskrankheit.»

Ich weiß nicht, ob ich vor Angst völlig aus dem Häuschen bin oder mich nur ganz normal fürchte. Und ich weiß nicht, ob es irgend jemand besser weiß als ich.

«In anderen Worten, Sie befürchten, daß die Störung Ihres Sehnervs psychosomatische Ursachen haben könnte?»

«Ja.» Ich seufze schwer; erst jetzt bemerke ich, daß ich die ganze Zeit den Atem angehalten habe. «Ja, genau. Das wollte ich sagen.»

«Ich kann Ihnen versichern, daß der Verlust Ihres Sehvermögens keine Ausgeburt Ihrer Phantasie ist. Es liegt eindeutig eine neurologische Störung vor.»

«Wie können Sie denn so sicher sein? Basiert Ihre medizinische Einschätzung nicht in erster Linie darauf, was ich Ihnen erzähle, was ich glaube zu sehen? Und wenn ich nicht weiß, wovon ich eigentlich rede? So wie jetzt...» Ich fange an, merkwürdig zu lachen, höre, wie lächerlich ich klinge, aber beim Lachen füllen sich meine Augen mit Tränen – noch eine schmale Grenze, die sich ständig verschiebt.

Er sagt einen Moment lang nichts. Ich versuche, nicht in der Stille zu schluchzen.

«Ich weiß jetzt, wovor Sie Angst haben», sagt er schließlich. Seine Stimme ist fest und gleichzeitig sanft, er legt die Hand auf das Loch im Damm, klingt wie mein Vater, wenn er weiß, daß ich gleich die Telefonleitung überschwemmen werde.

«Wirklich?» krächze ich. Dann drücke ich den Hörer so fest an meine Wange, daß es weh tut; ich will kein Wort seiner Antwort versäumen.

«Ja, wirklich. Aber lassen Sie mich Ihre erste Frage auch zuerst beantworten. Ich habe meine Diagnose nicht nur darauf gegründet, daß Sie die Buchstaben und Zahlen an der Wand nicht lesen konnten. Bei unserem ersten Termin habe ich Ihre erweiterten Augen untersucht und objektive

Anzeichen einer schweren Sehnervenentzündung festgestellt.»

«Objektive Anzeichen?»

«Es gab unübersehbare klinische Befunde eines neurologischen Ausfalls. Das läßt sich in sehr komplizierter medizinischer Terminologie erklären, aber im wesentlichen habe ich einen Farbverlust Ihres Sehnervenkopfes entdeckt.»

«Welche Farbe hatten sie? Und welche hätten sie haben sollen?»

«Gesunde Sehnervenköpfe bei einer Person Ihres Alters sollten rosa sein. Ihr rechter Sehnerv war bereits blaßgelb, als Sie in meine Praxis kamen. Und Ihr linker Sehnerv lag irgendwo dazwischen, eine Art Beige, noch ein wenig rosa, aber eindeutig am Verblassen. Wenn diese Beweise nicht dagewesen wären, hätte ich noch andere Tests vorgenommen.»

«Was zum Beispiel?»

«Wir können mit einem Gerät feststellen, ob die Augen eines Patienten – beziehungsweise sein ganzes ophthalmologisches System – gesund sind, der Patient aber trotzdem nichts sehen kann.»

«Sie meinen, so eine Art optischer Lügendetektor?»

Er lacht. «So würde ich das nicht direkt nennen – jedenfalls nicht im Beisein eines Patienten. Aber das Gerät stellt fest, ob das Gehirn den Körper täuscht. Die Rezeptoren im Hirn können blockiert sein, so daß sie keine visuellen Informationen mehr aufnehmen.»

«Aber wie unterscheidet sich diese Blockade von einer neurologischen Blockade wie meiner? Ist das nicht wie eine Art Stromausfall beim Fernseher?»

«Nein, in diesen Fällen liegt die Sache anders. Es gibt Totalausfälle ohne mechanische Erklärung. Alle Drähte und Kabel sind richtig angeschlossen, aber es gehen keine Nachrichten durch.»

«Aber warum nicht?»

«Massives emotionales Trauma.» Er spricht diese drei Wörter aus, als würden sie zusammengehören. «Manche der Patienten hier – asiatische Kriegsflüchtlinge, meistens alte Frauen – haben ihr Sehvermögen verloren. Ihre überlebenden Verwandten sagen, daß das Augenlicht verlosch, kurz nachdem sie mitansehen mußten, wie ihre Familien gefoltert und getötet wurden.»

Ich denke einen Moment darüber nach und versuche, seine Erklärung in die Metapher mit dem Fernseher einzubauen. «Es ist, als würde plötzlich ein dicker schwarzer Vorhang heruntergelassen, der den Bildschirm verdeckt. Die Bilder laufen möglicherweise noch, aber es ist unmöglich, durch den Vorhang zu sehen. So etwa?»

«Ja, so könnte man die Sache betrachten.»

«Können sie irgendwann wieder sehen?»

«Meines Wissens nicht. Da es kein medizinisches Problem ist, gibt es auch keine medizinische Lösung. Wissen Sie, in diesen Fällen ist die psychische Gesundheit sehr eng mit der physischen Gesundheit –»

«Ist das denn nicht immer so?» unterbreche ich. «Wissen Sie noch, Sie haben mir damals vorgeschlagen, einen Therapeuten aufzusuchen? Warum kann man diesen Frauen nicht mit intensiver Psychotherapie helfen?»

Kaum habe ich die Frage ausgesprochen, weiß ich auch schon die Antwort. Ich stelle mir eine Armee von grimmigen, schwarzgekleideten Trauerspezialisten vor, die um diese blinden Frauen herumlaufen und versuchen, sie zum Sprechen zu bewegen. Es wäre vergebens. Wenn es Dinge gibt, die so schrecklich anzusehen sind, daß die Augenzeugen erblinden, werden sie vermutlich auch verstummen. Im Jurastudium lernt man, daß ein Fall immer als Ursache für eine posttraumatische Störung anerkannt wird: wenn ein Kind vor den Augen seiner Mutter getötet wird.

Ich denke an die Augen meiner Mutter. Nachdem sie Robin an Rosewood verloren hatte, änderte sich die Farbe ihrer Augen, und nach seinem Tod wurden sie von Jahr zu Jahr noch blasser.

Ich kneife die Augen fest zusammen, kann aber die Tränen nicht mehr zurückhalten.

«Jackie – sind Sie noch dran?»

Seine Stimme läßt mich zusammenzucken. «Ja, entschuldigen Sie bitte. Ich dachte nur gerade an diese Frauen. Wie schrecklich muß das für sie sein.» Meine Stimme zittert, und ich schluchze ins Telefon wie ein kleines Kind.

«Es tut mir wirklich leid», flüstert er. «Ich habe ein ziemliches Schlamassel angerichtet. Ich habe diese Geschichte doch nicht erzählt, damit Sie sich schlecht fühlen oder jedenfalls nicht schlechter als ohnehin schon.»

«Ich weiß», schnüffele ich ins Telefon. «Es ist nicht Ihre Schuld. Verzeihen Sie mein unmögliches Benehmen.»

«Sie brauchen sich nicht zu entschuldigen. Sie müssen sich darüber im klaren sein, daß Ihre Krankheit *nicht* dadurch verursacht wurde, daß Sie etwas Schreckliches mitansehen mußten oder extremem psychischen Streß ausgesetzt waren.»

Hier sind wir also wieder bei meiner ursprünglichen Frage angekommen. *Ein Rundkurs.*

«Da bin ich mir nicht so sicher, Doktor.» Ich frage noch einmal, diesmal anders. «Unsere kleine Tochter war sehr krank, es wurde sogar fälschlicherweise Mukoviszidose diagnostiziert, und ich litt unter erheblichem Schlafmangel. Ich hatte eine solche Angst, sie würde nicht mehr gesund werden oder bei dem Eingriff könnte etwas schiefgehen. Vielleicht war das der Auslöser.»

«Alle Mütter haben solche Ängste, Schlafmangel und Sorge um die Gesundheit eines Kindes. Müdigkeit und Kummer erklären, warum Sie den Verlust des Sehvermögens im rechten Auge nicht bemerkt haben, aber sie sind nicht die Ursache dafür.»

«Aber das ist es nicht allein – ich habe mich schon immer vor der Dunkelheit gefürchtet, hatte Alpträume, mußte das Licht in meinem Zimmer anlassen, sogar als Erwachsene noch. Habe ich mir irgendwie meine größte Angst aufgebürdet – mir meine eigene Dunkelheit geschaffen, obwohl es das letzte gewesen wäre, was ich mir gewünscht hätte?»

«Blind zu sein war eine Ihrer größten Ängste?»

«Ja», flüstere ich ins Telefon. Ich bin überrascht, daß er das Wort blind benutzt. Das hat er bisher in keinem Gespräch getan.

«Ja, blind zu werden *war* meine größte Angst.»

«Da befinden Sie sich in bester Gesellschaft», sagt er mit Nachdruck. «Bei den meisten Menschen, mich eingeschlossen, steht Blindheit ganz oben auf der Liste der Ängste. Das heißt nicht, daß Sie verrückt sind. Nur menschlich.»

«Und immer noch voller Angst.»

«Ja, aber das ist doch eine verständliche Angst. Jeder Mensch, der einigermaßen bei Verstand ist, hätte in Ihrer Situation furchtbare Angst.»

Eine lange Pause folgt, in der ich über seine Worte nachdenke. Er hat mir sehr viel von seiner Zeit geschenkt. Im Gegensatz zu Anwälten können Ärzte telefonische Beratung nicht abrechnen. Er wird dafür nicht entschädigt. Und doch kann ich mich noch nicht verabschieden, obwohl ich weiß, daß er darauf wartet.

«Wenn Sie eine Veränderung bei Tageslicht wahrnehmen, rufen Sie mich sofort an.»

«In Ordnung», sage ich pflichtbewußt. Aber eine Frage habe ich doch noch. «Was für eine Veränderung? Was werde ich zuerst sehen?»

«Gut, daß Sie fragen.» Er hebt die Stimme. «Als erstes

setzen Sie Ihre Brille auf – und dann achten Sie auf die Bewegung eines Farbschattens.»

«Was für ein Schatten? Im Moment sehe ich nur ein monotones Grau. Welche Farbe kommt zuerst zurück? Rot?»

«Nein. Rot kommt erst ganz zum Schluß. Blau. Halten Sie Ausschau nach Blau.»

«Blau?»

«Ja. Ein kräftiger, stärker werdender blauer Schatten wird sich aus dem Grau lösen. Halten Sie danach Ausschau. Richten Sie den Blick auf irgend etwas Blaues.»

«Das Meer? Die Wellen? Ich wohne nicht weit vom Strand.»

«Nein, das ist nicht blau genug.»

«Der Himmel?»

«Zu blaß. Es wird ein dunkleres Blau sein. Eher so wie die Farbe Ihrer Augen. Sehen Sie Ihre eigenen Augen an. Schauen Sie in den Spiegel. Wenn der blaue Schatten kommt, rufen Sie mich an.»

«Sie nehmen mich auf den Arm, oder?»

«Nein. Ich meine es ernst. Außerdem wäre es gut, wenn Sie blaue Kleidung tragen würden, die zur Farbe Ihrer Augen paßt. Und Ihre Familie soll das auch tun.»

«Wirklich?»

«Ja, wirklich», sagt er bestimmt. «Und jetzt muß ich eine Vorlesung halten. Tut mir leid. Aber wenn Sie noch Fragen haben, rufen Sie später noch mal an. Bis dahin setzen Sie die Brille auf, und halten Sie Ausschau.»

Sobald ich den Hörer aufgelegt habe, eile ich mit Riesenschritten ins Bad, neun oder zehn Schritte statt der üblichen sechzehn. Ich beuge mich über das Waschbecken, bis ich mit der Nase den Spiegel berühre. Dann lehne ich mich ein paar Zentimeter zurück und starre stur geradeaus. Nichts.

Natürlich habe ich meine Brille nicht auf. Ich muß

warten, bis Kenny nach Hause kommt, damit er sie sucht. Aber ich starre weiter.

Wenn ich anfange, meine eigenen Augen wieder zu sehen, fangen meine Augen an, wieder zu sehen. Es ist unglaublich simpel.

Ich setze meine Kopfhörer auf, die immer um meinen Hals hängen, und stelle einen Klassiksender ein, als wollte ich meine Gedanken erst einmal in die Warteschleife schalten. Ich starre weiter auf den Spiegel, blinzle und warte, und so stehe ich immer noch da, als Kenny zum Mittagessen nach Hause kommt.

~ 27 ~

Ich erzähle Kenny Wort für Wort, was der Spezialist gesagt hat, und bitte ihn, meine Brille zu holen. Er drückt sie mir in die Hand. Ich setze sie auf. Das Gewicht der Brille auf meiner Nase ist wie ein Adrenalinstoß. Ich fühle mich plötzlich, als könnte ich wieder sehen. Ich beuge mich vor, stütze mich mit den Händen am Spiegel ab. Kein Unterschied zu erkennen.

«Kenny, warum ziehst du dir nicht ein leuchtendblaues Hemd an», sage ich und drehe mich in die Richtung, in der ich zuletzt seine Stimme gehört habe. «Dann gehst du vor mir auf und ab, und vielleicht kann ich sehen, daß du dich bewegst.»

Ich spüre seine Hand auf meiner Schulter, die andere sanft an meiner Wange. Er dreht mein Gesicht nach rechts, wo er wohl die ganze Zeit gestanden hat.

«Jackie, ich muß dir etwas sagen.»

Ich hole tief Luft. Was er jetzt sagt, werde ich vermutlich nicht hören wollen.

«Du bist diejenige, die sich bewegen sollte.»

«Was?»

«Es ist Zeit für dich, wieder rauszugehen. Nicht nur raus aus dem Bett, sondern aus deinem Schlafanzug und raus aus dem Haus. Du brauchst Bewegung. Ich würde gerne mit dir am Strand spazierengehen. Bitte.»

«Jetzt?»

«Ja, jetzt gleich.»

Ich will nicht rausgehen. Ich will hierbleiben und weiter in den Spiegel starren, also sage ich nichts. Ich spüre Kennys Arme, die mich von hinten umfassen, seine Brust an meinem Rücken, sein Kinn an meiner rechten Schulter.

Ich versuche mir unsere Gesichter im Spiegel vorzustellen, aber es funktioniert nicht. Wir haben noch nie zusammen vor dem Spiegel gestanden und uns betrachtet. Wir verbringen beide nicht mehr Zeit vor dem Spiegel, als unbedingt nötig ist.

Ich habe Spiegel immer als nötigen, aber unangenehmen Eingriff in mein verfassungsmäßiges Persönlichkeitsrecht betrachtet, so wie Metalldetektoren auf Flughäfen. Ein Spiegel zwingt mich dazu, mich so zu sehen, wie andere es tun. Ich werfe einen kurzen Blick hinein, bevor ich mich in die Welt hinausbegebe, um sicher zu sein, daß mein Rock richtig sitzt und ich keinen Tintenfleck auf der Nase habe. Jetzt allerdings würde ich alles darum geben, mich im Spiegel sehen zu können.

Auch wenn der Spezialist es mir nicht geraten hätte, wären doch meine Augen das erste gewesen, wonach ich im Spiegel Ausschau gehalten hätte. Ich habe meine Augen noch nie für etwas Besonderes gehalten, obwohl mir Kosmetikverkäuferinnen, die ja den ganzen Tag derartige Urteile fällen, immer versichern, sie wären das Beste an meinem Gesicht. Ich hatte mir immer gewünscht, grüne Augen zu haben, Scarlett-O'Hara-Augen, wie meine Freundin Ann; die Farbe des Frühlings und der Hoffnung. Blaue Augen hielt ich für langweilig, wenigstens bei mir. Meine Eltern und Geschwister hatten alle blaue Augen, und ich wollte anders sein, exotisch. Wenn ich schon keine grünen Augen haben konnte, dann wollte ich wenigstens braune haben, so wie Doc und Lucy und Horace, weil ich glaubte, daß sie mit ihren dunklen Augen wichtige, tiefsinnige Gedanken dachten.

Nur Robins Augen fielen aus der blauen Eintönigkeit heraus. Ich war felsenfest davon überzeugt, daß er die schönste Augenfarbe der Welt hatte. Aber Blau ist die Farbe, die am schnellsten verblaßt, und sogar damals, mit sechs Jahren, wußte ich schon, daß das strahlende blaue Licht meines Bruders als erstes verlöschen würde.

Eines Tages, als wir noch klein waren, kam eine Freundin meiner Großmutter zum Mittagessen in das Haus der Großeltern in Baltimore und war ganz begeistert, daß «die kleine Jackie» so außergewöhnlich schöne Augen hatte.

«An ihren Augen ist überhaupt nichts Außergewöhnliches», brummte Doc laut genug, daß ich jedes Wort verstehen konnte. «Sie ist myopisch und astigmatisch, das heißt, sie sieht als kleines Mädchen so schlecht wie eine alte Frau. Der einzige Unterschied ist, daß ihre Augenöffnungen größer sind und die Augen deshalb mehr auffallen. Sie hat dieselbe wasserblaue Iris wie alle meine Enkel. Bei ihr ist bloß mehr Farbe zu sehen. Nichts Außergewöhnliches an ihren Augen.»

Diese Worte gruben sich tief in mein Bewußtsein ein, und im nächsten Sommer holte ich sie wieder ans Tageslicht, um erneut darüber nachzudenken.

«Was meint Doc, wenn er sagt, daß wir alle wasserblaue Augen haben?» fragte ich Horace eines Tages, als wir beide allein am Steg waren und Krebse fingen.

Er lachte nicht. Er lachte nie über meine Fragen; deshalb hob ich sie mir immer für ihn auf. Horace ließ sich Zeit mit der Antwort, ließ die Frage eine Weile zwischen uns hängen wie eine lockere Angelschnur, die auf den großen Fisch wartet, den großen Gedanken, der vorbeikommt und anbeißt.

«Tja, dein Großvater meint wohl, daß es viele verschiedene Blautöne gibt», sagte er. «Und Wasser – Salzwasser jedenfalls, Wasser wie in diesem Fluß, und Tränen – diese Art von Wasser ändert ihr Blau mit dem Wetter, weil es wie ein Spiegel des Himmels ist.»

«Dann ist es also gut, wasserblaue Augen zu haben?»

«Ja, das glaube ich schon.» Er lächelte mich an. «Wasserblau ist das beste Blau, weil es alle Blautöne enthält.

Dieses dunkle Blau in deinen Augen und in denen deines Bruders, das ist die Farbe dieses Flusses kurz vor einem Sturm. Dieses Blau bedeutet, daß bald etwas Bedeutsames passiert.»

Dieses dunkle Blau in deinen Augen und in denen deines Bruders.

Aber Robin und ich hatten doch nicht dieselbe Augenfarbe – oder etwa doch?

Ich muß meine Schwestern anrufen, meine Dreifachspiegel. Ich will mich aus Kennys Umarmung lösen, aber er hält mich fest.

«Jackie, bitte. Gehst du mit mir am Strand spazieren?»

«Ja, aber erst später, wenn es dunkel ist.»

«Warum?»

«Ich will noch keine Menschen um mich haben. Ich will nicht, daß Leute mich sehen, wenn ich sie nicht sehen kann.»

«Ich kann dich sehen, und du siehst gut aus. Wirklich. Ich passe schon auf, daß deine Kleider richtig sitzen. Bitte.»

Ich drehe mich in seiner Umarmung, um von Angesicht zu Angesicht mit ihm zu reden. «Ich wollte eigentlich meine Schwestern anrufen und sie auf den neuesten Stand bringen – damit sie mir ihre alten blauen Kleider schikken», sage ich, um Zeit zu gewinnen, bis mir eine bessere Ausrede einfällt. «Du weißt doch, wie lange das dauern kann. Es wäre viel besser, wenn du jetzt wieder zur Arbeit gehst und wir heute abend einen Spaziergang machen. Ich verspreche es.»

Er reißt sich so plötzlich von mir los, daß ich das Gleichgewicht verliere und mich an der Ecke des Waschtisches stoße.

«Prima», sagt er. «Ich gehe wieder zur Arbeit. Du bleibst hier und telefonierst. Mach nur so weiter. Laß das Leben ruhig an dir vorbeiziehen, nur zu!»

In seiner Stimme ist Rot.

«Kenny, bitte tu das nicht.» Ich höre, wie seine Schritte sich entfernen. Ich rufe ihm hinterher. «Kenny, bitte tu das nicht.»

«Was tun?» faucht er. «Ich tue doch gar nichts. Ich *kann* doch überhaupt nichts tun. Es ist so schrecklich, dir zuzusehen und dir nicht helfen zu können – dir dabei zuzusehen, wie du nichts tust. Hast du eigentlich eine Ahnung, wie es mir dabei geht?»

«Nein», sage ich vorsichtig. «Ich habe keine Ahnung.»

«Stimmt, hast du nicht. Und ich habe keine Ahnung, wie es dir geht.»

«Aber du siehst doch, wie es mir geht.»

«Ja. Aber weißt du, Jackie, ich sehe nicht mehr dieselbe Frau wie früher.»

«Was soll das heißen, du siehst nicht mehr dieselbe Frau?» schreie ich auf. «Was soll das heißen? Wieso sehe ich in deinen Augen jetzt anders aus?»

So schlimm kann es doch nicht sein. Ich weiß, daß ich sauber bin. Jeden Morgen und Abend bin ich mit Kenny ins Bad gegangen und habe die übliche Toilette erledigt. Er hat mit mir gebadet und geduscht, damit ich nicht ausrutsche. Er hat mir Seife in die Hand gedrückt und Zahnpasta auf meine Zahnbürste...

Plötzlich fallen mir all die anderen Dinge ein, die ich sonst noch tue, die kleinen Schönheitstricks, die die meisten Männer, einschließlich Kenny, erst bemerken, wenn sie *nicht* angewendet werden. In den vergangenen Wochen habe ich nicht einmal daran gedacht. Ich muß verwahrlost und ungepflegt aussehen – meine Augenbrauen sind nicht gezupft, die Beine unrasiert, die Haut nicht gepflegt, und mein Haaransatz ist bestimmt grau.

«Du lieber Himmel, ich sehe bestimmt furchtbar aus! Wie kann ich denn so vor die Tür gehen?»

«Jackie, jetzt hör mir mal zu. Du siehst nicht furchtbar aus. Überhaupt nicht. Aber du siehst anders aus. Ich sage dir das wirklich nicht gern, aber ich habe dich auch nie angelogen. Du siehst blind aus.»

Ich gehe mit ausgestreckten Armen auf ihn zu, und sobald ich seine Hände spüre, bleibe ich stehen. Auf Armeslänge voneinander entfernt, halten wir uns fest, als wollten wir gleich tanzen.

«Sag mir die Wahrheit.» Ich halte den Kopf hoch, drücke den Rücken durch und recke das Kinn vor, als könnte ich ertragen, was immer er mir jetzt auch sagt. «Sag mir, was anders ist.»

Er gibt einen tiefen Seufzer von sich. Er tut mir wirklich leid. Wenn das jemand anderem passiert wäre, einem seiner besten Freunde oder einer seiner Schwestern, hätte er schon längst mit mir darüber gesprochen. Statt dessen ist es mir zugestoßen. Er kann mit sonst niemandem darüber sprechen, ohne das Gefühl zu haben, jedes Wort sei ein Vertrauensbruch. Er ist mit denselben Verschwiegenheitsregeln in der Familie aufgewachsen wie ich; Negatives, Behinderungen oder Krankheiten wurden nicht erwähnt, geschweige denn bis ins Kleinste diskutiert. Aber durch meine Träume habe ich gelernt, daß Schweigen taub machen kann und daß es viel schlimmer ist, Dinge ungesagt zu lassen.

«Kenny, bitte. Erklär mir, was blind aussehen heißt.»

Er zieht mich an sich.

«Jackie, als ich nach Hause kam und gesehen habe, wie du angestrengt in den Spiegel starrst, um dich darin zu erkennen, das hat mich völlig fertiggemacht.»

«Hast du das gemeint, als du gesagt hast, ich sehe blind aus? Daß ich mitleiderregend aussehe, wenn ich meine Nase so an den Spiegel drücke?»

«Nein, eigentlich nicht. Ach, laß uns ein andermal darüber reden. Gehen wir jetzt lieber.»

«Nein, Kenny. Sag, was du sagen wolltest.»

«Es ist so schwierig. Irgend etwas mit deinen Augen ist

anders», sagt er. «Das war in den ersten Wochen deiner Erblindung nicht so, aber jetzt.»

«Wie haben meine Augen sich verändert? Haben sie eine andere Farbe?»

«Nein, das ist es nicht. Sie haben immer noch dieses hübsche Blau – ehrlich. Nur... deine Augen bewegen sich nicht mehr. Es ist so unheimlich und so traurig. Am Anfang hast du dich noch *umgesehen* – du hast in meine Richtung gesehen, wenn ich mit dir gesprochen habe, wenigstens ungefähr. Jetzt sind deine Augen ganz starr nach vorne gerichtet, egal, was um dich herum passiert. Deine Augen folgen den Geräuschen nicht mehr, egal, ob ich es bin oder der Fernseher.»

«Meine Augen bewegen sich nicht? Du meinst, sie sehen aus wie die Augen einer Toten?»

«Nein, so ist es nicht. Ich kann es nicht erklären. Ich weiß ja, daß du nichts sehen kannst, aber du mußt es weiter versuchen, mußt weiter Ausschau halten.»

«Aber das tue ich doch! Ich denke doch an gar nichts anderes mehr, Kenny – sehen und Ausschau halten. Ich gebe mir so viel Mühe. Siehst du, ich trage sogar meine Brille.»

«Ich weiß – das ist gut. Du siehst damit gleich ganz anders aus. Blinde tragen keine normalen Brillen.»

Ich muß lachen. «Ist es nicht der Gipfel an Optimismus, wenn eine Blinde ihre Lesebrille trägt?»

«Stimmt», sagt er, und auch seine Stimme klingt wieder optimistischer. «Genauso wie anziehen und aus dem Haus gehen. Gib nicht auf.»

«Gut, ich gehe mit dir spazieren.»

Kenny nimmt meine Kleider aus dem Schrank und hilft mir beim Anziehen. Er zieht Reißverschlüsse hoch und knöpft Knöpfe zu, als wäre ich ein kleines Kind, das zum ersten Mal in den Schnee hinausdarf.

Sekunden nachdem ich zur Haustür hinausgetreten bin, falle ich hin.

«Ich habe nie die Stufen vor dem Eingang gezählt», jammere ich. Mein rechtes Knie pocht schmerzhaft von der unfreiwilligen Rutschpartie bis zu unseren Pflanzenkübeln aus Beton.

«Oje, es tut mir so leid.» Kenny ist außer Atem; jedes Wort klingt drängend, wird von einem kurzen Keuchen begleitet. Er muß die Treppe hinuntergesprungen sein, um mich aufzufangen. «Alles in Ordnung?»

«Ja», sage ich. Das kostet mich meine ganze Beherrschung. «Wir machen uns besser auf den Weg, sonst überlege ich es mir noch anders.»

«Du machst keinen Schritt mehr, ohne dich an mir festzuhalten, hörst du?»

Wir gehen ein Stück die Straße hinunter, ohne daß ich falle. Ich klammere mich an ihn und befolge seine Anweisungen.

«Jetzt den Bordstein hinunter. Wir sind am Fußgängerüberweg.» Ich gehe hinunter und mache einen Schritt. Dann höre ich ein Auto heranrasen. Ich umklammere Kenny mit beiden Armen, als wäre ich am Ertrinken.

«Es ist alles in Ordnung.» Er versucht, meine Finger aus ihrem Griff zu lösen. «Beruhige dich doch. Kein Grund zur Panik.»

«Das Auto!»

Er zerrt mich wieder zurück auf den Bürgersteig, aber ich klammere mich immer noch an ihn.

«Jackie, das Auto fuhr in die andere Richtung. Als wir den Überweg betreten haben, war es schon vorbei.»

«Das wußte ich doch nicht! Woher hätte ich das wissen sollen?» Ich schluchze.

«Aber ich wußte es. Ich würde niemals mit dir auf die Straße gehen und dich dabei in Gefahr bringen. Niemals. Weißt du das denn nicht?»

Doch, das weiß ich. Aber ein Auto könnte auch ihn überfahren. Vielleicht kümmert er sich zu sehr um mich, damit ich nicht vom Bürgersteig stolpere, kümmert sich um all die vielen kleinen Dinge, um die wir uns jetzt kümmern müssen, und sieht deshalb das Auto nicht. Es kommen Fußgänger auf der Straße um. Mein Bruder zum Beispiel. Robin hat den Wagen, der ihn überfahren hat, nicht einmal gesehen.

Polly war damals Anwältin und regelte die Angelegenheit. Sie nahm Einsicht in den Unfallbericht und sprach mit den Zeugen. Sie sagten alle dasselbe, hatten alle dasselbe beobachtet. Ein junger Mann, der unbedingt den Bus noch erreichen wollte, sei auf die Straße gelaufen, mitten in den heranbrausenden Verkehr. Er habe überhaupt nicht auf die Autos geachtet.

Sie erinnerten sich alle daran, daß er mit den Armen wedelte, damit der Busfahrer ihn noch sah und anhielt. Aber der Bus fuhr weiter, und die Autos fuhren weiter, und die Fahrer sahen ihn zu spät. Sein Körper schlug auf einer Windschutzscheibe auf, ließ sie bersten und wurde dann von der Gewalt des Aufpralls mehrere Meter weit geschleudert, auf die Motorhaube eines anderen Wagens. Er starb noch an der Unfallstelle, am Überweg einer der belebtesten Kreuzungen von Boston.

Selbst zehn Jahre danach vermeiden meine Schwestern diese Kreuzung. Sie nehmen riesige Umwege in Kauf, über lange gewundene Seitenstraßen, selbst wenn es mehr als eine halbe Stunde dauert.

Ich bitte Kenny, mich nach Hause zu bringen, damit ich meine Schwestern anrufen kann.

~ 28 ~

Sobald wir zu Hause sind, nehme ich meine Bruchlandungsposition ein. Ich ziehe den Schlafanzug wieder an, gehe ins Bett und lege die Hände auf die großen Tasten meines Telefons.

Dann fange ich an zu wählen.

«Sally, habe ich dieselbe Augenfarbe wie Robin?»

«Du meine Güte.» Sie seufzt. «Wie wär's denn, wenn du erst mal hallo sagst?»

«Du wirst doch mittlerweile meine Stimme erkennen, oder?»

«Ja, sicher, aber ich brauche einen Moment, um meine Gedanken zu sammeln. Was wolltest du wissen?»

«Wie das mit meiner Augenfarbe ist – und der von Robin.»

«Ich bin mir nicht sicher, Jackie. Ich bin nicht sicher, ob ich die Frage richtig verstanden habe. Warum willst du das ausgerechnet jetzt wissen?»

Ihre Stimme ist immer noch ziemlich hoch, und wenn sie sich Sorgen macht, wird sie noch eine Oktave höher. Sie ist jetzt im Sopranbereich.

«Ich habe viel an ihn gedacht, von ihm geträumt.»

«Welche Art von Träumen? Welche Art von Gedanken?» Ihre Stimme sinkt zum professionellen Alt hinab. Sally ist Psychologin. Träume und Gedanken sind die Grundlage ihres Berufes.

«Meistens Erinnerungen – glückliche Erinnerungen aus der Kindheit.»

«Glückliche Erinnerungen? Bist du ganz sicher? Und es geht dabei um Robin und dich?» Sie feuert die Fragen auf mich ab, ohne auf die Antwort zu warten. «Ich glaube nicht, daß du das tun solltest, Jackie. Wir machen uns alle solche Sorgen, daß du dich in der Vergangenheit verlierst.»

«Es geht mir gut, Sally. Ehrlich. Sag das den anderen.»

«Nimmst du irgendwelche Antidepressiva?»

«Nein», antworte ich. «Ich habe mich immer auf meinen Verstand und meine Gefühle verlassen, und ich möchte sie nicht mit Medikamenten beeinflussen, wenn ich sie am nötigsten brauche.»

«Das verstehe ich ja, Jackie, aber du brauchst jetzt vor allen Dingen tröstliche Gedanken, keine aufwühlenden.»

«Das weiß ich. Ich versuche ja auch, mich darauf zu konzentrieren. Ehrlich.»

«Willst du wissen, was ich glaube?»

«Ja.»

«Wirklich?»

«Ja», wiederhole ich. «Ich möchte es wirklich wissen.» Ich will nicht nur wissen, was sie glaubt, sondern ich möchte die ganze Sache von ihrem Standpunkt aus betrachten, vom Standpunkt meiner blonden Schwester mit den Grübchen. Ich möchte an ihrer sonnigeren Sicht der Dinge teilhaben.

«Also gut», sagt sie. «Ich stelle mir das so vor: Du bist an einem Tiefpunkt angelangt. Es ist ganz normal, daß du in diesem Tal herumhängst und über jeden Tiefpunkt deines Lebens und über jede traurige Erinnerung nachdenkst.»

«Stimmt. Normal, aber nicht unbedingt gesund.»

«Genau. Du mußt also deine Kräfte bündeln. Du hebst den Kopf – im übertragenen Sinne deine Gedanken –, um wieder hinauszuklettern.»

«Aber wie mache ich das?»

«Jedes Mal, wenn in deiner Erinnerung ein trauriges Bild erscheint, stellst du dir vor, daß deine Hand es wegnimmt und ein fröhlicheres dafür hinlegt.»

«Sally, ich weiß, wie das funktioniert. Unsere Familie

macht das doch schon seit Jahren so. Aber fragst du dich denn nie, was mit den anderen Bildern geschieht? Wohin sie verschwinden?»

«Damit brauchst du dich jetzt nicht zu belasten.»

«Aber es ist das, was mich *die ganze Zeit* belastet – alles, was zugedeckt und verborgen und vertuscht wurde. Es gibt einen Grund dafür, daß ich mich jetzt daran erinnere, ganz bestimmt. Es wäre falsch, diese Gedanken einfach zu verdrängen.»

«Ich glaube, wir bewegen uns hier im Kreis.» Ich höre, daß ihr kleiner Sohn nach ihr ruft. «Sicher ist es mein Fehler. Laß mich nachdenken, mir fällt bestimmt noch etwas anderes ein.»

«Nein, laß nur. Es geht mir gut. Ich merke schon, daß es gerade ungünstig ist. Ich rufe dich morgen wieder an, ja?»

Ich lege auf und wähle die nächste Nummer.

«Polly, hatten Robins und meine Augen dasselbe Blau?»

«Ach, Jackie, du bist es. Laß mich nachdenken.»

Ich stelle mir vor, wie Polly mit geschlossenen Augen über dem Telefon hängt und meine Frage analysiert, als ginge es um eine Abschlußprüfung. «Ich glaube schon, ja. Ja, das stimmt», sagt sie schließlich. «Ihr hattet beide als Kinder so eindringlich blickende Augen. Vielleicht sind deine größer – oder vielleicht wirken sie nur größer, weil dein Gesicht kleiner ist, aber es ist dasselbe Blau. Ja. Ich würde schon sagen, es ist dasselbe Blau.»

«Wirklich? Ich bin nie zuvor auf die Idee gekommen, danach zu fragen.»

«Hilft es dir, zu wissen, daß Robin und du diese Gemeinsamkeit hattet, oder macht es die Sache noch schlimmer?»

«Ich weiß es nicht genau», sage ich.

«Als du mich danach gefragt hast, habe ich versucht mir vorzustellen, was Mama gesagt hätte.»

«Und?»

«Mir fiel wieder ein, wie sehr sie sich immer um euch beide gesorgt hat. Ihre Krebse mit dem weichen Panzer – so nannte sie dich und Robin immer.»

«Und was, glaubst du, hat sie damit gemeint?»

«Sie meinte wohl, daß ihr beide sehr verletzlich wart. Ihr seid so sensibel und vertrauensvoll gewesen.»

«Aber alle Kinder sind doch so.»

«Nein, du und Robin, ihr habt immer in eurer eigenen Welt gelebt. Und selbst als Erwachsene seid ihr beide noch wie in einer Art Trance herumgelaufen. Mama machte sich deshalb große Sorgen; sie glaubte, daß ihr die schlechten Menschen wie ein Magnet anzieht.»

«Polly, kannst du dich noch daran erinnern, wie Robin von dieser Gruppe von Jungs verprügelt wurde? Es war in meinem ersten Jahr auf dem College.»

«Ach, Jackie, solche Dinge sind ihm so oft zugestoßen. An diesen speziellen Fall kann ich mich nicht erinnern.»

Ich erzähle ihr, was sich damals abgespielt hat. Es war im Oktober 1973, und ich hatte gerade Kenny auf dem College kennengelernt. Ich verbrachte ein langes Wochenende zu Hause und telefonierte mit einer Freundin aus der High-School – sicher erzählte ich ihr von Kenny. Es war einer dieser wunderbaren Herbstnachmittage, an denen man jedoch schon einen langärmeligen Pullover brauchte. Ich war in der Küche und sah aus dem Fenster, und auf diese selbstvergessene Art, die typisch für eine verliebte Achtzehnjährige ist, dachte ich darüber nach, wie vollkommen doch alles war, mich eingeschlossen.

Es klopfte an der Vordertür, und ich beendete schließlich das Gespräch, um zu öffnen. Es waren Nachbarn von uns, die ein paar Häuser weiter wohnten. Sie hatten versucht anzurufen, aber es war die ganze Zeit besetzt gewesen. Sie sagten, mein Bruder sei bei ihnen zu Hause, und er sei verletzt worden. Ich dachte zuerst, er hätte einen Unfall gehabt. Das war schon damals immer meine größte

Sorge. Aber sie sagten, es sei kein Unfall gewesen, er sei «vermöbelt» worden. Kinder aus einer anderen Gegend waren ihm gefolgt und hatten ihn geärgert; sie warfen ihn zu Boden, stahlen seinen Geldbeutel und sein Radio. Der Sohn unseres Nachbarn hatte ihn gefunden, die Buben verjagt und Robin mit nach Hause genommen.

Ich ging zu den Nachbarn hinüber. Robin hielt sich einen Waschlappen vors Gesicht. Es tat mir weh, ihn anzusehen. Sein Gesicht war geschwollen wie bei einem Boxer nach dem Kampf; unser Bruder, der niemals seine Hand gegen jemanden erhob, immer nur einstecken mußte. Der Nachbarssohn erzählte, die Kinder seien höchstens elf oder zwölf gewesen. Als er in die Straße einbog, hatte er gesehen, wie sie Robin mit Gegenständen bewarfen und ihn beschimpften. Robin reagierte nicht, er versuchte nur, schneller zu gehen. Dann stießen sie ihn zu Boden, nahmen ihm seine Sachen weg und traten ihm gegen den Kopf.

Polly sagt erst einmal nichts. Sie hört mir konzentriert zu, wie sie es seit unserer Kinderzeit tut.

«Weißt du, Jackie, es ist so schwer für mich, mir Robins Gesicht ohne Blessuren oder Narben vorzustellen. In all diesen Jahren in Rosewood wurde er dauernd von anderen Patienten verprügelt; meistens wollten sie ihm seine Sachen wegnehmen – die Kamera oder das Radio. Mama und Dad haben ständig neue gekauft. Irgendwie dachte ich immer, daß er draußen in der richtigen Welt besser geschützt wäre.»

«Nein, Polly. Hier draußen hatte er noch weniger Schutz.»

«Aber er war doch so groß und stark. Warum hat er sich nie gewehrt?»

Wir schweigen beide, denken über diese Frage nach. Es stimmt, er war über einsachtzig groß und hatte keine körperliche Behinderung. Aber seine geistige Behinderung war zu erkennen – an seiner Haltung, seinem gehetzten

Blick, in der Wahl seiner Kleidung. Er sah merkwürdig aus. Seine Größe allein genügte deshalb nicht, um einen Räuber abzuschrecken, nicht einmal Kinder, die halb so alt waren wie er. Mit ihrem grausamen Blick erkannten sie sofort, daß dieser sanfte Mann leichte Beute für sie war, und sie traten ihn mit Füßen.

Ich breche das Schweigen. «Für mich ist es auch nicht ganz leicht, mir Robin ohne irgendeine Schramme am Kopf vorzustellen», gebe ich schließlich zu. «Von dieser ersten Erinnerung, als er damals in Virginia seinen Kopf auf den Steg schlug, über die ganzen Jahre hinweg bis vor ein paar Minuten, als Kenny mit mir spazierenging und ich darüber nachdachte, wie Robins Leben endete.»

«O Gott, Jackie. Denk doch jetzt nicht über all diese Dinge nach.»

«Sally meinte, ich sollte mich auf die anderen Bilder konzentrieren, auf die fröhlichen Erinnerungen.»

«Mama hätte das auch gesagt.»

«Weißt du was, Polly? In der letzten Zeit war es schon leichter, die fröhlicheren Bilder zu sehen. Ich habe Robin in einem anderen Licht gesehen.»

«Wie meinst du das?»

«Er erscheint in meinen Träumen, aber ohne diesen sorgenvollen Ausdruck, der in sein Gesicht gemeißelt schien. Er sieht friedlich aus. Sein Erscheinen in meinen Träumen bringt mir eine Art Stille, als wollte er mich beruhigen.»

Diese Gedanken Polly gegenüber auszusprechen verleiht ihnen Gewicht, macht sie zu etwas Substantiellem, woran ich mich festhalten kann. Seit Robins Tod sind jetzt elf Jahre vergangen.

«Polly», sage ich leise. «Wenn ich jemals wieder sehen kann, möchte ich Robins Sachen durchgehen. Die Tasche, die er an diesem Tag dabeihatte. Ich weiß nicht, wonach ich suche – ich möchte einfach nur seine Sachen sehen.»

«Ach, Jackie, ich konnte mich nie aufraffen, das selbst zu tun. Wenn deine Augen sich erholen – und ich bin sicher, daß sie das tun werden –, gehen wir die Sachen zusammen durch. Vielleicht finden wir heraus, was er dir sagen will.»

Auf Pollys anderer Leitung klingelt es, und sie schaltet mich in die Warteschleife. Ich glaube zu wissen, wer es ist, und Polly bestätigt meine Vermutung kurz darauf.

«Das war Mary Clark. Sie hat schon mit Sally gesprochen.»

«Gut, dann sag du ihr alles, was ich dir jetzt erzählt habe, und wenn sie einen genialen Einfall hat, soll sie mich anrufen. In Ordnung?»

«In Ordnung.»

Ich warte neben dem Telefon. Laufen bei meinen Schwestern nach einem Gespräch mit mir die Telefondrähte heiß? Vergleichen sie ihre Eindrücke, knobeln sie eine Strategie aus, um mich aus dieser Dunkelheit zu ziehen, so wie sie es bei Mamas Tod gemacht haben? Wie nah war wohl jede von ihnen in den vergangenen Wochen daran, in ein Flugzeug nach Los Angeles zu steigen?

Ich habe sie immer wieder gebeten, ihre Arbeit nicht im Stich zu lassen, ihr normales Leben nicht zu unterbrechen. Kenny mußte mir versprechen, daß er mich darin bei seinen vielen Telefonaten unterstützt, die er zweifellos vom Büro aus mit meinen Schwestern geführt hat. Sie haben meine Entscheidung respektiert, aber ich weiß, wie schwer es ihnen fällt, nicht an meine Seite zu eilen.

Als das Telefon klingelt, weiß ich, daß es Mary Clark ist, die mir die Antworten auf meine Fragen bringt. Wir haben alle unsere Rollen, abhängig von unserer Stellung im Familiengefüge, und sie ist die Problemlöserin.

Polly, die älteste von uns Schwestern, ist die Fragerin; sie versucht Antworten zu finden, indem sie die richtigen Fragen stellt. Als mittleres Kind bin ich in der klassischen Rolle der Vermittlerin; ich betrachte die Angelegenheit von allen Seiten, wäge das Für und Wider ab. Auch wenn Sally als Kind ständig geredet hat, ist sie jetzt die Zuhörerin; sie hört so lange zu, bis man beim Reden das Problem selbst gelöst hat. Mary Clark, die vierte und jüngste Schwester, ist die Ausfegerin. Sie geht ein Problem mit Elan an und fegt es fast immer mit Schwung vom Tisch.

«Jackie, ich habe von deinen Träumen gehört. Und ich weiß, was Robin dir sagen will. Es ist eigentlich ganz einfach.»

«Was? Halt, warte – hol erst einmal tief Luft. Laß dir Zeit. Ich möchte, daß du in ganzen Sätzen sprichst. Keine Abkürzungen, ja?»

Mary Clark absolvierte im Alter von neun einen Test für die weiterführende Schule, der ihr in Mathematik eine ans Genie grenzende Begabung bescheinigte. Heute arbeitet sie bei einer Bank und jongliert immer noch mit Zahlen. Damit es ihr nicht langweilig wird, lernt sie abends noch für ihren Abschluß in Informatik. Sie redet so schnell, wie ihre Finger über eine PC-Tastatur fliegen, und sie hängt Sätze aneinander wie ungekürzte Divisionsaufgaben. Ich sage ihr immer, sie soll langsamer reden, damit ich Zeit habe, über jedes ihrer Wörter nachzudenken. Das treibt sie beinahe zum Wahnsinn.

«In Ordnung. Immer wenn ich Probleme habe, erscheint mir Mama – im Traum, in Visionen, wie auch immer –, und sie hat immer diesen besorgten Gesichtsausdruck und trägt ihren Schreibblock mit sich herum. Den, auf dem sie sich im Krankenhaus immer Notizen gemacht hat. Jedenfalls gibt sie mir so Ratschläge.»

«Tatsächlich? Davon hast du mir nie etwas erzählt.»

«Na ja, bisher gab es ja auch keinen Anlaß dafür.»

Nach all dieser Zeit haben sich manche Dinge immer noch nicht geändert. Wir brauchen immer noch einen guten Grund, um in unserer Familie über die wichtigen Dinge zu sprechen.

«Jedenfalls glaube ich auch, daß Robin dir mit seinem deutlichen Auftauchen in deinen Träumen etwas sagen will. Aber was es ist, wirst du selbst herausfinden.»

«Ist das alles? Du hast doch vorhin gesagt, du weißt, was es ist! Ich habe gedacht, daß du es schon für mich herausgefunden hast. Wofür soll eine kleine Schwester denn gut sein, wenn nicht dafür, daß sie die harten Nüsse knackt?»

«Gut, wenn du unbedingt willst. Ich sage dir, was mir als erstes einfiel. Das ist immer das, woran ich mich halte, zumindest bei den Multiple-Choice-Tests. Ich glaube, ich weiß es wirklich. Aber du hast ihm viel nähergestanden als ich und bist ihm auch heute noch näher; es kann also sein, daß wir beide ganz unterschiedliche Botschaften bekommen.»

«Welche Botschaft bekommst du denn?»

«Ich glaube, er versucht, dir Mut zu machen, dich zum Durchhalten zu ermuntern. Er sagt dir, daß du es schaffen wirst, daß du es schaffen wirst, die andere Seite zu erreichen.»

«Die andere Seite?» Ich gebe mir keine Mühe, das Entsetzen in meiner Stimme zu verbergen.

«Du lieber Himmel – doch nicht *diese* andere Seite!» Sie lacht laut. «Jackie, du lebst wirklich schon viel zu lange in Kalifornien, glaub mir.»

«Das hat Mama auch immer gesagt, wenn sie meinte, daß ich etwas besonders Dummes gesagt hätte, und sie es mir nicht so direkt mitteilen wollte. Also gut, du Genie, was hast du mit der andern Seite gemeint?»

«Einfach nur, daß du auf dem Weg der Besserung bist, wieder sehen wirst. Das vielzitierte Licht am –»

Ich falle ihr ins Wort und beende ihren Satz, bin ihr ausnahmsweise einmal ein paar Wörter voraus. «Ich weiß, das vielzitierte Licht am Ende des Tunnels, und es stammt nicht von einem Zug, der mir entgegenkommt.»

Sie lacht wieder. «Nachdem wir ja jetzt all deine Probleme gelöst haben, hol mir doch bitte meinen kleinen Liebling ans Telefon. Ich möchte wissen, ob sie das Buch bekommen hat, das ich ihr geschickt habe.»

Ich rufe nach Kelsey und lege den Hörer auf, als ich höre, wie sie am anderen Apparat begeistert losschnattert.

Ich lasse mich wieder in die Kissen sinken, die Augen geschlossen, und lege das Babykissen meiner Mutter unter den Kopf. Dann versuche ich, mir fröhliche Bilder in Erinnerung zu rufen.

Spontan fällt mir eines von den Fotos ein, die ich in der letzten Nacht, in der ich sehen konnte, betrachtet habe. Es wurde von einem Berufsfotografen aufgenommen und erschien an einem Sonntag im April 1959 auf der ersten Seite der Familienbeilage in der *Baltimore Sun* unter der Überschrift «Frühlingsrituale». Auf dem Foto sind Mama, Polly, Sally und ich zu sehen, wie wir in einem Geschäft Frühlingshüte aufprobieren. Wir tragen unseren Sonntagsstaat. Damals zog man sich noch fein an, wenn man zum Einkaufen in die Stadt fuhr.

Mein Kleid war fast so wie Pollys, und ich fand es aufregend, ihr so ähnlich zu sehen. Sally war etwa achtzehn Monate alt; wie eine Porzellanpuppe saß sie in rosa Organdy und weißen Seidenbändern zu Mamas Füßen, das Engelsgesicht vom Spiegel abgewandt. Wir drängen uns alle vor einem dreiteiligen Spiegel dicht an unsere Mutter. Sie lächelt uns im Spiegel zu, und Polly und ich lächeln ihr Spiegelbild an. Wenn man das Bild so sorgfältig betrachtet, wie ich das getan habe, fällt auf, daß keine von uns ihr eigenes Spiegelbild ansieht.

Ich hielt meine Mutter für die schönste Frau der Welt. Das taten wir alle, und diese Bewunderung steht uns ins Gesicht geschrieben. Sie hatte einen so sanften und träumerischen Blick, und sogar wenn sie böse war, behielten ihre hübschen, gleichmäßigen Gesichtszüge diesen heiteren Ausdruck. Es war mir in meiner ganzen Kindheit ein Rätsel, wie sie es schaffte, immer so bilderbuchperfekt auszusehen, sogar wenn sie fuchsteufelswild war.

Ich wollte genau wie sie sein und imitierte ihre Haltung, aber das Gummiband unter meinem Kinn zerriß, und mein Hut rutschte nach hinten. Als ich ihn gerade mit der linken Hand auffangen wollte, drückte der Fotograf auf den Auslöser. Der Redakteur der Zeitung rief später an und bat um Erlaubnis, das Foto drucken zu dürfen. Er habe sich für dieses entschieden, erklärte er meiner Mutter, weil es so natürlich aussähe. Wenn der Hut nicht gerade heruntergefallen wäre, hätte es zu sehr wie eine Familie aus dem Märchen ausgesehen, zu schön, um wahr zu sein.

Mama erzählte uns das mit strahlendem Gesicht, aber ich war nicht sicher, ob ich das mit dem Hut richtig oder falsch gemacht hatte. Hatte ich alles verdorben? Hätte ein perfektes Märchenkind nicht nach dem Hut gegriffen? Ich fragte meine Mutter danach, und sie nahm mich erst einmal ganz fest in die Arme. Dann sagte sie, ich müsse nicht perfekt sein, und unsere Familie sei auch nicht perfekt; was wir aber alle tun sollten, war, einander so gut wie möglich lieb zu haben. Und das taten wir doch, oder? Sogar wenn unsere Frühlingshüte unbequem und zu klein waren, neckte sie mich und kitzelte mich unterm Kinn, bis ich anfing zu lachen.

«Ja, wir haben einander alle so lieb wie nur möglich», sagte Dad, und ich weiß noch, wie er uns an diesem Abend alle angesehen hat; so, wie er uns immer noch ansieht. «Jedes meiner Mädchen ist für mich schön», sagte er immer. «Weil jede von ihnen auf ihre ganz eigene Art ihrer Mutter ähnlich sieht.»

Ich habe mich nie für schön gehalten, und im Moment kann ich mir nicht vorstellen, daß ich das jemals tun werde. Aber wenn mir jemand sagt, daß ich meiner Mutter ähnlich sehe, kann ich es fast glauben.

Eine Nummer wähle ich noch.

«Dad. Hatten Robin und ich dieselbe Augenfarbe?»

«Hallo, Knöpfchen. Tja, laß mich mal nachdenken. Ja, das habt ihr. Natürlich, eure Augen hatten genau dieselbe Farbe wie die meines Vaters. Er hatte von uns allen die schönsten Augen. Königsblaue Augen. Ja. Du und dein Bruder hattet genau diese Farbe.»

«Dad, warum hast du mir das noch nie erzählt?»

«Hab ich nicht? Da wollte ich wohl deine Schwestern nicht neidisch machen.»

«Nein, ich meine doch das mit den Augen deines Vaters.»

«Er starb, bevor du zur Welt kamst, bevor überhaupt eines meiner Kinder geboren wurde. Aber ich war so glücklich, als ich entdeckte, daß Robin seine Augenfarbe geerbt hatte.»

«Aber wenn sie doch dunkelblau waren, wieso bekam er dann den Spitznamen Robin, nach der Farbe der Rotkehlcheneier?»

«Ach, das war eine Idee deiner Mutter. Ich glaube, sie sah mehr Licht in seinen Augen als sonst jemand. Zumindest mehr als ich. Jedenfalls war es ein wunderschönes Blau, wie auch immer man es bezeichnen möchte. Und deine Augen haben dieselbe Farbe wie die deines Bruders. Ja, da bin ich ziemlich sicher.»

Nach dem Gespräch schließe ich wieder die Augen und versuche mir vorzustellen, wie Robin und ich als Kinder den Sommer Seite an Seite in Virginia verbringen. Ich habe nur Schwarzweißfotos aus dieser Zeit, aber ich versuche jetzt, ihnen Farbe zu verleihen.

Ich kann mich noch an die Farben des Sommers erinnern: das dunkle Gelb von Robins Krebsfanglupe, die Blautöne, in denen ich die Landschaft durch die Heckscheibe sah, als wir zurückfuhren, und die Farben unserer Hände, die Krabbennetze und Angelruten über das Wasser hielten, während die Sonne auf uns nieder brannte.

Robins Hände waren zweifarbig; elfenbeinweiß mit rosa Flecken, wo sich die sonnenverbrannte Haut an Handgelenk und Knöcheln schälte. Horace' Hände glänzten wie poliertes Mahagoni. Sie waren von Narben gezeichnet, die er sich beim Krebsfangen, Angeln und Instandhalten des Bootes zugezogen hatte. Die Narben liefen kreuz und quer über seine langen, flinken Finger, Lichthiebe auf dunklem Grund. Docs Hände waren hellbraun und krustig, wie die Oberfläche der Kekse, die Lucy morgens aus dem Backofen holte.

Und meine Hände waren – wie der Rest von mir in diesem Sommer – tief goldbraun und mit Babyöl bedeckt. Ich sehe immer noch die drallen gegrillten Ärmchen aus meiner weißen Matrosenbluse herausragen. Ich konnte an meiner Hautfarbe sehen, wieviel Zeit vergangen war. Wenn meine Haut so braun war wie die von Doc und noch dunkler, wußte ich, daß die Ferien sich ihrem Ende zuneigten. Dann hielt ich meinen Unterarm neben den von Horace, jedes Jahr wieder enttäuscht, daß ich es nicht geschafft hatte, so dunkel zu werden wie er.

Dunkler war für mich gleichbedeutend mit stärker. Horace und Lucy waren so stark, daß sie Sally und mich gleichzeitig hochheben konnten, wenn wir bei der Ankunft gemeinsam auf das Haus zuliefen. Sie schwangen uns hoch über ihre Köpfe und lachten, während sie uns herumwirbelten, bis uns schwindelig wurde vor lauter Kichern. Und doch schien ihnen niemals die Luft auszugehen.

Ich dachte, wenn meine Haut so dunkel würde, wäre ich stark genug, keine Rettungsweste mehr tragen zu müssen. Nichts, nicht einmal die reißende Strömung eines Flusses, könnte mich dann überwältigen. Wenn ich erst einmal dunkler war als die Dunkelheit selbst, konnte die Nacht meiner Alpträume mich nicht mehr verschlucken. So wie meinen hellhäutigen Bruder.

In einem Punkt hatte ich recht: Horace war wirklich

stark und robust. Er wurde dreiundneunzig Jahre alt, und Mutter hat ihn kurz vor seinem Tod noch besucht. Er saß aufrecht im Bett und sagte ihr, wenn seine eigene Mutter vom Himmel herabgestiegen wäre, um ihn zu besuchen, hätte es ihn nicht glücklicher gemacht. Er sagte Mama, daß sein Robbie oben auf ihn warte und ihm einen Platz in einem Anglerkahn frei halte.

Ich wünsche mir von ganzem Herzen, daß es noch mehr fröhliche Bilder meines Bruders gäbe. Ich hatte so viele Pläne, alles wiedergutzumachen, ihn für die verlorenen, traurigen Jahre zu entschädigen. Als ich aus dem College kam und anfing zu arbeiten, trug ich ihn als Begünstigten meiner Lebensversicherung ein. Ich schrieb ihm in einem Begleitbrief, daß er das Geld für eine Reise ausgeben solle, die er sich schon immer gewünscht hatte. Damit wollte ich all diese Familienurlaube wiedergutmachen, die wir ohne ihn verbracht hatten. Als ich ihn zum letzten Mal sah, an Weihnachten, sprachen wir darüber, daß ich ihm ein Ticket nach Los Angeles schenken würde, damit wir zusammen nach Disneyland fahren könnten. Sein Leben lang hatte er davon geträumt, einmal dorthin zu kommen.

Er starb, bevor ich nach Kalifornien zog, und als ich zum ersten Mal nach Disneyland fuhr, konnte ich ihn beinahe neben mir spüren, wie er all die Fahrten immer wieder und wieder machte und all seinen Lieblingscomicfiguren in Lebensgröße die Hand schüttelte. Er hätte Hunderte von Fotos gemacht. Unter dem immerwährend sonnigen wolkenlosen Himmel hätte kein Schatten über unseren Bildern gelegen. Ich greife nach diesem Foto, das nie gemacht wurde, und rette es vor dem Vergessen, auch wenn ich es nur im schwarzen Licht meiner blinden Träume betrachten kann.

~ 29 ~

22. Mai 1991

Unser Haus steht eigentlich auf dem Kopf. Die Wohnräume sind oben, damit man den Panoramablick auf das Meer genießen kann – ein Blick, der morgens oft durch Nebel, Smog oder eine Mischung aus beidem getrübt wird, so daß vor unseren Fenstern eine beigefarbene neblige Suppe wabert. Aber an Tagen, wo der Wind seewärts weht, liegt ein Stück Pazifik wie aus dem Bilderbuch vor uns.

Die Schlafräume sind unten im Haus. Für den ersten Schluck Kaffee des Tages muß ich eine Treppe hochgehen – fünf Schritte bis zum Treppenabsatz, dann noch neun bis nach oben. Vor ein paar Wochen hat Kenny aufgehört, mir den Kaffee nach unten zu bringen. Er brauchte mir nicht zu erklären warum, murmelte jedoch, er vermisse mich morgens am Frühstückstisch. Als zusätzlichen Anreiz liest er mir aus der Zeitung vor. Es macht mir nichts aus; ich stehe jetzt sowieso früher auf, damit ich mehr Zeit habe, bei Tageslicht nach der Farbe Blau Ausschau zu halten.

Vor zehneinhalb Wochen hat sich der graue Nebel über meine Augen gelegt. Die Acht-bis-zehn-Wochen-Frist, die der Spezialist vorausgesagt hatte, ist überschritten.

«Bei manchen Leuten dauert es länger», sagte der Spezialist, als ich ihn am Abend des sechsundfünfzigsten Tages anrief. «Ich glaube immer noch, daß Ihr Sehvermögen sich bessert, aber erwarten Sie keine dramatische Wende. Es werden ganz geringfügige Veränderungen sein. Deshalb sollten Sie konzentriert und sorgfältig Ausschau halten.»

Ich bin jetzt oben an der Treppe, halte einen Augenblick

inne und sehe durch das Panoramafenster. Immer noch nichts.

Ich taste mich an der Theke entlang die sieben Schritte bis zum Frühstückstisch, wo mein Kaffee bestimmt schon auf mich wartet. Ich weiß, daß Kenny schon da ist; ich höre die Zeitung rascheln.

Meine Hand berührt etwas Hartes, als sie über die Fliesen gleitet; dann knallt es laut. Etwas ist zu meinen Füßen in tausend Scherben zerbrochen.

«Verdammt, laßt bitte nichts am Rand dieser Theke liegen! Sonst könnt ihr mir gleich eine Falle aufstellen.»

«Guten Morgen», sagt Kenny.

«Was habe ich denn jetzt schon wieder zerbrochen?»

«Eine kleine Tonfigur, die Kelsey in der Schule für dich gemacht hat.»

«Oh, nein. Eine kleine Tonfigur?»

«Schon in Ordnung. Wir haben nicht mehr daran gedacht, daß wir nichts dorthin legen sollen. Es ist unsere Schuld.» Ich höre ihn aufstehen. «Bleib da stehen, Jackie – nicht, daß du dir die bloßen Füße an den Scherben verletzt. Ich mache es sofort weg.»

Ich sehe in die Richtung, aus der seine Stimme kommt, denn ich habe hart an all diesen Dingen gearbeitet, die mich jetzt Konzentration kosten: den Kopf zu heben und in die Richtung zu drehen, aus der Geräusche kommen, die Brille aufzusetzen, wenn ich aufwache, andere Gesichtsausdrücke zu zeigen als erstarrte Erwartung oder ständige Verzweiflung.

Es passiert also gerade dann, als ich am wenigsten damit rechne, als ich den Kopf hebe, um meinem Mann zuzuhören.

Das Grau bewegt sich.

«Kenny!» schreie ich.

Der graue Schatten wird größer und nimmt eine blaue Färbung an, als er schneller wird und näher kommt.

«Was ist?» ruft er. «Hast du dir weh getan?»

«Kenny – ich glaube, ich kann dich sehen!»

Er nimmt mich fest in den Arm, drückt mich an sich, aber ich reiße mich aus der Umarmung los. Ich will mehr sehen.

«Kenny, was hast du an?»

«Den blauen Frotteebademantel, den du mir vor Jahren geschenkt hast. Ich trage ihn jede Minute, in der wir zusammen sind.»

«Beweg dich, beweg dich! Ich will sehen, wie du dich bewegst, Kenny!»

Ich schreie vor Aufregung.

«Mama, Daddy, was ist denn los?»

Kelsey! Ich möchte sie sehen – möchte sehen, wie ihr Schatten sich bewegt. Ich taste nach ihr, aber ich kann sie nicht sehen, nicht einmal ihren Schemen.

Ich höre, daß Kenny mit ihr flüstert.

«Aber Daddy, ich habe das blaue Kleid jeden Tag getragen, seit du es mir gekauft hast – es ist im Wäschekorb.»

«Lauf und hol es!» rufen Kenny und ich gleichzeitig, dann brechen wir in Gelächter aus. Schließlich brüllen wir beide gemeinsam vor Lachen.

Später wählt Kenny für mich die Nummer des Spezialisten. Als ich ihm die Neuigkeiten mitteile, ist er sehr erfreut. Nicht überrascht, aber erfreut. «Sie haben die erste Kurve genommen», sagt er.

Ein Rundkurs, Jackie. Auf dem Heimweg.

Der Spezialist erinnert mich daran, daß er mir versichert hatte, es würde besser werden. Und so sei es ja nun auch.

«Soso, auch gute Ärzte können sich also eine Bemerkung wie ‹ich habe es Ihnen ja gesagt› nicht verkneifen», erwidere ich, und er lacht.

Es kann Monate dauern, bis ich wieder einigermaßen

normal sehen kann, warnt er mich, und das wird hart werden. In der Zwischenzeit soll ich weiter die Augen aufhalten.

Diesmal bin ich es, die sich zuerst verabschiedet. Ich nehme Kennys Hand und führe ihn auf die Terrasse hinaus. Ich sehe dorthin, wo der Pazifik rauscht, und warte darauf, daß seine wasserblauen Tiefen die brillanten Farben meiner Träume annehmen.

~ 30 ~

März 1995

Ich kann jetzt wieder alle Farben sehen. Es hat über ein Jahr gedauert, bis sie mit Kelseys Hilfe alle wieder da waren. Wir gingen zusammen überallhin, wo meine Augen in Farbe baden konnten – Kunstmuseen, Stoffgeschäfte, Gärtnereien. Am besten gefiel es mir in den Tierhandlungen, die tropische Fische verkauften. Ich konnte die Farben vor meinen hungrigen Augen vorbeischwimmen sehen wie verführerische Appetithäppchen.

Die Verkäufer fragten immer, ob wir etwas kaufen wollten.

«Wir wollen nur mal schauen», sagte Kelsey dann und lächelte.

Nach vielen Monaten konzentrierten Trainings konnte ich dann endlich das ganze Farbspektrum wieder sehen; zuerst die Blautöne, später erst Rosa- und Rottöne, das leuchtende Rot des Stopschildes ganz zum Schluß. Allerdings hatte mir der Spezialist gesagt, daß meine Fähigkeit zum Kontrastesehen möglicherweise verloren bliebe.

Während meiner zermürbenden Blindheit fiel mir so viel Wissenswertes über Farben wieder ein. Ich erinnerte mich daran, daß jede Farbe ihren Platz im natürlichen Lichtspektrum hat. Wir lernen das schon als Kinder, wenn wir unsere ersten Regenbogen malen, noch bevor wir in der Schule eine ganz andere, eher wissenschaftliche Beziehung zu Licht und Farbe beigebracht bekommen. Robin jedoch hatte die Magie der Farben nie vergessen. Und als mir nichts anderes blieb als der Blick zurück, sah ich das dramatische Spiel des Lichts in jeder Farbe, jedem Augenblick, jeder Person meines Lebens.

Als ich noch ein kleines Mädchen war und mein Vater mir erzählte, daß sein Onkel Ogden Dichter «lichter Verse» sei, fand ich das sehr aufregend. Ich glaubte, er schriebe Gedichte über die verschiedenen Formen des Lichts – Sonnenlicht, Mondlicht, das Licht des Feuers, Sternenlicht, Zwielicht und Kerzenlicht. Ich kann mich noch genau daran erinnern, wie enttäuscht ich war, als ich herausfand, daß seine Gedichte für ihre Leichtigkeit berühmt waren. Ich dachte, mit Leichtigkeit durchs Leben zu gehen sei eine Schwäche, zeige einen Mangel an Herz.

Heute weiß ich es besser. Es ist sehr schwierig, leichten Herzens durchs Leben zu gehen, und noch viel schwieriger ist es, Gedichte zu schreiben, die anderen Menschen dieses Gefühl geben. Der gute alte Onkel Og wußte eine ganze Menge über die Leichtigkeit des Herzens. Und über Licht. Ich weiß von meiner Familie, daß er hart daran gearbeitet hat, seinen Versen die Traurigkeit zu nehmen, lichte Glaswände um sie herum zu errichten, die konventionellen Wege zu verlassen, so wie Robin mit seinen Vogelkäfigen, aus denen die Vögel davonfliegen konnten, mit ausgebreiteten Schwingen wieder hinaus in die Freiheit. Denn Licht ist eine treibende Kraft.

Licht vertreibt die Dunkelheit. Während meiner Blindheit hatte ich diese Lektion vergessen, nicht weil ich nicht mehr sehen konnte, sondern weil mir der Antrieb fehlte. Ich lebte nicht mehr in der Gegenwart, und das Licht, das mich mein ganzes Leben lang begleitet hatte, zog ohne mich weiter. Letzten Endes war es das Licht meiner Familie – die Liebe derer im Himmel und derer, die noch mit mir auf der Erde sind –, das mich geleitet und mir wieder Auftrieb gegeben hat.

Nachdem ich mein Sehvermögen wiedererlangt hatte, dauerte es noch eine Weile, bis ich den Mut fand, Robins Sachen durchzusehen. Aber Polly und ich taten dann doch, was wir einander versprochen hatten. Wir saßen nebeneinander und öffneten die Tasche, die er bei sich hatte, als er vor dreizehn Jahren von einem Auto erfaßt wurde, das er nicht gesehen hatte.

Ich forderte meine Schwester auf, zuerst hineinzulangen. Sie zog einen Stapel Papier heraus. Der Busfahrplan von Baltimore. Eine Lesekarte für die Bücherei. Eine Wahlbenachrichtigung des Staates Maryland – Robin war der erste geistig Behinderte, der in diesem Staat ins Wählerverzeichnis eingetragen wurde. Sein College-Ausweis und eine Kopie seiner Zeugnisse. In Geldmanagement hatte er befriedigend abgeschnitten. Visitenkarten und Quittungen. Kontoauszüge. Zeitungsausschnitte, die meist mit dem Wetter zu tun hatten – Berichte über Hurrikane und Flutkatastrophen, Killerbienen und herabfallende Meteore.

In einem Hefter fanden wir seine Wörterliste und alte Hausaufgaben von Mary Clark und eine Liste der Schneetage, die er von 1962 bis 1973 notiert hatte. Die Jahre in Rosewood. Er hatte wohl mit seinem kleinen Transistorradio gehört, wann wir schneefrei hatten. Ich sah ein gespenstisches Bild vor mir; Robins Gesicht, dicht an das Radio gepreßt, wie er durch vergitterte Fenster den Schneeflocken zusah und auf die Ankündigung wartete, daß seine Schwestern den Tag damit verbringen würden, zu rodeln und im Schnee zu spielen. Ich schloß meine Augen ganz fest.

Polly mußte wohl ähnliche Gedanken gehabt haben, denn sie zog den Reißverschluß der Tasche wieder zu. «Ich glaube, das reicht für einen Morgen», sagte sie. Behutsam nahm ich ihr die Tasche aus der Hand und sagte, ich sei bereit, mir alles anzusehen.

Ich steckte die Hand in die Tasche und zog Rolle um Rolle unentwickelter Filme hervor. Meine Lateinauszeichnung. Eine handgeschnitzte 4, leuchtend gelb bemalt, mit einem fröhlichen Gesicht im Dreieck. Ich lehnte mich zurück und schloß wieder die Augen.

Gute Zahl, die Vier mag ich gern, Jackie.

Ich atmete tief durch, griff erneut in die Tasche und suchte die Ecken ab, bis mich etwas Scharfkantiges in den Finger stach. Ich zog das dunkelgelbe, beinahe bernsteinfarbene Stück Glas mit den gefährlich scharfen Kanten heraus. Die Krebsfanglupe. Wie um alles in der Welt hatte er es über all die Jahre hinweg geschafft, sie zu behalten?

«Du hast recht», sagte ich zu Polly. «Es reicht für einen Tag.»

Später ließ ich die Filme entwickeln und betrachtete Robins Fotos genau, versuchte herauszufinden, was er hatte festhalten wollen, versuchte die Welt durch seine Augen zu sehen. Ich erinnerte mich an Menschen, die mein Bruder verehrt hatte: Jean Simons, die ein Buch darüber schrieb, wie man autistische Kinder unterrichten sollte, *The Hidden Child* – «Das verborgene Kind». Sie rät darin den Lehrern, hinter dem Kind herzugehen und genau das zu tun, was das Kind tut, immer und immer wieder, bis der Lehrer es verstanden hat. Und Harry Citron, der absolute Lieblingslehrer meines Bruders – der Mann, der ihn gelehrt hat, daß er nicht zurückgeblieben ist, nur unverstanden –, sagte uns einmal, der einzige Weg, auf dem ein anderer Mensch den autistischen Geist verstehen lernt, besteht darin, die existentialistische Schwelle zu überschreiten, dieses Gefühl der Entfremdung von der eigenen Welt zu erleben.

Ich legte die Fotos wieder hin und nahm Robins Krebsfanglupe in die Hand. Ich ging damit nach oben, um die letzten Sonnenstrahlen des Tages durch das gelbe Glas zu betrachten. Ich hielt es mir vor die Augen, und es machte die Farben beinahe zu hell. Ich drehte mich um und wanderte durch das Haus, die Flure auf und ab, Meter um Meter, wie in den Nächten, in denen das Prednison mich wachhielt.

Die Fähigkeit, eine dunkle Farbe vor einem gleichfarbigen, helleren Hintergrund zu erkennen, hatte ich nicht wiedererlangt. Das bedeutete, daß ich nichts von monochromen Flächen ablesen konnte – beim Computer, beim Digitalthermometer, sogar beim Autoradio. Auch das Lesen bei starken Kontrasten war sehr schwierig. Die dunklen Wörter auf dem weißen Papier forderten meine Augen so sehr, daß ich maximal fünf Minuten am Stück lesen konnte, bevor die Buchstaben verschwammen.

Aber mit Robins Glasscherbe vor den Augen konnte ich Dinge sehen, die ich vorher noch nie gesehen hatte. Schatten tauchten auf, Farben wurden klarer. Ich ging zu Kelsey hinüber. Sie spielte an dem monochromen Bildschirm des Computers, den Kenny für mich gekauft hatte. Bisher hatte ich die Buchstaben auf dem Monitor nicht erkennen können. Mit dem Glas vor Augen konnte ich jetzt jedes Wort erkennen.

Ich ging mit Robins Glas schnurstracks zum Optiker und fragte, ob er mir eine Lesebrille mit einer solchen Bernsteintönung machen könne. Er hielt das Glas ins Licht, drehte und wendete es. Ich konnte tatsächlich gelbe Gläser bekommen und würde damit in der Lage sein, wieder lange zu lesen. Er erzählte mir, daß dieser Teil des Gelbspektrums seit fünfzehn Jahren erforscht wurde und man damit experimentierte, und daß viele Menschen mit unterschiedlichen Sehfehlern ihn zur Korrektur benutzten. Mein Bruder hatte das schon vor beinahe dreißig Jahren entdeckt.

Ben und ich spielen Verstecken, sein Lieblingsspiel. Ich knie hinter der Couch, wo er mich nicht sehen kann.

«Mami, wo bist du?»

«Hier», flüstere ich.

Er folgt meiner Stimme, geht um die Couch herum und findet mich.

«Da!» ruft er und fällt rückwärts um wie ein übermütiger Welpe. Immer noch lachend, rollt er sich wieder auf die Füße, seine blonden Locken fliegen um das Gesicht mit den Grübchen.

«Prima, Ben. Jetzt bist du dran mit Verstecken.»

«Ja», sagt er, und seine blauen Augen werden vor lauter Konzentration dunkler. «Ich dran.»

Aber er bewegt sich nicht. Er bedeckt die Augen mit den Händen, fest davon überzeugt, daß er nun nicht mehr zu sehen ist. Wie die meisten Kinder mit achtzehn Monaten glaubt er daran, daß seine Augen «in beide Richtungen funktionieren» und daß die Welt ihn nicht sehen kann, wenn er die Welt nicht sieht.

Jedesmal, wenn ich dran bin, wähle ich ein weiter entferntes Versteck. Er wird ungeduldig, während er darauf wartet, daß ich wieder auftauche. Also fängt er an, auf der Suche nach mir das Haus zu durchstreifen. Er lernt, nicht nur mit den Augen, sondern mit dem ganzen Körper zu sehen.

Manche Kinder lernen nie, nach etwas Ausschau zu halten, und sie werden zu Erwachsenen, die nicht sehen können. Es bedarf eines frühen Verlustes – man muß etwas verlieren, das immer da war und mit dessen Verlust man nicht gerechnet hat. Etwas sehr Wichtiges und ganz besonders Geschätztes muß einem plötzlich und unerwartet für immer genommen werden, damit sich diese Lektion einem Kind unauslöschlich einprägt.

Bei mir war es mein Bruder, der direkt vor meinen Augen in die Dunkelheit gerissen wurde. Am nächsten Morgen wachte ich auf und hielt nach ihm Ausschau und jeden Morgen danach genauso. Von diesem Tag an weinte ich um meinen Bruder, und selbst jetzt weine ich um ihn, um sein trauriges Leben und seinen traurigen Tod. Aber Kummer ist eine reinigende Kraft. Durch den Schmerz dringt die Liebe hindurch, wie Sonnenstrahlen durch klares Wasser.

Während meiner Blindheit fand ich meinen Bruder wieder und folgte ihm in die Fußstapfen seiner Kindheit. Ich stand im Inneren seines Schattens und erlebte die Dunkelheit. In der himmelblauen Zuflucht meiner Erinnerung konnte ich sein Gesicht in seinem besten Alter wiederherstellen, die Narben seiner gewaltsamen Geburt und seines gewaltsamen Todes waren verheilt. Er hatte die Haut eines kleinen Kindes, so glatt und zart, wie die meines Sohnes jetzt ist. Und so sehe ich ihn immer noch.

Danksagung

Dieses Buch wäre nicht ohne die beständige Unterstützung durch meine Familie und meine Freunde entstanden.

Meine Mutter, Jacquelin Woods Gorman, die mich gelehrt hat zu lieben.

Mein Bruder, Arthur «Robin» Gorman, der mich gelehrt hat zu sehen.

Meine Schwestern Polly, Sally und Mary Clark, die mir unabhängig von der räumlichen Entfernung immer nahestehen.

Meine Kinder, Kelsey und Benjamin, die wie alle Kinder wissen, wie man mit dem Herzen sieht.

Obwohl ich sie nicht persönlich kennengelernt habe, gilt meine tiefste Bewunderung und Wertschätzung zwei außergewöhnlichen Lehrern, Harry Citron und Jean Simons, die meinen Bruder unterrichteten, als es keine Schule für ihn gab, und in deren Herzen die Erinnerung an ihn weiterlebt.

Schließlich, immer, Kenny, für alles.